情报的初心

——纪念上海科学技术情报研究所成立60周年

上海科学技术情报研究所　著

图书在版编目（CIP）数据

情报的初心：纪念上海科学技术情报研究所成立60周年 / 上海科学技术情报研究所著. —上海：上海科学技术文献出版社，2018

ISBN 978-7-5439-7773-0

Ⅰ.①情… Ⅱ.①上… Ⅲ.①科技情报工作—研究所—概况—上海 Ⅳ.①G255.51-242.51

中国版本图书馆CIP数据核字(2018)第226298号

责任编辑：祝静怡

封面设计：有滋有味（北京）

情报的初心：纪念上海科学技术情报研究所成立60周年

QINGBAO DE CHUXIN: JINIAN SHANGHAI KEXUE JISHU QINGBAO YANJIUSUO CHENGLI 60 ZHOUNIAN

上海科学技术情报研究所　著

出版发行：上海科学技术文献出版社

地　　址：上海市长乐路746号

邮政编码：200040

经　　销：全国新华书店

印　　刷：上海新开宝商务印刷有限公司

开　　本：787×1092　1/16

印　　张：16.5

字　　数：260 000

版　　次：2018年11月第1版　2018年11月第1次印刷

书　　号：ISBN 978-7-5439-7773-0

定　　价：168.00元

http://www.sstlp.com

编委会名单

科技引领发展　情报支撑创新（代序）

——写在上海科学技术情报研究所成立60周年之际

六十年不忘初心，一甲子继往开来。到2018年，上海科学技术情报研究所已经走过了60年的峥嵘岁月，几代情报人励精图治、奋发图强，为上海的经济与社会发展、科技创新与科学决策提供了有力的信息和智力支持。

新中国的科技情报事业起步于1956年。60多年来，我国科技情报事业为国家科学技术发展、改革创新实践发挥着“助推器”和“加速器”的作用，为推动科技、经济与社会的发展作出重要贡献。当前，面对国家赋予科技创新伟大而重要的使命，科技情报要成为贯彻实施创新驱动发展战略的先行官。2014年，习近平总书记在上海调研时指出，当今世界，科技创新已经成为提高综合国力的关键支撑，成为社会生产方式和生活方式变革进步的强大引领，谁牵住了科技创新这个“牛鼻子”，谁走好了科技创新这步“先手棋”，谁就能占领先机、赢得优势。**要牢牢把握科技进步大方向，**瞄准世界科技前沿领域和顶尖水平，力争在基础科技领域有大的创新，在关键核心技术领域取得大的突破。**要牢牢把握产业革命大趋势，**围绕产业链部署创新链，把科技创新真正落到产业发展上。在新时代，两个“牢牢把握”就是对科技情报工作最本质的核心能力要求。

上海的科技情报事业就是以上海科学技术情报研究所（以下简称“上海科技情报所”）创立为标志的。60年来，上海科技情报所始终坚持走自己的路，不忘情报的初心，始终具备世界眼光和全球视野，立足国情与市情，服务大众、科研和决策，形成了一定的特色与优势。改革开放40年来，上海科技情报所坚守与变革协同，传承与创新并重，从科技情报到竞争情报，发挥“耳目、尖兵和参谋”的作用，科技情报成为一种无形的生产力，推动了科技、经济的持续发展。在21世纪到来之前，上海的科技情报事业又在图情一体化进程中得到了新发展。自1995年上海科技情报所与上海图书馆合并以来，坚持图情并重，追求图情并茂，拓展了科技情报服务的内涵和外延，面向大众、面向专业和面向决策，初步形成了科技、产业与文化三位一体的知识服务新格局。作为全国唯一的省（市）级图情联合体，在上海市委市府和市委宣传部的领导下，最近20多年来上海图书馆上海科学技术情报研究所（以下简称“上图上情所”）在“图情合一”模式下对科技情报工作和服务的新机制、新路径进行了积极的思考与有益的探索。

科技创新大潮汹涌澎湃，千帆竞发勇进者胜，百舸争流奋楫者先。从世界科技发展大势看，新一轮科技革命和产业变革正在重构全球创新版图、重塑全球经济结构，科学技术从来没有像今天这样深刻影响着国家前途命运，从来没有像今天这样深刻影响着人民生活福祉。科技是发展之源，情报是创新之要、决策之基。“察势者明，趋势者智”。科技情报工作的本质就是要“察势”。任何创新都不是无源之水无本之木，更不可能无中生有从天而降，科技情报就是要为科技创新提供信息动力、创新灵感。进入新世纪以来，全球科技创新进入空前密集活跃的时期，学科之间、科学和技术之间、技术之间、自然科学和社会人文科学之间日益呈现交叉融合趋势，这对科技情报工作提出了新要求。科研工作具有高度专业性和复杂性，决定了科技管理和决策的艰难。在新时代，完善科技决策机制、提高科学决策能力已经刻不容缓，科技情报研究机构要努力成为支撑行政决策的科技咨询服务体系中最重要的智库和专业研究力量之一。其实岂止科技决策，任何领域的科学决策都需要决策咨询体系支持。因此，**“支撑科技创新、支持科学决策”**要成为每一个科技情报研究机构始终不渝的战略定位，这也是每一个科技情报工作者应有的初心。

陈　超

2018.9.11

目 录 Contents

第三部分

附　录

第一部分

自1958年成立以来，上海科学技术情报研究所（以下简称“上海科技情报所”）已经走过了整整一个甲子。回首60年来，上海科技情报所在各级领导的亲切关怀和大力支持下，经历了从无到有、从小到大、从弱到强，从建所初期的摸索草创到十年动荡期的艰难困顿，从改革开放后的守正拓新到馆所合并后的机遇挑战，上海科技情报所全体干部和职工无时无刻不坚守着阵地，不惧艰辛、脚踏实地、排除万难，不断提高专业情报研究和服务能力，携手推进各项情报业务不断发展壮大。

第一章
60 年光辉历程

第一节 创业探索（1958—1978 年）

1956 年，国家制订新中国第一个科技发展规划《1956—1967 年科学技术发展远景规划》，确立了包括“两弹一星”在内的 56 项重大科学技术任务。当时周恩来总理在听取有关人士的汇报后指出：“搞科研像打仗，你们搞了这么多年科研，连个情报机构都没有建立，你们的仗是怎么打的?”于是，就有了第 57 项重大科学技术任务——建立我国的科技情报系统。规划在第二部分阐述了科技情报的重要作用：“科学技术情报也是发展整个科学技术的重要条件之一。科学的继承性，要求进行任何科学研究工作，必须掌握有关的资料和情报，总结前人的知识和经验，了解其发展过程，特别是掌握目前国际上的发展情况，以免重复别人已经做过的工作。没有科学技术情报工作，全国科学技术工作者就很难掌握国际上科学的动向，就是在国内，如果对各方面的科学技术研究工作不能及时的交流和指导，也会造成人力物力上的重复和浪费。”为了落实规划任务，1956 年 10 月，中国科学院科学情报研究所①在北京成立。它是我国第一个综合性科技情报研究机构，它的建立为我国科技情报事业建设发展拉开了序幕。

① 1958 年 12 月，中国科学院科学情报研究所更名为中国科学技术情报研究所。1992 年 12 月，中国科学技术情报研究所更名为中国科学技术信息研究所。

《1956—1967 年科学技术远景规划》

第 57 项重大科学技术任务——建立我国的科技情报系统

我国科学技术情报工作的基础非常薄弱。情报工作的任务主要是迅速建立机构，培养情报工作的专家，全面地和及时地搜集、研究和报导国内外，特别是科学先进国家的科学技术发展情况和新的成就，使全国科学工作能及时地了解这些发展与成就。具体办法是：筹建专门机构，组织力量，从事摘录全世界科学技术期刊上的论文，用快报和文摘的形式编印出版。

作为落实规划的进一步行动，1958 年 5 月国务院批准了《关于开展科学技术情报工作的方案》。作为我国第一个科技情报工作的政策性文件，它规定了科技情报工作的任务、机构设置、组织建设和建立科技情报网的原则。其中提到，在天津、上海、武汉、广州、沈阳、西安、成都 7 个城市建立地区的科学技术情报中心、资料中心，从而形成全国性的综合科技情报工作体系。

图 1.1　1961 年上海科技情报所部分职工合影

1958 年 11 月，上海批准成立了中国科学院上海分院，归口上海市科学技术委员会领导，上海科学技术情报研究所就是其属下的 17 个新研究所之一。

成立之初，全所只有 9 个人，主要任务是向科研院所及生产单位收集和提供国内外科技资料。1960 年，上海市科技工作会议及三次全市科技情报工作会议对科技情报工作提出了方向任务：通过对科技情报供需关系的社会调查，明确建立上海地区科技情报资料中心的方向，逐步开展情报资料收集及提供服务系统的工作。同年，设立了中文资料室、研究室等科技情报工作的基础业务科室。1961 年 7 月，上海科技编译馆成立。1962 年 5 月，设立了国外科技文献阅览室，并正式对外开放。1964 年 4 月，上海科技情报所进行了一次大规模的机构调整，除了有行政办公室、国外文献室、中文资料室、编辑室、出版发行科外，特别强化了研究部门的力量，成立了研究一室（从事专题情报研究）和研究二室（情报工作的理论方法研究、基层情报工作经验的总结、采用新技术改进文献服务的研究等）。至此，上海科技情报所已初具规模，成为上海地区的科技文献资料信息中心。全所职工从建所时的 9 人迅速增加到

图 1.2　1966 年上海科学技术情报研究所全体职工合影

330人。

1969年，全所搬迁至淮海中路1634号办公，这样，上海科技情报所在办公场所、读者阅览室和书库等方面都得到了极大的改善。这些都为以后的可持续发展奠定了基础。1966年至1976年，上海科技情报所在重重困难中依然坚持开展各种技术交流活动和情报研究工作，尽力为上海的科技、经济发展服务。

此外，1961年7月，上海市科委成立情报处，统管全市区、县、局的科技情报工作，与上海科技情报所一套班子两块牌子，即由上海科技情报所履行市科委情报处的职责，当时的所长陶毅同志兼任处长。由上海科技情报所牵头，在各工业局、科研院所、高校组建了一批专业情报所、情报站、情报室，构建成脉络相通的科技情报工作网。此后，市政府、市科委连续5年召开上海科技情报工作会议，提出加强科技情报工作措施，交流科技情报收集和服务经验。

1. 建立以国内外科技文献为特色的文献资源中心

上海科技情报所建所的前几年一直处于摸索阶段，直到1962年才确立重点收集国外文献资料的方向。当时，国家科委情报局赵石英局长在上海时说："世界上没有不透风的墙，要千方百计收集国外科技文献资料。"因此，上海科技情报所采取了相应的措施，通过各种途径收集国外文献资料。至1963年，上海科技情报所收藏的美、英、德、法、日5国专利文献已达100多万件，并且以每年17万件的速度递增。其他各类国外文献资料都有不同程度的增长。上海科技情报所收藏的资料已初具规模，并逐步形成特色。

因为当时国外对中国进行封锁，情报资料缺少来源，每年要用有限的外汇，高价从国外进口。1963年正值3年困难时期后的恢复期，各级财政经费紧张。为了争取购买宝贵资料的经费，时任陶毅所长多次去市委和市科委，说明情报资料对科技发展的重要性，最终市委领导为支持情报事业的发展，在每年既定的资料购置费以外再特批追加了100万美元，这100万美元在当时是一笔巨款。到1966年，上海科技情报所收藏国外专利文献达300多万件，国内外科技期刊近5 000种，国外特种文献等各种文献资料达30万件，国内科技资料约10万种。

2. 积极启动对外信息服务

成立后的第二年，上海科技情报所便与上海图书馆和上海市科协联合举办上海市科技情报资料展览会，展出 1958 年以来国内外及上海市有关专业的重大科技成就方面的技术资料，其中，内部技术资料 425 份，公开书刊 3 726 份，群众性科技资料 953 份。参观单位 797 个，参观人数 4 286 人次。

“文革”前期，上海科技情报所的工作受到了严重的干扰和影响；但经全体员工的努力，1970 年以后，上海科技情报所的各项业务就开始逐渐恢复。上海科技情报所根据“开门办所”的宗旨，积极走出去，主动为企业提供情报服务，获得了良好的社会效益。当时许多企业都断绝了与外界的交流，上海科技情报所成为上海为数不多的仍能获得国际科技信息的渠道，每年仍坚持以各种不同的形式开展对外交流。

1972 年，上海科技情报所参加了“全国日化情报会议”“气流纺技术交流会”“电纺技术交流会”“绢纺新工艺汇报会”“华东地区造纸会议”“一步纺技术座谈会”等会议。上海科技情报所在参加这些专业性交流会议时，都事先查找有针对性的资料，油印后分发给与会者。这种做法收到很好的成效，与会同志非常重视，有效促进了交流活动的深入开展。

1973 年，与上海外文书店联合举办为期 22 天的“国外产品样本展览会”，展出资料 2 000 余种，接待 2 000 余个单位，参观人数 7 000 多人次，获得了很好的社会效益。

1974 年，上海科技情报所积极参与“上海科研单位成果展览会”筹备和展出工作。同年 6 月，上海科技情报所参与“日本电子工业仪器展览会”工作。展览会开幕之前，积极组织科研人员进行电子产品评价，展览会期间又组织技术交流活动，得到市科委及广大科研和工程技术人员的赞赏。

1975 年 11 月，上海科技情报所资料馆到上海郊县举办有关农业科技资料的巡回展出，参观人数 8 500 人次，放映电影 34 场，观看人数 20 600 人次，召开座谈会 18 次。

除了举办各种展览之外，同志们还主动走出上海科技情报所、走出上海，去其他省市学习先进技术与经验。1975 年 11 月，上海科技情报所部分同志赴天津学习当地的技术革新及技术改进经验；同时，另有部分同志分别去常州、苏州学习当地的工业生产经验及农业发展生产经验，从中发现上海存在的问题与不足，编写简报，向市有关领导部门汇报。

1979 年，上海市科技情报会议召开，陶毅同志在会上做了“开门办所，走同工农相结合的道路”的报告，强调开门办所，开门办情报，走群众路线。

3. 拓展情报服务的广度

除对外提供文献资料服务外，上海科技情报所研究人员还利用这些资料进行科技情报研究，专门成立了研究一室和研究二室；以后又根据需要进一步按不同专业扩展到 5 个研究室，人员达 90 余人，提供研究报告供决策参考。

简报是上海科技情报所的另一服务形式。《上海科技简报》从建所开始一直是上海科技情报所的品牌产品，及时反映国内外最新科技动态和科研人员的心声，深受市委、市政府领导的重视，屡获有关领导的批示和好评。虽然 1966 年 7 月曾一度停刊，但 1969 年即顺利复刊。1974 年，上海科技情报所推出内参《科技参考数据》，篇幅短小、形式灵活、时效性强，更重要的是，这一形式不同于《上海科技简报》要求内容全面的特点，因此一些不能用《科技简报》报道、却又具有价值的信息通过《科技参考数据》及时得到反映，被认为是一种为决策咨询服务的好形式。

根据形势变化，上海科技情报所的服务不断调整变化。1971 年，上海科技情报所成立电影放映小组，组织放映订购的国外科技影片。1973 年，上海科技情报所决定筹建电影组，自己拍摄科技电影，并于 1974 年摄制完成了第一部科技电影《喷灌》，取得了不错的反响。在此基础上，上海科技情报所进一步拓宽声像业务，于 1975 年向市有关部门上报“筹建科技情报电影摄制组”的计划，获得批准。1976 年，拍摄完成第一部科技情报电影《远红外高效力加热技术》，该片在中央电视台、上海电视台、市节能展览会上进行了放映，引起了社会各界的极大关注与好评。

4. 培训和定向培养解决人才不足

上海科技情报所历来对教育工作非常重视，每一批进所的新人都经过专业讲座、外语进修等方面的培训。1963 年，为适应当时情报工作发展的需要，一下子就进了 20 多个大学生。情报所所长陶毅就提议办了一个培训班。培训班的课程是“情报概论”和“情报检索”，同时再学习英语。

20 世纪 70 年代，由于各领域专业人才的脱节与匮乏，上海科技情报所在开展各项工作时倍感人员缺乏，工作无法有效开展。为解决后备人才问题，经上级批准，上海科技情报所决定在崇明县招聘 50 名知青，进行外语定向培养；一组学习英语，一组学习日语，每组 25 人，在奉贤科技系统五七干校进行为期一年半的封闭式培训，培训效果很好。这一创举在当时引起不小的轰动。学习结束后，这批同志于 1974 年先后进入上海科技情报所各种岗位工作。他们的到来为当时正处于困难阶段的上海科技情报所带来了生机。这批外语人才日后在上海科技情报所开展各种国际交流活动、参加各类国际性会展活动、调查研究国外科技发展情况等方面发挥了重要的作用。

5. 积极推进情报工作现代化

20 世纪 70 年代初，国家第四机械工业部作为策动单位，联合中国科学院、一机部、国家出版事业管理局（即现在的国家新闻出版总署）、新华通讯社 5 个部门，联合向国家计委递送了《汉字信息处理系统工程》的立项报告文件，国家计委于 1974 年 8 月批准了立项，项目被命名为“七四八工程”。项目内容由三部分组成：汉字信息处理、计算机排版和计算机情报检索，它的前提是计算机汉字化。在 20 世纪 70 年代末，成立了上海市汉字信息处理系统领导小组，首期目标是开展计算机照相排版系统研制工作，组织攻关会战。会战工作总体方案由华东计算所负责，工程分为汉字输入、汉字发生器、计算机处理、汉字输出 4 个研制部分。明确研制成果归上海科技情报所应用。当时，陶毅所长态度十分主动积极，他当仁不让地表示愿意发挥应用单位的积极作用参加研制工作，并承诺会战办公室由上海科技情报所牵头。这是上海科技情报所建所以来第一次直接参加实际的研制工作，为情报工作现代化翻开新的一页。

上海科技情报所在开展计算机照相排版系统研制工作的同时，所领导已在酝酿和筹划计算机情报检索的计划。1975 年初，上海科技情报所有一个 3 人机检小组，借用外单位的 X－2 计算机进行了首次机检试验。尽管当时的试验过于简单，但毕竟是国内机检技术发展史上尚属早期的试验之一。接着，1978 年正式成立情报自动化研究室，着手计算机情报检索系统的准备工作。当遇到国产外部设备硬件难以配套的困难时，陶毅所长当机立断，改变排版单纯依靠国内提供硬件的思路，利用改革开放的新形势，引进国外设备，为我所用。这为以后上海科技情报所先后引进 PDP11 和 IBM4381 计算机系统铺平了道路。

第二节 发展壮大（1978—1995 年）

1978 年 3 月，全国科学大会在北京召开，大会再次将科技情报工作提到重要日程上。同年制定的《1978—1985 年全国科学技术发展规划纲要》中多处涉及科技情报工作，明确了未来 8 年科技情报工作的目标和任务。随着改革的深入，1984 年召开的全国科技工作会议提出“科技情报工作要向经济领域延伸，把工作重点转移到经济建设上来”。1985 年，国家进一步颁布科技体制改革的决定，科技情报界开始积极的改革，相继提出了开展有偿服务、加强经营观念、增加为经济建设服务的比重等改革新思想，科技情报事业进入到一个大变革时期。

1. 科技情报事业迎来发展新契机

1982 年 6 月，为进一步加强上海科技情报工作，上海市科委召开了上海市科技情报工作会议。时任上海市市长的汪道涵同志及国家科委顾问、全国科技情报学会理事长武衡同志到会讲话，市科委副主任许言同志作“适应经济调整形势，加强科技情报工作”的报告。会议还制定颁布了《关于本市经委系统工业局、工业公司、研究单位、工厂企业如何开展科技情报工作的暂行条例》。此次会议共有代表 5 000 余人，无论规模还是气势，在上海科技情报发展史上都堪称史无前例。

1984 年的上海市科技情报工作会议，同样影响颇大。上海市副市长刘振元同志出席会议并讲话，市科委副主任魏湖同志作了“努力加强科技情报工作，为科技发展和经济振兴服务”的报告，市经委主任李家镐同志做了“经营战略，技术进步和科技经济情报工作”的报告。会上，由上海市政府向本市首次评选出的 121 项上海市重大科技情报成果颁发奖状，上海科技情报所有 14 项科技情报成果获奖。会议还颁发了 4 个文件：《关于加强工业系统产品情报工作的实施办法》《关于加强科技成果上报登记情报交流的办法》《关于技术引进工作中加强技术经济情报工作的若干规定》《上海地区与外国科技交流所获情报资料暂行管理办法的补充规定》。

这两次科技情报工作会议的规模盛况空前，在情报人的记忆中留下了深刻的印象。正是这两次会议的精神，以及市政府颁布的相关情报工作的文件，为后来上海情报事业的蓬勃发展奠定了坚实的基础。

在 1986 年庆祝中国科技情报事业创立 30 周年纪念活动中，上海科技情报所的“为领导决策提供面广量大的情报研究服务”获全国科技情报系统科技情报成果一等奖、“情报工作为全市产品创优服务”获二等奖，王国萍、方新宝、乔魁学和苏光楣获先进工作者称号。

2. 决策咨询服务成效初显

前瞻性地提出建立发展环保工业

1979 年，上海科技情报所在国内第一个提出“在国民经济调整时期，应当建立与发展一个新兴工业——环境保护工业”的论断（该论断在 1979 年提出是非常及时的：一是在 1978 年国家刚实行改革开放政策的第二年，国家处在国民经济调整时期提出；二是 1979 年为上海市环境保护局成立之年，由它统抓全市的环境保护工作）。上海科技情报所的情报研究报告针对上海工业污染日趋严重的状况，分析了上海环保设备生产处于零星、分散、非标准化的落后面貌，借鉴国外环境治理的成功经验，提出了上海建立与发展环境保护工业的重要意义和具体步骤。报告通过《上海科技简报》刊物分发各级领导，市委办公厅《重要情况简报》和《光明日报》作了转载，此建议很快得到国务院环境保护领导小组办公室的重视与批示。批示认为，这建议是“我国第一次公开明确提出应当注意发展国内环境保护工业，对于组织和推进我国环境保护工业的发展提供了依据”。市科委领导批示：“这次研究成果有较大的实用价值，已被国家环保领导部门和上海市领导所采纳，对促进我国环境工业的建立和发展作出较大的贡献。”

针对新形势新情况，陶毅所长明确要求情报研究工作者摸清三个水平（国外、国内、上海）和两个差距（上海与国外的差距、上海与国内其他地区的差距），通过大量的专题文献调查和实际调查，进行对比分析，找出问题和差距，写出有分量的、客观的专题情报研究报告，为领导、领导部门提供决策性的意见与建议。为配合改革开放政策，更好地为有关领导的战略决策服务，上海科技情报所明确把战略决策服务列为工作重点，紧密结合上海科技经济发展重点和市有关领导部门研究发展战略，为一些重点发展领域提供战略性情报和专题性研究。仅 1983 年就完成了“国外微电子技术及其对经济和社会发展的影响”“对美、日、德、苏科学技术规划的剖析”等 17 项研究课题，获得中央和有关市领导的好评。20 世纪 80 年代以来，上海科技情报所取得的一系列社会效益使其地位和影响力也相应提高，市长办公会议、市有关领导部门对一些重大科学技术、经济发展问题进行讨论时，除经常由上海科技情报所列席会议外，还邀请情报研究人员介绍有关情况，发表对有关发展战略的意见等。

《上海科技简报》是与情报研究相互结合、互为补充的综合性内部刊物，着重反映上海市科研、生产发展中的技术、经济、政策等问题并提出意见建议。1982—1985 年，平均每年编写简报 60 期，据不完全统计，约有三分之一以上的报道内容受到市委、市政府等有关领导部门的重视和采纳。1983 年，简报编辑室被评为上海市劳动模范集体。1985 年，简报报道服务工作获得上海市科技进步二等奖。

随着改革开放的不断深入，上海科技情报所的决策咨询服务范围也在不断地扩大，同时，其服务对象也向着多层次发展。20 世纪 90 年代起，上海科技情报所在为市领导做好决策咨询服务的同时，也积极为浦东新区、徐汇区等有关区领导部门服务，并出色地完成了“浦东新区科技发展规划研究”“徐汇区发展规划研究”等课题。

3. 面向创新的情报服务能力提升

1981 年 9 月，在文献馆检索室的基础上成立了上海科技情报咨询服务中心，它成为上海科技情报所又一个服务品牌。中心在 20 世纪 80 年代曾负责对上海市数百项创优产品的国内外水平对比情况进行审核；根据用户委托，为技术与设备引进、技术改造、新产品试制、工艺改革、新技术开发、综合利用、出国考察等，完成大量的情报咨询服务课题。步入改革开放年代后，服务中心开拓了情报代理服务，与企业签订情报代理协议，为企业提供市场经营、市场分割等方面的咨询服务，为用户进入市场、增强竞争能力、提高经营管理水平起到了很好的作用；并且还主动与海外 30 多家咨询服务公司取得联系，建立合作关系。

1990 年，市科委认定上海科技情报所为上海市科技成果水平审核单位；国家科委情报司推荐上海科技情报所为 11 个信得过情报检索单位之一，并被评为一级查新咨询单位。1993 年，国家发明奖评审委员会认定上海科技情报所为华东地区唯一的国家发明奖评审的文献检索单位。

十一届三中全会后，小平同志提出“科学技术是第一生产力”，一时间全社会各行各业对情报的需求剧增。同时，为响应国家有关科技体制改革的决定，1990 年初，上海科技情报所成立了上海对外技术与产品信息咨询服务公司、科文光盘信息公司和四方工业情报公司等新公司和市场调查研究部等部门，以多种形式向社会提供情报服务。

在上海市经委的大力支持下，上海科技情报所在 20 世纪 80 年代引进了美国出版的《美国工业产品样本集》。这套工具书国内只有上海科技情报所订购，是国外最大的工业产品样本出版物。这里面除了提供大量的工业产品样本，还有产品使用说明书、数据手册，有些产品样本还提供难得的产品企业标准。上海科技情报所向读者推荐和介绍这套工具书时，还为读者提供工业产品样本的检索服务。

4. 情报服务手段日趋现代化

为进 步加强情报服务，经过系统的研究与调研，ト海科技情报所于 1981 年 7 月引进安装了小型计算机系统 PDP－11/34A，并引进英国德温特公司的世界专利索引（WPI）检索磁带，在国内率先建成了 WPI 计算机检索系统。系统可根据用户需求，每月按时按课题提供世界专利索引的最新专利情报，用户反映良好。与此同时，上海科技情报所还开辟了通过香港终端机检索国际信息库的渠道；开发了具有功能强、效能高、使用方便等特点的智能终端机，实现与美国 Dialog 等系统进行国际联机情报检索，经常为用户提供国内难以获得的有关引进技术、设备，进行对外谈判所需的技术、经济信息和外贸出口、国际市场商情等信息，很受用户欢迎，并在国内同行中产生了较大的影响。自安装引进设备到机检服务，大约花了半年时间，就迈入小型实用阶段，实现本所定题情报检索服务。

1983 年底，国务院“电子计算机和大规模集成电路领导小组”正式批准将全国科技情报所建设计算机网络系统列为国家重点项目。根据规划，中国科技情报研究所定为全国网络中心，在上海和广州设分中心，配置专用于情报检索的中大型计算机。在调研的基础上，上海科技情报所决定购置 IBM 计算机系统。

1986 年 5 月，上海科技情报所从美国引进了 IBM－4381 计算机系统，为建立全国计算机科技情报检索网络上海分中心提供了必要的条件。上海市经委为支持上海科技情报所事业建设拨款资助，并会同市科委专门向市计委反映情况，帮助落实外汇额度。此类机型在全国情报界只有中国情报所、中国情报所重庆分所、上海科技情报所 3 台。上海市也只有市计委信息中心引进过一台。当设备配置阶段基本完成后，上海科技情报所又接受市科委的委托，会同高校、科研、邮电、情报图书等单位，对利用引进的计算机资源建立上海地区计算机情报检索网络项目，作重大科技政策的决策咨询。在完成的可行性研究报告中，提出总体目标：第一期建立面向终端的多机联机检索网络；第二期建立分布式数据库联机检索网络。从 1987—1992 年，该项目由上海科技情报所牵头，由复旦大学、交通大学、同济大学、华东化工学院、中科院计算测试中心等单位共同承担研制任务。对异种计算机联网技术、数据库技术和情报检索技术进行了研究和实施。至此，上海科技情报所不单从自身开展情报机检服务工作，而且立足于上海地区，在进入互联网时代之前，研究实现数据库异种机联网检索的 OSI 网络技术和网络管理技术。在网络中，4 种主机即：上海科技情报所的 IBM4381、交大和复旦的 HONEY WELL DPE－8、同济的 SIEMENS 7536 和华东化工与中科测试计算中心的 Burroughs B6935。网络分别通过通信处理机与分组交换网连接，共享 6 个西文数据库，即上海科技情报所的世界专利索引和美国政府报告、交大和复旦的科学文摘、同济的工程索引、华东化工的化学文摘、中科测试计算中心的生物文摘，实现一次情报的存储和检索功能。该项目获 1992 年度上海市科技进步奖二等奖、国家科委 1992 年度全国优秀科技情报成果二等奖。

1993 年 6 月，上海科技情报所引进并安装了 IBM－AS/400 小型机，同时还购买了 5 台微机和联想公司的 10 台终端。经过一年多的调试，以 IBM－AS/400 为主体的计算机文献集成管理系统建成，完成专利文献、中外文期刊、图书、会议录、科技报告等数据集成，为更好地开展情报信息服务提供了良好的基础条件。

5. 业务范围不断扩大

为顺应新形势的需要，20 世纪 80 年代初，上海科技情报所主动提出了新的国内资料搜集总体计划和具体措施，资料的搜集范围由原先的重点在上海本地，扩大为不受地区的限制，从原先的国内公开/内部的期刊，扩展到全国各学会、协会等的专业年会论文集报告和国内各高等院校、科研院所以及工矿企业等单位所产生的各类科研总结、留学生报告、研究生论文和出国考察报告等。同时，积极争取搜集资料所需的经费。在所领导和各方人士的紧急呼吁下，从 1989 年起，上海科技情报所终于实现了资料费从拨款中单列，专款专用，并以每年 20%的比例增长。1989 年，上级拨资料专款为 480 万元，到 1994 年已达 1 317 万元，成为当时全国科技情报界中资料费拨款最多的单位，是中国科技情报研究所的三倍以上。

《华东地区外国和港台科技期刊预订联合目录》是与标准数据库差不多同步进行的一个项目，这个项目是在 1988 年华东地区情报所所长会议上决定实施的一个合作项目。1988 年之前，它只是由上海科技情报所实施的一个上海地区的科技期刊联合目录，1989 年起开始实施华东地区的期刊联合目录，会议明确各省市期刊的预定数据由各省市情报所负责收集，再由上海科技情报所汇总，每年编辑出版一本联合目录，完成后的目录数据供大家共享。该项目在 1996 年荣获由国家科委、国防科工委、中国科学院、中国科协、国家自然科学基金会颁发的“全国科技信息系统优秀成果”二等奖。

6. 人才培养机制逐步形成

随着改革开放的深入，到 20 世纪 80 年代初，上海科技情报所人才不足问题再次显现。为应对这一情况，上海科技情报所设立了教育科，把初中、高中补课的工作，把工农兵大学生的“回炉”工作统一管起来。其实这些工作已不是补课、培训，而是“补学历”抓“学历教育”了。当时一切从零开始，困难极大：没有试验设备和条件，没有教室也没有师资；作为机构，也没有教育资质。在这种情况下，所领导下定决心，不仅从硬件上投入，还抽调力量充实教育科。教学计划上报市科委寻求支持，师资则从情报所内挖掘，再不够就外聘。市科委的最大支持是，承诺上海科技情报所办班毕业生的初、高中文凭，在科委系统内部（指市科委各直属单位）认可，市科委不再另行举办这类培训班。教育科先后办了两期初中班和一期高中班；为了帮助高中班毕业的同学能继续学习，还办了“上海电视大学科委系统辅导站”。上述这些同学中不少取得了大学文凭和中专文凭，这不仅使这些同学在以后的职称评定、职务晋升中扫除了“学历”障碍，他们在实际工作中也为情报工作的开展做出了贡献。

除学历教育外，上海科技情报所还有计划地对职工进行分层次的继续教育培训，其中包括英语阅读、口语培训班、日语口语培训班等，所内员工分批参加，这些培训班有的是脱产的，有的是半脱产的，员工纷纷放弃休息时间，投身到外语学习的热潮中。事实证明，经过培训，大家的文化基础、专业知识和外语水平有明显提高，有助于更好地开展研究工作。

经济的发展需要情报的服务，社会对情报的需求猛然激增，上海科技情报所需要更多有情报专业技能的高层次人才。在陶毅所长的倡导下，上海科技情报所决定自主招收硕士研究生，由所内资深研究人员担任导师，基础课程借助所外高校的资源，专业课程则由所内研究人员担任。这样不仅可以培养大批硕士研究生，充实情报研究的力量，还可以通过教学相长推动所内的学科建设，引领所内的业务发展。从 1981 年开始，上海科技情报所每年招收研究生，一批批优秀的情报专业人才脱颖而出（图 1.3、1.4）。虽然培养的研究生中有相

图 1.3　论文答辩会

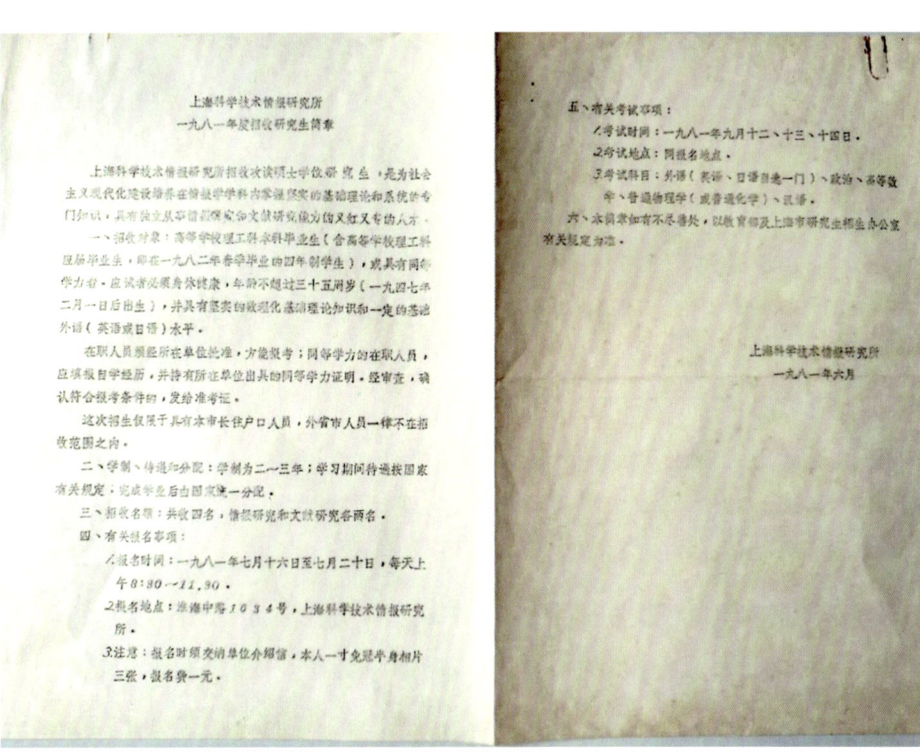

上海科学技术情报研究所
一九八一年度招收研究生简章

上海科学技术情报研究所招收攻读硕士学位研究生，是为社会主义现代化建设培养在情报学学科内掌握坚实的基础理论和系统的专门知识，具有独立从事情报研究和文献研究能力的又红又专的人才。

一、招收对象：高等学校理工科本科毕业生（含高等学校理工科应届毕业生，即在一九八二年春季毕业的四年制学生），或具有同等学力者。应试者必须身体健康，年龄不超过三十五周岁（一九四七年二月一日后出生），并具有坚实的数理化基础理论知识和一定的基础外语（英语或日语）水平。

在职人员须经所在单位批准，方能报考；同等学力的在职人员，应填报自学经历，并持有所在单位出具的同等学力证明。经审查，确认符合报考条件的，发给准考证。

这次招生仅限于具有本市长住户口人员，外省市人员一律不在招收范围之内。

二、学制、待遇和分配：学制为二～三年；学习期间待遇按国家有关规定；完成学业后由国家统一分配。

三、招收名额：共收四名，情报研究和文献研究各两名。

四、有关报名事项：

1.报名时间：一九八一年七月十六日至七月二十日，每天上午8:30～11:30。

2.报名地点：淮海中路1634号，上海科学技术情报研究所。

3.注意：报名时须交纳单位介绍信，本人一寸免冠半身相片三张，报名费一元。

五、有关考试事项：

1.考试时间：一九八一年九月十二、十三、十四日。

2.考试地点：同报名地点。

3.考试科目：外语（英语、日语自选一门）、政治、高等数学、普通物理学（或普通化学）、汉语。

六、本简章如有不尽善处，以教育部及上海市研究生招生办公室有关规定为准。

上海科学技术情报研究所
一九八一年六月

图 1.4　招生简章

当部分去了国外，但当时的领导顶住各种压力，依然坚持招收研究生。现在看来，当时的决策是正确的，虽然许多学生毕业后选择出国，但是他们中的许多人依然活跃在情报事业的舞台上，有些人已经在国外享有声誉，这也是上海科技情报所的一项资源；再看留在所里工作的同志，都已成为各部门的业务骨干，并走上了领导岗位，有的甚至已经成为情报领域的专家。

7. 国际交流

“文革”结束，改革开放推动上海科技情报所的对外交流活动。1979 年之前的对外技术座谈办公室正式改名为上海对外科学技术交流中心①，交流中心开始全面组织策划各种国际交流活动，各类与国外合作的展览会也随之蓬勃开展。

1979—1980 年，上海科技情报所多次派员赴美国、加拿大、法国、德国等国家学习专利制度，以获取最新的专利制度建设经验，为我国推行国家专利

① 对外技术座谈办公室成立于 1971 年，专门负责联络组织有关技术座谈会，在众多的技术交流活动中发挥了重要作用。

制度起到了至关重要的作用。

随着国门的逐步打开，一些国外学者也纷纷来到中国，进行各种讲座交流。其中令人印象最为深刻的就是20世纪80年代初，美国未来学家托夫勒来上海科技情报所举行的交流座谈。还有罗马俱乐部、美国世界观察研究所、宾夕法尼亚大学等一些组织机构的学者来所开展的各种交流座谈。20世纪90年代初期，上海科技情报所还组织了多次国际会议，其中影响较大的有两次，一次会议的主题是国际营销，技术和工业创新：企业与研究所之间世界性合作（International Marketing，Technology and Innovation：Worldwide Cooperation between Enterprises and Research Institutes）；另一次是关于固体废弃物处理方面的国际会议。这些主题现在看来已经为我们所熟悉，但在当时却是一股新思潮，吸引了国内外许多学者，推动了国际先进理念的引入。

从那段时间上海科技情报所组织的多次国际交流活动的效果来看，上海科技情报所始终致力于将国际最新理念引入国内，让国人在第一时间了解到世界的发展。

第三节　图情并茂（1995年至今）

经上海市委市政府批准，1995年10月，上海科技情报研究所与上海图书馆合并，成为全国第一个省市级图书情报联合体。“馆所合并”可谓是强强联合，极大地增强了科技情报服务的实力，但当年也引起了一些疑虑。就科技情报工作的性质、社会功能、工作重点、服务对象和服务方式而言，上海科技情报所与上海图书馆有一定的差异性，但合并有利于文献信息资源合理配置；人才互补，充分发挥各自优势；更新观念，提高服务工作层次；增强综合整体优势。

图情服务的增值效益主要体现在“情报服务”。上海图书馆（上海科学技术情报研究所）（简称“上图上情所”）在2003年5月整合重构了下属的情报研究服务部门，将所有的情报咨询与研究服务整合起来，成立了新的信息咨询与研究中心（简称“咨询中心”），明确了“公益性情报服务要先行，增值性情报服务要发展”的指导思想，通过贯彻落实“调整中发展，发展中调整”的基本策略打造服务品牌，不断提升情报服务的核心能力。

1. 情报研究积极支持政府决策

搜集报道国内外科技战略情报为领导决策服务是上图上情所最主要的任务。多年来，上图上情所发挥综合优势，围绕科技、经济发展战略重点，开展综合性、战略性科技情报研究和新兴技术、先进生产技术的动向研究，为各类情报用户制定科技政策和发展战略时提供决策参考材料，以及各类产业、技术的水平动向和发展趋势等情报研究报告，获得了较好的社会效益。

(1) 科技政策与新兴技术前瞻研究。上海科技情报所从 1965 年为上海市"三五"科技发展规划提供资料以来，一直参与后面各个时期的上海市科技发展五年规划，先后承担了上海市科技发展"六五""七五""八五""九五""十五""十一五"计划，参与了"十二五""十三五"科技发展规划，以及承担了上海市工业技术和产品开发"七五""八五""九五""十五"计划等几个五年计划的研究制订任务，完成了上海信息港计划、上海新支柱产业的选择与论证、产业政策研究、上海技术政策研究、上海市高科技产业发展研究、浦东新区高科技产业发展研究、上海外商投资目标产业与目标外商研究、发达国家高端制造业发展动向及对上海的影响与对策研究、国际大都市科技创新能力评价、全球科技创新中心战略情报研究等重要项目，主要内容均被领导部门采纳并实施，为上海的科技、经济和社会发展作出贡献。

除了直接为市委市府及相关委办局领导部门提供服务外，上图上情所还为上海市各区县的发展献计献策。如 20 世纪 90 年代初完成的"徐汇区发展规划研究"；在浦东新区新建伊始完成的"浦东新区科技发展规划研究"并配合制定出新区 2000、2010 年科技发展目标，高新技术产业化重点发展领域及重点推广应用区域和应采取的政策支撑条件，同时提出新区科技发展所需建立的新型科技体制的设想；此外，上图上情所的研究人员还为黄浦区、金山区、青浦区作过产业规划、科技发展规划及科技竞争力评价研究，为静安区作过科技、文化发展战略研究。

(2) 服务党政重大决策。上图上情所合并后，在原主要为市委宣传部、市科委、市经委、市发改委、市信息委、市外经贸委服务的基础上，围绕文化、科技、经济、产业等重点，积极拓展为更多的政府部门提供决策咨询服务，承接完成了来自市委、市府、市人大、市政协、警备区、上海世博局等有关部门的各种课题和临时任务，尽可能满足他们的决策支持信息需求。

如围绕上海“四个中心”建设、科教兴市、自主创新、筹办 2010 上海世博会等重大战略任务，完成了不少重大课题和紧急任务。比如，承接完成了市经委的“上海重点产业技术国际比较及创新指南”“上海商贸业竞争力国际比较”的年度重点课题任务，得到了市经委有关领导的充分肯定和好评。又比如，通过简报编辑、专题研究、信息提供、现场服务等方式，积极主动服务中国 2010 年上海世博会，成绩斐然，为上海世博会筹办、运行乃至世博后上海的持续发展提供了智力支撑，尤其是作为此届世博会的结晶，《上海宣言》和《上海手册》（图 1.5）更凝聚着研究人员的心血与智慧。又比如，2014 年 12 月，中共上海市委召开了“深入实施创新驱动发展战略学习讨论会”，会议开场播放的一个名为“全球科技创新中心发展动态与启示”的 15 分钟视频短片，获得了上海市各级领导的高度赞扬，与会的一些领导还特地要求“拷贝”报告及视频带回去继续学习，“上海观察”“东方网”等主要媒体对此给予了重点报道，而该视频的研究与制作的主要团队正是上图上情所。

2003 年以来，每逢上海“两会”，上图上情所都会充分利用馆藏资源，抽调

图 1.5　《上海手册》中英文版

业务骨干，围绕人代会专题，为与会代表提供各个专题的资料汇编和现场的全文检索及信息咨询服务，并将汇编资料送至各个人大代表专题讨论的会议室，主动为代表们提供专题文献服务，获得了市人大领导和与会代表的好评，市府有关领导还特意前往“两会”服务区看望有关工作人员；2004 年 2 月，又推出了“上图专递”系列内参新品种《专递人大》周刊，该内参由上图上情所和市人大常委会研究室合办，主要面向市人大高层领导，受到市人大领导欢迎和好评。上图上情所还参与市政协“上海发展光仪电产业战略思考”“国际文化大都市指标体系调研信息”“国内外科技艺术园区”和市人大“上海印刷包装产业发展战略思考”等项目调研，提供了专题服务；承担市发改委“上海跨境贸易电子商务发展策略研究”项目（2013）；为市公安局开发、提供的“公安舆情资料”电子剪报，为上海公安工作提供了快速、有力的信息支持；为上海文化创意产业推进领导小组办公室提供《北京、杭州、深圳三地文化创意产业政府财政资金投入情况》（2011）、《北京出台〈鼓励民间资本进入文化创意产业〉政策调研与解读》（2013）等。

（3）长期服务重点产业的“品牌”项目。如市经委委托研究项目“世界工业重点行业发展动态跟踪研究”已经延续了 19 年（2000—2018），2003 年，在世界工业博览会前，由上海人民出版社正式出版《世界工业重点行业发展动态》，并配合工博会推出。2004 年后更名为《世界制造业重点行业动态》，由上海科技文献出版社出版，并再次在工博会上发行。2005 年，市经信委又委托研究并出版了《世界服务业重点行业发展动态》，已由上海科技文献出版社出版 13 年（2005—2017）。另外，上图上情所和上海市商务委员会合作的研究课题“世界商务发展动态”也已延续了 8 年（2010—2017）。这些项目已逐渐成为上情所情报研究新的“品牌”（图 1.6）。新时代上海打响“上海

图 1.6　品牌书目

制造”“上海服务”“上海购物”品牌的战略任务，对这些产业情报工作提出了新要求。

（4）都市文化情报研究。国外城市研究是上海科技情报所于20世纪80年代新开辟的一个服务领域，对城市的发展规律以及应如何建设和发展城市，提出了一系列很好的意见与建议，受到上海市政府、城乡建设环保部、中国城市科学研究会等领导部门的重视和好评，也得到国内专家的高度评价。相关研究成果获得过1986年度上海市科技进步奖二等奖。

“都市文化研究”是合并后呈现的一个新方向，文化情报研究特色渐显。除了完成市委宣传部下达的临时任务外，上图上情所承接并完成了上海市哲学社会科学规划课题“国外文化事业和文化产业动态跟踪和分析研究”“完善上海文化产业发展的政策体系研究”，上海市政府发展研究中心的年度决策咨询重点课题“发展先进文化与加强上海‘软实力’问题研究”，上海市促进文化创意产业发展财政扶持资金项目“上海文化创意产业管理服务平台建设”“国内文创产业政策比较研究”“上海电影产业模式创新研究”“上海文化创意急需人才培训基地”“上海文化创意产业科技创新研究”等研究项目，完成了市委宣传部的若干个文化、传媒领域的中大型研究课题，如“互联网对人的思想、道德和行为的影响”“关于中国先进文化前进方向的资料调研”“关于世界新型媒体集团的发展现状、趋势分析和建议”“上海率先基本实现现代化进程中的文化发展战略研究”“文化经济政策之国外经验研究”“从全价值链的角度研究美国电影产业的现状与发展趋势”“网络文艺发展专项调研报告”等，为市委宣传部“十一五”文化事业和产业规划提供调研报告，受上海市文广局委托出版了《上海网络视听产业报告》《上海电影产业报告》《上海广播电视产业报告》等书，在相关文化行业树立了专业形象。2017年，上图上情所研究团队出版《文化创意产业20年》一书，打造了自己的文创品牌（图1.7）。

此外，上图上情所还在《文汇报》《上海文化蓝皮书》《中国文化产业蓝皮书》等研究刊物与书籍上发表了相关研究成果，引起市内外同行的关注和良好反响。

鉴于上图上情所多年的文化行业情报服务取得的丰硕成果和经验，上海市文化创意产业推进领导小组办公室于2011年授予上图上情所“上海文化创意产业信息中心”的牌子，希望上情所在上海落实“创新驱动，转型发展”战略的关头，做好文化发展的“参谋”工作。

2. 内参简报突出情报特色

上海科技情报所在成立之初，即创立以简报的形式为市委、市府等局级以上领导部门和领导干部提供各类科技情报信息，简报种类主要以《上海科技简报》为主，并在以后相当长一段时间内对促进上海社会经济科技发展发挥了重要作用。1995 年，上图上情所合并后，简报种类逐步增多。2000 年，开始塑造《上图专递》的内参品牌，首先用“上图专递”品牌统一了原有的内参产品系列，所有的内参简报用统一的视觉风格（封面、封套等）、较为固定的出版周期和密集的出版量强化品牌形象，更重要的是努力形成“内容”品牌，锁定领导注意力。目前，已经形成了《上图专递》《科技与产业》《上海科技简报》《第 i 情报》《专递人大》《文创信息动态》等“上图专递”系列内参产品，基本覆盖了周、旬、月不同编辑周期；除了服务市委市府相当数量的领导层，还逐步形成面向特定领导的个性化服务模式。

图 1.7 《文化创意产业 20 年》

在市委市府和市科委的一些重大技术经济与社会文化发展决策中，这些内参简报发挥了情报的尖兵和参谋的作用，取得了较好的社会效益。2007 年，市领导在上海市决策咨询委员会的讲话中明确提到：“上海图书馆上海科技情报研究所是上海市内参工作做得最好的两家单位之一”。

(1)《上海科技简报》。《上海科技简报》（图 1.8）自 1958 年建所以来创办，是提供各级领导参考的内部刊物，发送对象主要有国家科委、中央各部情报所、上海市各工业局和各区县政府、报社、市科委及分院所属研究所、高等院校、各省市情报所等。

它的主要工作是立足于国内，围绕上海市科技产业发展，搜集国内外科技资料，了解某些重要学科的国内外发展水平，重点报道上海各行各业的新技术、新研究成果和最新动态。截至 2018 年 7 月，共出版 1 480 期。该简报多年来经常获得领导批示或被上海和中央的更高层次的内参所转载。

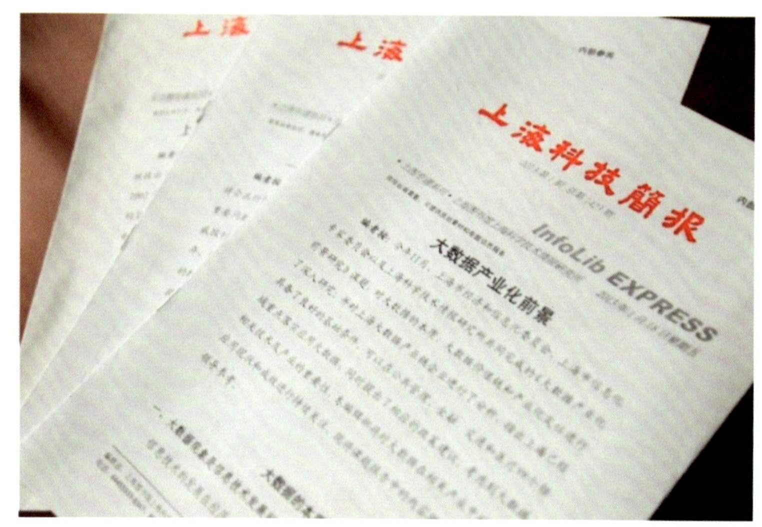

图 1.8　《上海科技简报》

(2)《上图专递》。2000 年，在原有简报基础上，上图上情所在信息咨询与研究中心旗下成立了战略信息部，明确了以互联网公开信息为来源，打造《上图专递》(图 1.9) 内参新品种，集中力量使之更趋成熟。

2000 年 5 月，第一期正式的《上图专递》面向市委市府主要领导发送。当年，《上图专递》不仅扩大了发送范围，走上了正轨，数量上也有了快速增长，还在质量上取得了进一步的提高，已经逐渐显示了图情综合的特色与优势，吸引了不少领导的注意力，初步创立了《上图专递》的内参品牌。十几年来，《上图专递》始终以“摸本市、国内、国外三个水平，找本市与国内、国外两个差距”为选题思想，紧扣上海的发展脉搏，运用图情研究方法，定期为决策部门提供涵盖政治、社会、经济、文化、教育等范围的决策情报支持。截至 2018 年 7 月底，共发送 2 318 期。

(3)《科技与产业》。《科技与产业》(图 1.10) 是一份信息特征型、情报研究型的内部简报，其基本定位是：为上海市高层领导提供判断与思考众多咨询报告与各种建议的可靠信息和背景知识。

图 1.9 《上图专递》

图 1.10 《科技与产业》

多年来，《科技与产业》保持了每周 2～3 期的稳定发稿量，每年发稿数在 130 期左右，截至 2018 年 7 月底，发稿量已达 2 131 期。该简报荣获 2012 年度上海地区科学技术情报成果奖二等奖。

3. 技术情报大力推动企业创新

图情合并是强强联合，借着整合后的强大资源，原来服务企业的老业务如查新、翻译、大企业合作项目等保持一定的增长幅度。

(1) 查新业务。1990 年起，上海科技情报所正式承接科技成果水平查新咨询工作，一直到今天，科技查新也是一项常规业务，归信息咨询与研究中心管理，上图上情所在查新方面的长期积累同时也为国家规范查新奠定了基础。目前为企业进行科技查新，每年达 2 000 项左右。长期以来，上图上情所出具的水平检索报告得到广大用户的认可。近年来，上海每年都有一些重大科技成果获得国家科学技术进步奖殊荣，上图上情所科技查新团队为这些成果的报奖提供了重要支撑。

振华港机产品每次申报科技进步奖之前，会到上图上情所查查有无相关记录；上海连续几年摘取的国家科技大奖中，90％以上由上图上情所出具查新评估报告……2016 年上海市唯一的国家科技进步一等奖项目“航天重大工程的遥感空间信息可信度理论与关键技术”、2017 年国家科学技术进步奖特等奖“特高压±800 kV 直流输电工程”，都由上图上情所为其提供了水平检索报告。上海科技情报，正日益成为企业技术创新的“高参”。

(2) 侵权分析。1994 年 1 月，上海科技情报所专利事务所获得徐汇区工商行政管理局颁发的企业法人营业执照，由石绮玥担任专利事务所所长。事务所代理的发明专利的授权率高达 85％以上，远远高于一般专利事务所的授权率，在企业中名气很大。后来由于国家政策的关系事务所不再代理专利申请业务，但也未把专利业务抛开，而是利用一直以来自身在专利方面的较强优势，加上专业的情报素养，走上了知识产权和情报相结合的道路，在企业知识产权保护系列咨询服务及其战略研究、侵权调研与分析等方面为企业提供了有力帮助。

(3) 服务大型企业。随着我国改革开放的深入发展，国内大型企业对情报的需求日益增长。上图上情所先后为上海吴泾化工公司、上海焦化有限公司、上海石油化工有限公司、上海高桥化工厂、上海华谊集团、上海汽车集团等国有大型化工企业提供科技情报咨询研究服务，受到企业领导的充分肯定和较高的评价，取得了良好的社会效益和一定的经济效益。研究报告提供的信息以及提出的建议和对策为企业制订发展规划、进行科学决策提供了可靠的情报依据，为企业依靠科技创新调整产品结构、提升技术能级、转变经济增长方式、提高自主创新能力和市场竞争实力起到了很好的情报助推作用。实践使我们认识到为企业开展科技情报咨询研究是新时期情报工作的重要方向之一，有着很大的市场需求和广阔的发展空间；专业情报人员与企业领导和科技人员紧密结合、及时沟通是做好企业情报研究的有效方式和重要保证。

2003 年，在上图上情所领导的直接领导下，咨询中心成功与上海华谊集团签约进行全面战略合作，在已经提供有关竞争情报的培训与简报服务的基础上，提供全方位的综合性情报服务。

上海焦化有限公司是一家以煤为原料的综合性大型国营化工企业。20 世纪 90 年代初期，上海科技情报所研究中心的研究人员开始探索为上海焦化有限公司开展情报代理服务的情报服务新模式。随着合作的深入，该项服务逐步从单项服务走向全方位服务、从短期服务走向长期服务，即围绕企业发展战略决策、重大项目建设、新产品新工艺开发、资源综合利用、产品出口创汇、标准和专利分析等企业发展和生产经营的各个方面，长期提供了情报咨询研究服务。在服务方式上，一是重点围绕企业的主要产品，跟踪报道国内外市场和生产技术最新发展动态，以及影响本行业发展的宏观环境和政策，为企业领导及时把握行业发展动向；二是根据焦化公司开发新产品、新技术，调整产品结构，培育新的经济增长点，提高企业创新能力的需要，随时立项，开展专题研究。2004 年，在双方多年良好合作的基础上，双方领导签署了“上海图书馆上海科技情报研究所与上海焦化有限公司合作框架协议书”，进一步拓宽了信息服务的领域和范围，合作进入多层次阶段，服务内容包括技术跟踪简报服务、市场调研服务、专利分析等战略研究；文献提供中心为焦化建设维护“焦化数字图书馆”；采编中心为焦化采购图书资料等。此外，上图上情所还为焦化公司提供各种情报培训，如为焦化公司领导与技术人员开展化工情报检索方法培训讲座，为焦化公司领导和相关人员举办竞争情报讲座。

2004 年，咨询中心还与宝钢集团签订了合作协议，针对上海宝钢集团公司特点，开设了“现代应用情报学理论与实践”系列培训。内容包括情报基础、专利情报、标准情报、竞争情报、市场情报和国际联机检索以及互联网信息开发和利用等基础理论课程，并结合宝钢的产业特色，举办了情报分析方法与技巧、企业专利战略与技术预见等应用型专题讲座。另外，还为宝钢旗下的宝信软件撰写《智能交通市场调研报告》，为宝钢提供的情报服务的经济效益和社会效益显著。

(4) 翻译业务。上海科技情报所翻译部门自 1961 年起开始为本市和外省市的工厂企业、科研单位、高等院校和中外合资企业、外国机构提供翻译服务。迄今为止，已为国内外客户提供了几十亿字 20 余个语种的外译中和中译外服务，为上海市及外地消化吸收国外先进技术经验，发挥了重要的作用。

根据上海科技外语人才较集中的特点，翻译部门组织了社会退休和在职的科技外语人员，组成了一个全市性的翻译网，语种有英、日、法、德、俄及稀有文种共 20 多种，网络特点是人员多、语种多、专业齐，能承担大批量任务和应急任务。20 世纪 60 年代主要是为客户翻译在技术改革和技术改造中需要参考的各种国外科技文献；70 年代除科技文献之外，突出为重点建设项目服务；80、90 年代为了适应改革开放的需要，代译了大量的有关技术引进、产品出口和国际交流的资料；21 世纪以来，在 WTO 的背景下，代译的资料涉及面更加广泛，虽然仍主要为科技文献的翻译，但是跨学科、跨领域的内容多了起来。

4. 文献服务范围不断扩大

文献资源的建设是情报工作的第一步，文献服务作为基础性工作得到历届领导的重视。目前，紧紧围绕上海科技与经济发展的特点，上图上情所馆藏文献建设持续稳定发展，文献资源数量和经费连年增长。截至 2017 年底，馆藏文献达到 5 600 万册（件），获取开放资源库 300 余种，采购数字资源 176 个，多年来一直位居全国前列，并形成了以专利、政府报告、会议文献、名人手稿等特种文献为特色的馆藏体系，成为上海地区主要的文献资料中心之一。

(1) 知识导航。1999 年，上图上情所在合并以后，提出了知识导航的设想，认为应当从文献查找转向知识导航。2000 年，率先推出了参考馆员制度，加强知识导航，提高服务层次和服务质量。2005 年，签署了长三角地区图书馆网上联合知识导航服务协议。之后，为了让更多的读者获得更多的服务，导航站还同香港岭南大学图书馆、新加坡国家图书馆、澳门大学图书馆和澳门中央图书馆合作，提供有关中国香港、中国澳门和新加坡信息的咨询服务，并且还先后聘请了来自国内各地图书馆以及美国大学和公共图书馆的资深参考馆员参与导航工作。2007 年，英文导航服务平台顺利推出。目前，导航站合作图书馆的范围不断扩大，截至 2018 年 7 月，已同国内 49 家图书馆及研究机构和国外 8 家图书馆建立了专家合作关系，外部专家总数达到 107 人。2017 年，网上联合知识导航站年受理咨询量近 7 000 条（次），导航站网页点击量 11.5 万。目前，网上联合知识导航（图 1.11）已经不仅仅是馆藏资源的导航，而是在初步实现上海市文献资源共建共享基础之上，由上图上情所牵头并首先联合上海地区公共、科研、高校等图书馆及其相关机构，面向世界率先在国内推出的一个旨在向各专业技术和研究人员提供高质量专业参考、知识导航的服务项目。

图 1.11　网上联合知识导航网站网页

（2）馆际互借。1998 年，时任上图上情所副馆所长的吴建中提出上图上情所应当成为国际组织联机计算机图书馆中心（OCLC）的一员，参与其中的联合编目、参考咨询、资源共享和保存服务。1998 年，上图上情所成为中国内地第一家 OCLC 成员。加入不久，1998 年 7 月就有几十笔国外借阅量。

2003 年，文献传递部、剪报部等合并成立了文献提供中心，其中一个主要的任务就是负责馆际互借和文献传递。大部分馆藏资料都可以提供文献传递或馆际互借。对于上图上情所没有的文献，可向境内其他图情机构申请。上图上情所和国内大型图情联盟，如 CALIS、CASHL、BALIS 都有合作。对于境内没有的文献，还可以通过 OCLC、Subito 和其他境外的文献协作机构申请文献或者外借原书。目前，与 CALIS、CASHL 和 OCLC、Subito 几大联盟的 443 家（包括境内 77 家、境外 366 家机构），共计 457 家机构保持文献传递和馆际互借业务。2017 年度文献传递和馆际互借服务完成 51 377 篇/册（含馆际互借 11 136 册）。根据 OCLC 对 2017 年度文献传递和馆际互借业务情况进行的统计，上图上情所继 2016 年首次进入亚太地区借入馆的前 20 名（排名第 17 位），一举上升至第 7 名。在借出馆的前 20 位排名中，上图上情所保持排名第 4。两项排名，上图上情所均是国内排名最前的图书馆。

（3）主题服务。1995 年馆所合并以后，上图上情所主动与社会热点结合，进行主题服务，更是成为文献服务的重点。上图上情所一方面对已有的阅览室和馆藏布局进行主题调整，一方面针对社会热点不断增加新的服务内容。

2003 年，新成立的文献提供中心开始进行媒体测评项目的研究，对已有的文献资源进一步地挖掘。目前，有关的文献服务已经形成了不同行业和产品的主题剪报，可以进行剪报定制、决策咨询、媒体动态监测分析，如《每日证券海外快报》《中国房地产资料汇编》《人大剪报》等等。2007 年特奥会、女足世界杯、2010 上海世博会、上海城市形象媒体测评等大型媒体监测项目得到有关部门和领导的高度赞赏。

5. 公益情报逐步增加影响力

2005 年 5 月，上图上情所正式推出公益性产业信息情报网“上海情报服务平台”（图 1.12），陆续设置情报资源、第 i 情报、城市竞争情报、知识产权情报、竞争情报等栏目，并与上海研发公共服务平台对接，强化了对产业界、科技人员和政府的服务。平台密切关注信息、化工、材料、装备制造、生物与医药、汽车、能源与环境、现代服务等八大重点/战略产业，并在风力发电设备、光仪电产业、氢燃料电池汽车发动机、聚乳酸可降解塑料等重大前沿领域和项目形成聚焦，提供以情报视角解读的中、微观技术内容和服务，起到预警、竞合、战略等作用。2017 年，情报服务平台网页月点击率保持在 130 万人次左右，全年累计点击率已达 1 545 万人次。情报平台依托上图上情所资源优势，与国内专业信息机构建立了合作关系，逐步形成了以情报技术专题为特色，揭示产业和技术领域动态为重点，兼顾城市研究、文化研究等内容的信息情报发布和服务平台。

图 1.12　上海情报服务平台网页

2010 年 3 月，“上海行业情报服务网”（图 1.13）正式上网试运行，网站建成包括六大行业子网和一个专利子网的“行业科技情报服务网”。服务网构建了情报服务子系统、需求导航子系统、行业情报子系统、资源信息子系统、在线委托子系统、专家咨询子系统、用户互动子系统等；整合了科技情报界绝大部分情报服务功能与服务内容，集成了各类情报产品，以及各行业各类免费、收费数据库资源、产业政策资源；自建集专利文献、非专利文献于一体，中文、英文于一体的行业专题数据库等。目前，服务网能提供包括科技查新、市场调研等在内的 19 类情报服务，所有服务均可实现在线委托；提供需求导航、在线咨询、在线投稿、在线报名、情报资源维基、情报购物车以及 RSS 订阅、关键词订阅、情报推送、情报收藏等自助情报服务；已建立情报服务制度及服务指南。服务网每年能实现数百项在线委托服务。除此之外，还构建了情报服务实体网络，建立了情报服务联盟机制，成立上海行业情报发展联盟，截至 2018 年 8 月，共有联盟成员 38 家。

图 1.13　上海行业情报服务网网页

6. 打通竞争情报产业链

上海科技情报所从 20 世纪 80 年代末就开始了竞争情报的理论研究，是国内最早关注和推广竞争情报的机构。1992 年，上海科技情报所酝酿组建一个实体来开展竞争情报实践，并决定选择市场调查作为实践竞争情报的突破口，这就是市场调查研究部（简称“市场部或汇视 MIRU”）成立的初衷。

（1）市场调研。成立伊始，结合上海科技情报所的优势以及国内市场调研行业的现状，市场部将工业品调查作为其主营方向。同时，考虑到中国刚开始从计划经济向市场经济过渡，国内的绝大部分企业还没有做市场调查的意愿；相反，中国逐渐对外开放，许多外资对中国市场开始发生兴趣，对中国市场了解的需求将会增加。由此，市场部将在华海外公司和机构作为主要的目标客户。由于出色的业绩，市场调研部 1999 年获得全国涉外社会调查专业资格许可，并被评为 1999 年度上海市信誉咨询企业（机构）。2000 年，正式形成“汇视研究（MIRU）”服务品牌，于 2003 年申请注册服务品牌商标。截至 2017 年底，累计完成调查研究项目达数千个，客户超过 200 个，主要服务对象包括日本、美国、法国、中国内地、中国香港和中国台湾等国家和地区的知名企业、法人财团、咨询公司及政府机构等。

进入 21 世纪，作为非营利机构上图上情所下属的一个部门，市场部对其定位进行重新思考，在分析竞争情报业发展的基础上，结合本单位的实际情况，调整其在竞争情报界的定位和作用——为竞争情报产业链搭建沟通平台。为此，市场部改名为竞争情报部。

（2）《竞争情报》。由于涉及竞争情报内容的期刊主要是一些传统的学术性情报学刊物，较多的是一些理论方法的探讨，缺少以打通竞争情报产业链为目的期刊。为此，上图上情所决定创办一份专注于竞争情报的期刊，借此搭建一个竞争情报的交流平台，推进竞争情报产业链上各环节的整合。2004 年底，《竞争情报》创刊号问世，编辑部应运而生。

受到国家政策的限制，杂志无法获得正式出版的刊号。第一年是以其他刊物的增刊形式出版，第二年改为内部出版物的形式出版。为弥补内刊发行范围的不足，编辑部还将《竞争情报》上发表的主要文章结集出版，先后出版了《竞争之道 情报先行》《智慧时代 情报为王》和《创新情报 引领发展》3 本论

图 1.14 《竞争情报》封面

文集。

在兄弟单位的支持下，2015年，期刊获得了正式的刊号（国内统一连续出版物号为 CN31—2107/G3，国际标准连续出版物号为 ISSN 2095—8870，邮发代号为 4—904），并上线了投审稿系统和网刊系统，周期也从之前的季刊变为目前的双月刊，树立了以“交流研究成果，提高学术水平；推广方法工具，服务产业企业；普及情报思维，提升信息素养”的办刊宗旨，继续为读者提供最新的竞争情报资讯。

为扩大杂志的影响，编辑部还顺应时代的发展，先后开出了杂志的新浪微博“中国竞争情报”、微信群“我们的竞争情报”和微信公众号“竞争情报杂志”，最大限度地与读者和作者互动。

编辑部除出版刊物外，还进行了竞争情报相关课题的研究，配合办会和培训，组织沙龙活动等。先后开展了《国家竞争情报研究》和《中法竞争情报比较研究》等国家社科基金项目和上海市哲社项目的研究，开发了上海市劳动与社会保障局竞争情报分析员的培训课程设计。作为支持机构，编辑部从主题策划到嘉宾邀请，到参会人员招募及全面配合上图上情所先后数次举办“竞争情报上海论坛”。多年来，编辑部相关人员应邀在市内外各种培训场合讲授竞争情报的知识，普及竞争情报。

自成立以来，编辑部与中国科技情报学会竞争情报分会建立了密切的合作关系。包括参与年会主题的策划、大会报告和分会场主持等，在期刊上发布征文会议通知，刊登年会论文和报道，参加分会的现场交流和沙龙活动等。这些活动有效地提升了上图上情所在国内乃至国际竞争情报界的影响力，编辑部为此在 2014 年获中国竞争情报分会的“最佳竞争情报实践团队”称号。

7. 发挥行业引领作用

中国科技信息研究所和上海科技情报所被誉为中国科技情报行业的两座大山，上海科技情报所在情报界享有一定的声誉。之所以能享有这样的声誉，离不开其长期致力于发展区域间的协调合作和发挥地区内的行业引领作用。

（1）上海科技情报学会。上海市科技情报学会成立于1979年3月，是依法成立、具有独立法人资格的上海市科技情报工作者的学术性群众团体，挂靠于上海科技情报所。2016年10月，学会选举产生了第九届理事会，确立了学会现有理事长1名，副理事长4名，秘书长1名，常务理事5名，理事23名。团体会员单位70余家，个人会员近1 600人。学会还荣获了上海市科协授予的四星级学会荣誉，并连续多年被评为全国先进性学会。作为国内最大最活跃的省级产学研情报联合体，学会每年活动近40次（不包括会员单位的活动），平均活动参与超70人次，上海非会员和外地同行参与广泛。每年举办1次国际论坛，1次学术年会，1次科技周，1次科技情报周，8次以上国内会议，4次专题培训班，12次专题讲座。

2012年，学会设立了“上海科学技术情报成果奖”，评选出一大批具有显著理论贡献、经济社会效益，以及对规范科技情报活动做出重要贡献的创新成果，有效促进了上海科技情报界的成果产出和学术互进。在此基础上，学会联合山东、江西、江苏等6家社团机构，进一步设立了“华东地区科学技术情报成果奖”，为推动整个华东地区以及全国的科技创新、产业发展起到了积极的促进作用。目前，此类评选每年都会进行。

2014年，在国家知识产权局、上海知识产权局、上海市科协的支持下，学会面向全国征召研究人员的专利情报研究中心正式成立，聚集了全国47位专利情报专家，初步呈现出以学会为中心、情报联盟和专利情报研究中心为两翼的“中心带动、两翼齐飞、互促发展、整体推进”的战略格局。

此外，学会还专门设立了科技评价组，建立了专家库，制定了科技评价工作方案及制度，被上海市科技项目评估中心认定科技评价资质，2014年8月被上海市科协授予科技评价机构资格。科技评价工作得到市科委相关领导及专家的高度评价。

(2) 上海行业情报发展联盟。为使上海地区的情报研究机构更加紧密地合作，充分运用开源情报，在“新情报时代”提供专业化、系统化、及时性、有效性的服务。2010 年，上海行业情报发展联盟（Shanghai Industries Intelligence Developing Alliance，SIIDA）成立。联盟是由上海行业情报服务链中的相关单位自愿发起共同组成的非营利性联合体，是提升行业情报能力的战略联盟。其发展宗旨是广泛联合本地区行业情报机构、相关行业组织和其他相关单位，以“平等合作、共建共享、重在服务”为原则，加强会员单位的沟通与合作，及时交流情报服务经验和需求信息，为上海的科技、产业和文化的发展提供信息和智力支持，使行业情报工作在本地区的社会经济发展中发挥更大的作用。

上海行业情报发展联盟的发起单位为：中国船舶重工业集团公司第七〇四研究所、上海市医学科学技术情报研究所/上海市卫生发展研究中心、上海市农业科学院农业科技信息研究所、上海市纺织科学研究院、上海市轻工业科技情报研究所、上海核工程研究设计院、上海海事大学/上海海事大学科技情报研究所、复旦大学图书馆、上海电气集团股份有限公司中央研究院、上海市机电科技情报研究所、中国科学院上海有机化学研究所、上海之目信息技术有限公司、中国科学院上海生命科学信息中心、中国科学院上海科技查新咨询中心、宝山钢铁股份有限公司研究院情报中心、上海汽车集团股份有限公司技术中心技术经济部、中国人民解放军海军医学科技信息中心、中国科学院药物研究所图书情报室、上海市食品药品监督管理局科技情报研究所、上海市浦东科技信息中心、上海市化工科学技术情报研究所、中国科学院上海光学精密机械研究所信息管理中心、中国石油化工股份有限公司上海石油化工研究院久隆竞争情报中心、上海市公安局物证鉴定中心、上海市新材料协会、上海 WTO 事务咨询中心、中国商用飞机有限责任公司上海飞机设计研究院档案中心、上海国际时尚教育中心、上海社会科学院信息研究所、上图上情所。联盟召集单位由上图上情所承担。

自成立以来，上海行业情报发展联盟工作取得了一定进展，在社会上产生了一定影响。比如，全国科技活动周暨上海科技节大约在每年的 5 月举办，借此机会，从 2011 年起，上海行业情报发展联盟发挥和整合联盟成员单位的人力资源、智力资源和信息资源的优势，开展贴近百姓生活的科普活动。上海行业情报发展联盟每年都联合上图上情所、上海市科学技术情报学会、上海新兴产业情报研究联盟等单位，联合举办上海科技情报服务宣传周，以增强科技情报对战略性新兴产业的支撑和引领作用。每年 3 月前后，联盟组织专家召开会议，确定当年战略性新兴产业的研究主题，之后在网上公开招标，并与中标单位共同开展合作研究，形成专业化、系统化、及时性的情报多用户深度研究报告，并择机发布。

8. 国际交流成果显著

上图上情所历来注重进行国际交流，而国际交流的重头是组织召开一系列国际会议。2003 年 9 月，首次组织召开了“竞争情报上海论坛”（Shanghai Competitive Intelligence Forum，SCIF），邀请美国竞争情报从业者协会前主席、美国匹兹堡大学教授 John Prescott 先生，加拿大竞争情报协会理事、加拿大中小企业竞争情报专家 Jonathan Calof 先生，日本工商竞争情报专家协会会长、东京经济大学国际市场营销学教授中川十郎先生，加拿大国家研究理事会高级战略与政策顾问、APEC 技术预见专家 Sadiq Hasnain 先生，法国竞争情报专家协会创始人和名誉主席、法国 Informama 集团主席暨首席执行官 Robert Guillaumot 先生，美国互联网络商务信息公司（ISI）营销经理 Brian W. de Lacy 和 Aloisio Parental 先生，百度在线网络技术（北京）有限公司营销经理王啸先生，安邦集团总裁陈功先生和梅花信息公司执行总经理任向晖先生等国外和中国内地的竞争情报专家，向来自全国各地的 100 多位参会者介绍了竞争情报的最新发展，内容涉及竞争情报的最佳实践、全球贸易与竞争情报、技术竞争情报和竞争情报体制与人员的培训等。国内外著名的竞争情报数据库和竞争情报解决方案厂商 Factiva、ISI、安邦、梅花信息和百度介绍并演示了他们最新的竞争情报产品和系统。竞争情报界前辈包昌火先生在论坛开幕式上说：“中国竞争情报的研究应用起源于上海，源于上海科学技术情报研究所”。2003 竞争情报上海论坛也为竞争情报领域的国际会议开了先河。2003 年的会议初步确定了竞争情报上海论坛的形式，以大会报告为主，不做论文征集和交流，同时也尝试跳出情报圈来办情报会议。会议全程配备同传翻译，提升了会议的档次。会议设计的 Logo 一直沿用至今。

由于各种原因，竞争情报上海论坛时隔 8 年后才重新启动，并以每两年举行一次的形式固定下来，与上海国际图书馆论坛（Shanghai International Library Forum，SILF）交替举行，成为上图上情所“图情并重”“图情并茂”发展战略的双翼。

2011 竞争情报上海论坛于 2011 年 10 月 20—21 日举行（图 1.15）。会议以“寻找新兴产业的机会——转型期的竞争情报”为主题，着力聚焦经济转型与产业发展、创新与竞争情报、竞争情报的企业最佳实践、专利情报的最新应用方法等热点话题，邀请了来自美国、法国、日本、中国大陆和中国台湾等国家和地区相关领域约 20 位专家做主题报告或参与圆桌讨论，专家人数明显增多，境外的代表以法国和中国台湾的为主。会议专设了中法交流论坛环节，由中方的缪其浩先生和法方的亨利·杜教授共同主持。此环节也是作为上海市哲学社会科学基金项目“地区与产业竞争力的信息与智力决策支持系统研究——中法竞争情报比较”的组成部分之一。

会议不断进行新的尝试，2013 年的上海论坛是与麻省理工学院（MIT）下属《技术评论》（*Technology Review*）中国合作举办的。会议围绕世界新兴

图 1.15　2011 年竞争情报论坛

技术与产业竞争情报，邀请来自《技术评论》(*Technology Review*) 杂志、麻省理工学院、徐汇区科委、嘉定区科委、新加坡国际企业发展局、台湾地区的台湾工业研究院以及微软、通用电气、神州数码、远大能源、新奥集团美国应用材料等知名企业与机构的近 30 位国内外产业前沿专家、企业高管、政府官员和竞争情报专家，就前沿技术、新兴产业及竞争情报等论题作报告交流（图 1.16）。引人注目的是，MIT 的 *Technology Review* 在中国首次发布了最新的全球十大新兴技术（TR10），TR10 让与会者了解了更多可以颠覆工业界现有格局、创造全新市场和改变整个社会的新技术。会议把商业领袖、资深技术专家、竞争情报专家、投资人和企业家聚集在一起，通过宏观技术展望、能源、智慧城市与城市规划、创新模式、计算和智能识别、生物医药与医疗器械等 6 个专题论坛，讨论了各个领域的重要创新。

图 1.16　2013 年世界新兴技术峰会暨竞争情报上海论坛

2015 上海论坛于 2015 年 10 月 22—23 日召开（图 1.17），会议由上图上情所主办，上海市科学技术情报学会和《竞争情报》编辑部、上海市前沿技术发展研究中心和上海市新兴产业情报研究联盟协办。论坛以“创新、创业、创客与竞争情报”为主题，邀请了来自美国战略与竞争情报从业者协会(SCIP)、东京明治大学、台湾工业技术研究院、日本经济大学、中欧国际工商学院以及日本森纪念财团、海尔集团等知名机构和企业的 20 余位国内外竞争情报专家、企业决策者和区域研究学者，就城市创新、创业投资、创客与竞争情报等论题作报告交流。会议亮点包括：与全球知名的竞争情报机构 SCIP 建立了联系，其首席执行官楠·巴尔杰在会上做了主旨报告，就此开启了与 SCIP 的合作。上图上情所首次发布了国际大都市科技创新能力评价报告，并决定每年发布该报告。

图 1.17　2015 竞争情报上海论坛

2017 竞争情报上海论坛于 2017 年 10 月 19—20 日召开。会议由上图上情所主办，上海市科学技术情报学会、《竞争情报》编辑部和上海市前沿技术发展研究中心协办。论坛是以“颠覆性技术影响力”为主题，邀请了来自美国战略与竞争情报专业人员协会（SCIP)、日本竞争情报学会、日本文部科学省科学技术学术政策研究所、日本科学技术振兴机构（JST)、美国弗吉尼亚州詹姆斯·麦迪逊大学、科睿唯安公司、Ideapoke 公司、Gartner 公司、奥罗拉公司、中科院自动化研究所、复旦大学、上海交通大学等知名机构和企业的20余位国内外竞争情报专家、企业决策者和技术研究学者，就技术的发现与挖掘、技术对社会与产业的影响等话题展开讨论，旨在充分发挥竞争情报的“耳目、尖兵、参谋”作用，帮助识别并把握颠覆性技术，实现产业和社会经济发展的“弯道超车”。尽管“颠覆性技术”已不是新鲜词汇，但在上海推进建设具有全球影响力的科技创新中心背景下，需要情报之眼来发现市场机会，需要情报思维在跨界产业中发现苗头。

除此之外，上图上情所的研究人员还经常参加国外召开的竞争情报会议。早在1995年，缪其浩先生就参加了在美国举行的SCIP年会并受邀做大会报告。2005年起，每年派员参加SCIP年会或在欧洲举行的竞争情报相关会议。多年来，上图上情所还利用各种机会邀请来沪的国外竞争情报专家来做报告或讲座。由于在推进竞争情报在中国发展方面做出的贡献，2009年，缪其浩先生荣获SCIP颁发的主席杰出成就奖（President's Award for Excellence）。2015年，陈超开始担任SCIP中国委员。

值得一提的是，通过这些年举办的竞争情报上海论坛，上图上情所与美国战略与竞争情报从业人员协会（SCIP）、日本竞争情报学会等机构达成了一系列战略合作（图1.18），具体有：2016年与SCIP共同出版了*I AM SCIP*中国特刊，2017年日本竞争情报学会与上海科学技术情报学会在竞争情报上海论坛上签署战略合作协议，以及2019年即将与SCIP展开的一系列合作等。

图1.18 2017竞争情报上海论坛签约仪式

第二部分

支撑战略决策、支持产业创新、引领行业发展，是上海科技情报所的重点工作目标。60 年来，上海科技情报所坚持为上海决策部门提供各类科技情报信息和服务，聚焦前沿技术跟踪、新兴产业趋势分析、国际大都市对标等领域，通过编写《上图专递》等内参简报、承担政府课题项目和产业政策研究，为市委、市府、市人大、市政协等相关部门及领导提供情报支持和决策咨询。近年来，上海科技情报所以上海科创中心建设为契机，不仅为政府部门提供了更多高质量的决策参考，还积极利用产业研究成果，开展竞争情报服务，支持企业创新、创业，促进创新成果产业化。同时，为不断加强科技情报专业文献的收集、加工和服务。1979 年 3 月，上海市科技情报学会成立并挂靠上海科技情报所，上海科技情报所联合会员单位，向社会各界提供各类科技情报信息。2010 年 9 月，上海行业情报发展联盟成立，上海科技情报所积极探索合作机制，开辟情报服务新领域，引领全市情报行业健康有序发展。

第二章

服务政府决策

为党政领导机关提供决策咨询是上海科技情报所的工作重点之一。自1958年成立以来，上海科技情报所就谨记“社会发展，情报先行”的使命。事实也表明，60年来，从1956年党中央吹响“向科学进军”的号角，到1978年迎来“科学的春天”；从1995年实施“科教兴国”、“科教兴市”战略，到如今全面贯彻落实创新驱动发展战略，坚持自主创新，建设创新型国家；上海科技情报所的广大情报研究人员凭借丰富的文献馆藏资源和先进的情报技术手段，注重科技与经济、社会发展相结合，为各级决策部门进行战略决策提供了诸多有观点、有分析、有建议的简报与研究报告。在不断凸显情报服务特色的同时对上海的经济建设、科技进步与社会发展产生了极大的影响力，真正当好领导的尖兵、耳目和参谋。

第一节　上图专递系列内参

内参简报与课题研究始终是上海科技情报所为决策部门提供决策咨询服务的两个最主要的方式。上海科技情报所的历任领导都重视以简报的形式为市委、市府等高层决策部门提供各类情报服务，并且将这一形式一直坚持并保留下来。60年来，内参简报在帮助决策部门制定政策、落实政策、为科研体系确立方向、制订社会发展规划等方面，及时提供信息、当好参谋，在不同的历史时期为决策部门提供了大量有价值的科技情报与情报研究成果，获得了多项国家科技进步奖、上海市科技进步奖及情报成果奖，树立起了服务品牌，获得了决策部门的肯定和赞赏。

1. 打造决策咨询服务的品牌，适时丰富和调整内参产品

1995 年上图与上海科技情报所合并前，上海科技情报所的简报内参主要以《上海科技简报》为主，其他简报还包括《国外科技简讯》《科技文献与情报》《吸收引进消化动态》《中小企业科技合作》《工业设计动态》《技改信息交流》《上海工业技术开发简报》等。

进入 21 世纪后，在所领导的重视与支持下，在原有简报室的基础上成立了战略信息中心，并进一步拓展了内参服务领域——2000 年，上海图书馆（上海科学技术情报研究所）（简称“上图上情所”）创建了《上图专递》这一内参产品，随后在短短的几年时间内就形成了以此为核心的“上图专递”系列内参，面向上海党政高层提供及时、客观、准确的决策咨询服务。

(1) 不断丰富内参产品。“上图专递”系列内参从信息摘编性质的每日简报到纵深性的研究性文章，由专业情报人员自拟主题，为服务对象提供不同维度和深度的特色内参产品。

2000 年 5 月，第一期《上图专递》内参产品正式向上海市委市府主要决策部门发送。截至 2018 年 7 月底，共发送 2318 期。十几年来，《上图专递》始终以“摸本市、国内、国外三个水平，找本市与国内、国外两个差距”为选题思想，紧扣上海的发展脉搏，运用图情研究方法，定期为决策部门提供涵盖政治、社会、经济、文化、教育等范围的决策情报支持。近些年来，重点围绕文化产业、科技创新、国际大都市的发展展开研究，不仅逐步扩大《上图专递》内参产品的影响力，还进一步确立了“上图专递”系列内参的口碑。

《科技与产业》是一份信息特征型、情报研究型的内部简报，其基本定位是：为上海市领导高层决策提供可靠信息数据和背景知识。该简报常年聚焦纽约、伦敦、巴黎、旧金山、洛杉矶、中国香港和新加坡等为主的国际大都市和美国、英国、日本等经济强国，抓好两条互为贯通的主线条，其一是及时报道已聚焦对象或新目标在复杂全球环境中的反应、对策与成效，一般以原意原味揭示原始信息为主；其二是撰写具有说服力的长效性、知识性系列文章，通过对研究对象的官方原始统计数据与信息进行挖掘、辨别、分析与研究，审视其背后涵义与关联，以由此显露的现象为基础，撰写文章。多年来，《科技与产业》稳定保持了每周 2～3 期的发稿量，每年发稿量在 130 期左右，截至 2018

年 7 月底，发稿量已达 2 131 期。该简报荣获 2012 年度上海地区科学技术情报成果奖二等奖。此外，每年 10 月前后，《科技与产业》均会推出当年的“特辑”，以系列研究集锦的刊发方式，体现长线研究的特色与质量。

作为本所历史最悠久的一份内参简报，《上海科技简报》立足上海、放眼全球，聚焦前沿科学与技术，为上海的科技发展提供决策信息支持。其发送范围主要包括上海市委市府人大政协领导、上海市相关部门的领导以及外省市科委（科技局）、兄弟情报所等，每期的发送量逾 300 份。1958 年 10 月 18 日，《上海科技简报》作为一份科技内参试刊，1959 年 5 月正式出版发行；截至 1988 年 11 月上海科技情报所成立 30 周年之际，《上海科技简报》共出版 800 余期；截至 2018 年 7 月，已出版 1 480 期。在编辑手法上，《上海科技简报》突破了常规的单纯对文献进行综述和分析，针对每个选题，通过实地调研、采访业界专家和相关领域学者、召开专家研讨会等方式，将鲜活的调研数据与专家学者具有针对性的建议相结合，配合案头调研，最终形成一篇数据翔实、观点突出、具有现实借鉴意义的内参文章。通过多年的积累，《上海科技简报》已经打造出属于自己的专家学者库，产生了“滚雪球”效应，带动知识资源“需求-供给”的良性循环。该简报荣获 2012 年度上海地区科学技术情报成果奖三等奖。

根据上图上情所“提高为决策咨询服务核心能力”的要求，适应媒体业迅速发展的形势，《媒体测评》这一全新的内参产品于 2004 年孕育而生。最初，《媒体测评》以每季度一期报告和不定期的专题报告两种形式，向上海市委市政府的领导提供舆情。季报主要针对 35 家目标媒体对上海的报道进行测评分析，以定量和定性相结合的方法，从内容分析和数据分析两个维度客观呈现上海在国际主流媒体中的城市形象，使情报工作更好地服务决策，推进上海发展。专题报告则是灵活运用媒体测评的方法，对上海城市发展中具有典型意义的热点事件进行个案分析。市委宣传部领导曾批示本刊“很有阅研价值”。近些年，随着媒体生态的变化，《媒体测评》的研究重心从周期性关注“外媒看上海”，转向了以特定主题为聚焦点的媒体分析，更好地发挥上图上情所的舆情研究优势。

依托数十年的情报跟踪和研究优势，夯实“上图专递”系列内参品牌之实力，上图上情所于2010年全力推出“上图专递”系列内参之《第i情报》。这是一份面向中高决策层的情报产品，定位于“聚焦科技产业文化，梳理政经竞争情报，提供战略决策参考”，读者群包括上海市各委办局、区县领导及智囊，大型集团企业领导，高校、相关科研和情报研究机构等；内容涉及时政、科技、产业、文化的最新动态和未来趋势。《第i情报》以竞争情报视角，扫描国内外媒体和舆论，从中精选出可能影响上海各领域的言论、政策或事件，让决策者能在浩如烟海的信息中及时得到最关键的竞争情报。经过数年的推广，《第i情报》已在读者群中树立了良好的口碑，在众多同类产品中脱颖而出。

(2) 适时调整内参产品。上图上情所不仅深耕于多个内参产品，努力打造优质的政府决策咨询服务；同时也审时度势，随情势变化而适时调整已有的内参产品。

创立于2001年的内参产品《网上辑录》，通过跟踪互联网上国内外重大政经新闻、聚焦上海的焦点报道和国内热门城市的发展动态，以A4纸两页的篇幅、每日一报的形式，反映当日上海及国内外的重要舆情、社会事件，呈送给上海市委市府领导参阅。《网上辑录》立足于上海，但不局限于上海，同时还擅于以专题形式，归纳各媒体报道的不同视角和观点，为决策部门提供全面的事件解读。然而近年来，《网上辑录》在新闻内容和呈送速度方面的弱势，很难实现有效的决策服务功能，为提升战略决策服务效率，上图上情所于2017年7月终止了《网上辑录》的编辑和发送。

2002年12月3日，上海申请2010年世博会举办城市获得成功；在农历2002年的最后一天，“上海世博会信息中心”上图上情所正式挂牌成立。“收集-收藏-服务”三位一体的世博会文献信息工作随即成为上图上情所的工作重心之一。为此，“上图专递”系列内参又推出一个领导决策信息服务新产品——《世博情报》，为2010年上海世博会以及上海新一轮的大发展服务。在8年的时间里，上图上情所通过历史文献、网络信息、媒体数据库等多种传统和现代技术手段，纵观往今、采撷精华，总共完成了105期《世博情报》，不仅为2010年上海世博会提供了丰富而有价值的信息，也为上海未来的城市发展留下了可供借鉴的案例库。

(3) 逐步开发定制内参。除常规内参以外，上图上情所还根据各政府部门的实际需求，针对各类领域，提供个性化的内参产品与服务。

《专递人大》内参产品就是由上海市人大常委会研究室与上图上情所共同负责开发的，发送对象为上海市人大常委会相关人士。自 2004 年 2 月初创刊以来，《专递人大》一直以每月 2～4 期的频率、每期 6～10 篇文章共 1～4 万字的信息容量持续编发。截至 2018 年 7 月底，总共编发了 400 期。《专递人大》定位于为上海民主与法治建设、人民代表大会制度的发展和完善以及市人大及其常委会各项工作提供参考。2011 年起，《专递人大》进行改版创新，并且与市人大常委会专题审议联系得更为紧密，每年围绕常委会议程为上海市人大常委会会议编辑 5 期专刊。从《专递人大》的创刊，到之后的改版和每一次的进步，都得到了历任上海市人大常委会主任的大力支持。正是由于上图上情所和市人大如此紧密的合作，使得这份内参屡次受到上海市人大高层领导的好评。

2011 年，上图上情所与上海市文化创意产业推进领导小组办公室签订合作协议，成立“上海文化创意产业信息中心”，创办了积极为上海的文化创意产业发展提供专业的文献信息与情报研究服务的内参产品——《文化创意产业发展态势》。该份简报为服务对象提供国内外文化创意产业动态信息和参考资料，同时围绕文化创意产业发展的中心任务、阶段性目标以及重大问题，针对上海市文化创意产业企业、园区、人才、产业、市场等新事物、新问题，及时调研总结，同时加强对国内外文化创意产业广度与深度的关注研究。《文化创意产业发展态势》为月刊，于 2011 年 7 月正式出刊，截至 2018 年 7 月底共刊发 85 期，每期的发送量为 350 份左右，发送对象主要是上海市区（县）级文化创意产业主管机构、文化创意产业相关企业、文化园区。

2. 秉持决策咨询服务的图情特色，不断扩大和提升内参影响力

截至 2018 年 7 月底，上图上情所已形成《上图专递》《科技与产业》《上海科技简报》《媒体测评》《第 i 情报》《专递人大》《文化创意产业发展态势》等“上图专递”系列内参，并基本确立了“上图专递”品牌在市委市府高层决策部门范围内的战略信息服务地位。

内参选题始终围绕和服务上海发展的最新课题。上图上情所的研究人员始终坚持和不断提升自己的战略思维、情报思维、法治思维、定位思维、数据思维、设计思维、连接思维和跨界思维，使得“上图专递”系列内参始终遵循“要有分析、有研究地提供情报”的指示精神，紧扣上海的发展脉搏，运用图情研究方法，定期为决策部门提供决策情报支持。

改革开放以来，研究人员在介绍、引进国外新思潮、新理念，为解放思想启迪思路、开拓视野等方面，作出了一系列的贡献。从“第三次浪潮”到“第三次工业革命”，从“知识经济”到“体验经济”，从“内容产业”到“创意产业”，从网络游戏到会聚技术……上图上情所带来的不仅仅是新技术革命，更是一场观念革命。

现如今，围绕上海加快推进国际经济、金融、贸易、航运、科技创新“五个中心”建设，努力把上海建设成为卓越的全球城市和社会主义现代化国际大都市，上图上情所积极谋划，发挥自身优势，面向上海政府提供及时、客观、准确、深度的决策咨询服务，着力打造“支撑创新，支持决策”的新型科技智库，提供以文化产业、科技创新和城市发展为重点的信息资讯、研究分析和趋势研判等情报研究内容。

就文化产业而言，依靠上海图书馆在文化资源方面的充足提供，对标纽约、伦敦、巴黎、东京等国际文化大都市，从摸本市情况、找中外差距、看国际趋势等几方面着手，聚焦文化事业和文化产业两大主线，持续为上海市党政高层提供文化领域富有洞见的简报。

就科技创新而言，自习近平总书记于 2014 年 5 月在上海考察时，要求上海加快向具有全球影响力的科技创新中心进军，上图上情所的情报研究就志在为上海市政府厘清和判断如下关键问题提供重要支撑，即科技创新中心是什么？如何评判？全球科技创新态势如何？上海该怎样建设具有全球影响力的科技创新中心？为此，在带头人的引领下，上图上情所分步骤、分阶段地开展了国家科技创新战略与投入、科技创新中心评价体系、城市型与园区型科技创新中心等重要研究，并通过《上图专递》《科技与产业》《上海科技简报》等不同的内参产品，从各个角度，以翔实的数据分析和国内外鲜活的案例为上海建设具有全球影响力的科技创新中心提供可借鉴的经验。

20世纪80年代中期，上海科技情报所开始开展城市研究。通过大量的数据和实例，对世界城市发展过程以及国外在发展和建设城市中采取的重大方针政策进行分析，把科技、经济和社会结合起来进行综合和系统的研究，分析总结国外城市发展的规律和经验教训。进入21世纪，随着《上图专递》《科技与产业》等内参的创刊，研究人员更密切地关注着城市发展及城市竞争的问题，他们紧密配合上海发展的实际需求，放眼各国际大都市与大都市圈，围绕城市经济、科技、文化、社会发展的具体内容展开，吃透各国际大都市的发展脉络、发展现状、对未来的思路路径等持续进行跟踪研究，扎扎实实地做了大量情报编译、整合分析研究工作，得到市决策部门和有关部门的高度关注，成为高层决策部门参考借鉴国际经验的重要信息源。

回首过往，“上图专递”系列内参曾多次获各级领导批示，为上图上情所在上海市委市府高层决策部门中的地位打下了扎实的基础；市委市府相关领导会在年终传来“每期必看”的意见反馈；上海市委某领导在2007年上海市决策咨询委员会的会议上曾明确表示，上图上情所是上海市内参工作做得较好的单位之一；分管宣传文化的市委领导也曾多次来看望慰问相关研究人员。

2016年以来，“上图专递”系列内参中的逾20篇文章获得中央领导及上海市领导的批示与关注。上海市委宣传部也表扬“上情所工作很有成效”，并鼓励大家再接再厉，继续发挥好上图上情所的新型智库作用。

2018年年初，作为承担“上图专递”系列内参的“上海高层领导决策咨询服务团队”凭借多年的决策咨询服务，荣获了2017年度中国科学技术情报学会的“情报工程创新团队奖”。

近年来，除了固定频率的内参产品外，由于“上图专递”系列内参品牌已经在上海市委市府层面拥有很强的品牌效应，内参部门也经常会收到领导的“点菜”。

2016年5月，市委办公厅委托上图上情所在一周之内，就建立上海科技创新评价机制议题出一份简报。上图上情所迅速成立专项工作小组，就文章的框架和提纲进行了多次讨论和修改，在规定时间内完成了文章的撰写——对国外现有的权威评价指标进行了梳理分析，并提出了建立上海科技创新中心建设评价体系的建议。该简报在市委办公厅报送给市委市府主要领导的第二天便获得了批示。

2017 年 2 月，上图上情所再次受市委办公厅委托，系统梳理分析德国在商品房市场管理方面的政策措施和制度经验，同样很快就获得了市领导的批示，并交有关部门和领导同志阅研。

第二节　文化情报研究

20 世纪 90 年代中期，上海科技情报所与上海图书馆完成合并后，成为文化系统的一员。在世纪之交国内外文化大发展的大背景下，这一身份的转变，为其从传统的科技情报服务领域向文化情报服务领域的跨越提供了得天独厚的条件。作为国内最早引进“创意产业”“内容产业”“文化景气”等概念的机构之一，上图上情所以“都市文化知识库”建设为抓手，主要通过信息提供与专业研究的形式，为上海国际文化大都市的建设提供文化情报服务，以独特的视角，立足上海，放眼世界，率先引入、介绍、传播国外最新颖理念、最前沿知识，主动承担起支持政府高层科学决策的耳目、尖兵和参谋的重任。

1. 不定期为上海市高层决策部门提供各类文化主题的简报

上图上情所主要通过《上图专递》这个简报平台向上海各级决策部门提供文化信息与情报服务。从 2000 年第 1 期的《面对亚太地区文化城市建设热，上海怎么办?》，到最新一期《西安借力短视频网站实施城市营销战略》（2018 年第 42 期），18 年来，千余份与文化事业及产业相关的简报摆上了相关部门领导的案头。这些简报内容，密切跟踪国内外公共文化服务与文化产业发展的机制、运作、实践与经验，快速聚焦文化领域的动态资讯，深入挖掘文化现象背后的动因本质，全面剖析文化政策的缘起效用，比较研究文化创意产业发展的沿革、战略、举措与动向，为上海建设社会主义国际文化大都市提供了大量可资借鉴的信息。根据相关主题，这些简报汇编成《〈上图专递〉国际文化大都市专辑》《城市创意气质的养成 探寻文化创意产业发展路径（〈上图专递〉专辑）》（图 2.1、2.2）等产品，供有关部门参考，努力当好“耳目”。这些简报也得到了上海市各级领导的反馈与批示，他们都充分肯定了上图上情所的工作能力及服务效果。

图 2.1 《上图专递》文化创意产业专辑（2011.3）

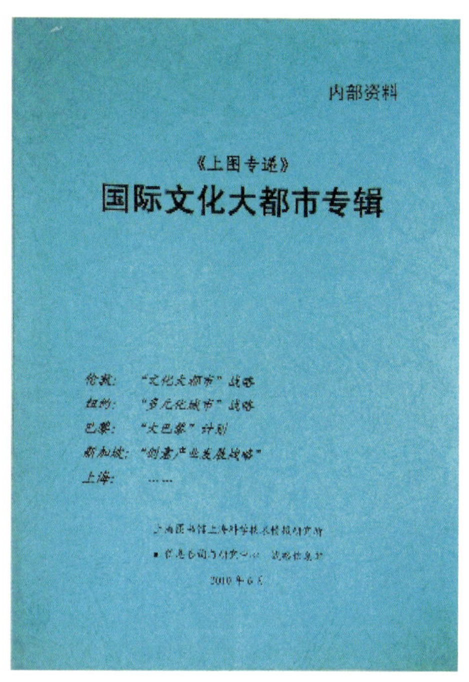

图 2.2 《上图专递》国际文化大都市专辑（2010.6）

2. 保质保量完成来自政府部门提出的文化情报需求任务

上海市委、市府、市人大、市政协、市委宣传部、市文广局、市文创办是文化情报需求任务的主要下达方。简单举例如下：

为上海市委办公厅编写《国内文化发展动态汇编》（2013）、《互联网及新媒体发展资料》（2013）等。

为上海市政府提供《维也纳、布拉格的历史风貌和历史建筑保护信息》（2018）等。

为上海市人大提供《关于“上海法律文化渊源和内涵”和“当前微博发展总体情况”的材料》（2013）。

为上海市政协提供《国际文化大都市指标体系调研信息》（2013）、《国内外科技艺术园区》（2014）等。

为上海市委宣传部提供《关于世界新型媒体集团的发展现状、趋势分析》（2000）、《国际大都市文化研究》（2003）、《“十一五”文化事业和产业规划调研报告》（2005）、《海外视觉艺术的现状文献调研及资料汇编》（2005）、《各国政府文化投入情况分析》（2008）、《文化经济政策之国外经验研究》（2013）、《上海公共图书馆发展规划》（2014）、《从全价值链的角度研究美国电影产业的现状与发展趋势》（2014）、《网络文艺发展专项调研报告》（2016）等。

为上海市文广局提供《上海文广影视摄制基地项目研究》（2008）、《国际大都市公共文化服务主要指标比较》（2011）、《全球十大电影学院研究》（2013）、《全球博物馆、全球交响乐团与音乐厅案例研究》（2013）、《国际大都市文化对标研究》（2014）、《城市阅读信息汇编》（2014）、《国内外文艺院团管理模式及政策配套研究》（2014）、《新加坡、中国香港地区、韩国的文艺人才政策》（2014）、《国内外文化综合体案例研究》（2015）等。

为上海文化创意产业推进领导小组办公室提供《北京、杭州、深圳三地文化创意产业政府财政资金投入情况》（2011）、《北京出台〈鼓励民间资本进入文化创意产业〉政策调研与解读》（2013）等。

此外，还为市财政局提供《国外大型体育赛事的运作概况》（2007）等等；为上海市记者协会提供《国外新闻工作者职业道德自律他律的情况研究》（2013）等。

这些交办的任务需求明确、专业性强、时间节点要求高，工作人员充分发挥情报研究特长，加班加点，努力当好“助手”，按时保质保量完成任务，获得了相关部门的好评，市委办公厅还特地发来感谢信。

3. 运用科技情报思维，为文化决策提供战略情报研究服务

随着科技和经济的创新发展，情报研究与越来越多的学科产生交叉，也促使情报研究将关注焦点从原先的科技领域跨向其他更多不同的知识领域。随着上海科学技术情报研究所改隶文化部门主管，其情报研究的范畴也延伸至文化决策领域，多年来，为相关政府部门、委办局提供具有战略决策性的综述、专题研究、决策咨询等服务，获得了用户的高度评价。此外，承接上海哲社课题、软科学研究课题与项目，以课题促研究，相关研究成果不仅在《文汇报》、

《上海文化蓝皮书》、《中国文化产业蓝皮书》等学术刊物上发表，还出版了《新视界：国际演艺业文化运营研究报告》(2005)、《都市戏剧产业国际对标和中国案例》(2010)、《城市文化研究：国际对标与上海思考——从科技情报到文化情报》(2013)（图 2.3)、《上海文化创意与科技创新融合发展研究报告》(2017)、《文化创意产业 20 年》(2018) 等专著。

图 2.3 《城市文化研究：国际对标与上海思考——从科技情报到文化情报》(2013) 书影

(1) 主动服务上海世博会。在上海世博会主题演绎顾问、上图上情所原馆所长吴建中研究员的带领下，上图上情所通过简报编辑、专题研究、信息提供、现场服务等方式，积极主动服务中国 2010 年上海世博会，成绩斐然，为上海世博会筹办、运行乃至世博后上海的持续发展提供了智力支撑，世博情报服务工作组因此获得了上海市总工会颁发的“工人先锋号”荣誉。尤其是作为此届世博会的结晶，《上海宣言》和《上海手册》更凝聚着上图上情所研究人员的心血与智慧。

“文化”是《上海手册》的重要组成部分，2017 年的工作任务是《上海手册案例遴选机制研究（文化方面）》，旨在把碎片化的案例研究串联起来，统一案例遴选的原则与范畴，优化案例研究的方法与过程，这既便于为不断更新的《上海手册》储备案例，更有利于长期跟踪案例的演进与效用，以便更好地为全球城市的治理者、决策者、研究者提供战略建议与决策支撑。

2018 年的工作任务是《生态城市、绿色发展背景下的文化传承研究》，依据联合国《2030 年可持续发展议程》对可持续发展所提出的目标，遵循

《新城市议程》对永续发展所提出的具体行动倡议，重点探索如何以文化传承为途径，构建创新、协调、开放、共享、包容、安全且有韧性的生态城市；同时在全球范围内遴选相关的最佳实践案例，为城市治理者提供借鉴与参考。

(2) 参与各类文化规划战略研究。上图上情所的研究人员将科技战略情报研究的思维运用到文化战略情报服务上，与区县委办局、企业合作，帮助对方分析发展环境，制定战略规划，形成研究报告，提供发展思路与对策建议。

其中，合作历史最为悠久、成果最为明显的是帮助上海市静安区制定文化发展规划。与静安区文化局的合作始于 2001 年，并于翌年完成静安区“十五”文化发展规划研究报告《文化静安：打造上海的 CCD——静安双高区文化发展战略研究》(2002)，在对国内外城市或地区文化事业与文化产业历史和现状调研的基础上，通过对静安文化发展的环境分析、SWOT 分析以及战略思考，提出了静安双高区的文化定位与发展思路。基于此次良好的合作，静安区文化局又相继在 2010 年、2015 年委托上图上情所开展静安区“十二五”和“十三五”文化发展规划战略研究，《“文化特色区”的定位与路径——静安文化三大体系建设战略研究》(2010) 和《静安区“十三五”文化发展规划研究》(2016) 两个报告皆获得了用户的好评。其间，还完成了《都市戏剧产业国际对标和中国案例》(2010)、《静安爵士音乐节运营模式研究》(2012)、《百乐门发展战略研究》(2012) 三个专题研究，为静安区的“现代戏剧谷”“爵士音乐节”“百乐门”三个文化品牌的发展方向与发展思路提供了切实可行的对策建议。

上图上情所与上海大剧院艺术中心合作完成的《新视界：国际演艺业文化运营研究报告》(2005)，以及与静安区合作完成的《都市戏剧产业国际对标和中国案例》(2010)，都为自身在演艺行业的研究，积累了素材与经验。在此基础上，2011 年与黄浦区委合作完成《环人民广场文化演艺集聚区发展定位研究》，为黄浦区建设文化先行区提供了信息支撑与决策参考。

近年来，以移动化、社交化、数据化为代表的新一轮信息化大潮不断袭来，给传统报业带来了严峻的挑战，上海报业转型迫在眉睫。在这一背景下，上图上情所受上海报业集团委托，于 2013 年完成了《上海报业集团报业结构调整战略研究》报告，对标全球各大传媒集团旗下的纸质媒体应对信息化挑战的经验，及新媒体围绕用户体验、依托技术驱动和重视流程再造三个层面在传媒领域创新方面的经验，向上海报业集团提出了通过执行数据化（datalization）、差异化（differentiation）、多元化（diversification）的 3D 战略来实现创新转型的建议，获得了对方的肯定。2016 年又完成了《上海报业集团采编专业职务序列改革效果调研分析报告》，结合问卷调查与分析，为上海报业集团人事改革提供思路。

（3）推动文化创意产业研究。上图上情所对于文化产业、创意产业的关注，始于世纪之交。2001 年，在完成上海哲社规划课题“国外文化事业和文化产业动态跟踪和分析研究”的过程中，相关研究人员嗅到了“创意产业”这一国际文化产业界最新发展动向。2002 年 10 月，英国“创意先锋周”在上海举办，很快，题为“创意产业：新经济腾飞的翅膀，都市型产业的灵魂”的专版就与读者见面（2002 年 12 月 16 日《文汇报·科技文摘》），介绍了英国布莱尔政府的创意产业发展政策，并首次明确提出上海应重视发展创意产业。这可能是国内第一次全面系统在公开媒体上介绍英国创意产业概念和产业政策的文章，该文随后被《中国文化报》于 2003 年 4 月 2 日以《创意产业：为经济腾飞插上翅膀》为题全文转载。在这篇文章刊出后不到一年，“创意产业”一词开始为越来越多的人谈论，一些创意园区开始出现，并频频见诸媒体报道，甚至在一段时间内，谈论创意产业成为一种时尚。

随后，研究团队一直潜心跟踪研究各国和地区的创意产业发展缘起、战略谋划、政策措施等，为上海的文化创意产业贡献自己的情报智慧，相继完成上海哲社规划课题“完善上海文化产业发展的政策体系研究”（2008）、上海市促进文化创意产业发展财政扶持资金项目“上海文化创意产业管理服务平台建设”（2012）、“国内文创产业政策比较研究”（2013）、“上海电影产业模式创新研究”（2014）、“上海文化创意急需人才培训基地”（2015）、“上海文化创意产业科技创新研究”（2015）、《2016 年上海文化创意产业发展报告》和《2017 年上海文化创意产业发展报告》等研究项目，《2018 年上海文化创意产业发展报告》项目正在进行中。在汇聚多年研究成果的基础

图 2.4 《文化创意产业 20 年》（2018）书影

上，2018 年，上图上情所研究团队出版《文化创意产业 20 年》一书（图2.4），剖析全球文化创意产业的定义、分类及演变的历程，并聚焦多个国际大都市，详解发展脉络，总结特色，直面问题，为文化创意产业的健康发展作出一点小贡献。

团队利用情报学方法在文化创意产业领域开展的一系列研究，往往会由多个成果呈现：一是最为全面的课题研究报告，可以为立项单位提供决策咨询建议或者政策制定的依据；二是加工成可公开的正式出版物出版发行，指导全行业的发展；三是进一步帮助国家有关单位制定相关行业发展规划。所以，这些结果在文化产业和文化管理机构中取得了良好的反响，特别是决策研究成果直接促成了不少重要文化政策的出台和实施。

团队为上海市文化广播影视管理局编纂的《2011 上海动漫产业年度报告》《2011 上海网络游戏产业年度报告》两本内部出版物在 2012 年举行的中国国际动漫游戏博览会上正式发布，取得了较大的社会反响，成为上海动漫网络游戏产业发展的指导性材料。2013 年，《上海动漫网游产业报告》获得了上海科学技术情报成果奖三等奖。

在电影产业研究领域，通过不断的研究积累，团队完成了“上海电影产业发展报告”“关于促进上海电影产业发展的政策建议”“上海电影产业链发展研究”等相关课题研究，参与编写了《关于促进上海电影发展的若干政策》等全市性产业规划。这一系列的研究工作也获得了情报行业的肯定，“上海电影产业决策咨询系列研究”获得 2016 年华东地区科技情报成果奖三等奖，并撰写出版了《中国电影产业发展模式创新研究》专著（图 2.5）。

除电影产业领域研究之外，在文化广播影视领域同样进行了深入的研究，多年开展上海市文广局“上海网络视听产业报告”“上海广播电视产业发展报告”“上海电视剧行业发展研究”等课题项目，不仅为相关管理单位提供了内部决策咨询的建议，并将研究内容重新加工出版了《上海网络视听产业报告》《上海电影产业报告》《上海广播电视产业报告》等多部正式出版物，在相关行业树立了专业形象。

图 2.5 《中国电影产业发展模式创新研究》（2016）封面

情报学方法在文化领域的研究获得了本单位上级主管部门和相关文化管理部门的肯定，陆续又完成了市文广局市场处委托的“2016 上海文化消费市场报告”，市新闻出版局委托的“2017 上海新闻出版产业报告”和上海文化发展基金会的课题“上海网络剧/网络大电影发展现状”等课题。

在高质量完成上海市徐汇区文化局委托的“徐汇区社会化专业化管理工作研究”后，该项研究直接促成徐汇区获得国家标准化管理委员会批准立项的第三批社会管理与公共服务综合标准化试点项目“徐汇区社区文化活动中心管理标准化建设”；并因此应徐汇区文化局要求，帮助其编写国家试点项目中要求的相关标准，最终完成了 73 个徐汇区标准的编写。2018 年，应徐汇区文化局的进一步要求，将协助其完成标准的贯标和验收工作。

通过采用产业研究和决策研究相结合的方法，不仅为产业发展、企业发展提供情报信息支撑，为企业拓展市场、业务发展、技术研发、知识产权等提供情报支持，也为政府管理部门提供深度的产业、企业信息解读，提供的报告既有全面指导性，又有关键性的政策建议，因此，深受各界好评。鉴于上图上情所多年的文化创意产业情报服务取得的丰硕成果和经验，上海市文化创意产业推进领导小组办公室向上图上情所伸出了橄榄枝，于 2011 年授予“上海文化创意产业信息中心”的牌子，定期为上海文创企业、相关政府部门提供国内外文化创意产业动态信息、调研报告、研究成果等，在上海落实“创新驱动，转型发展”战略的关头，做好文化发展的“参谋”工作。

（4）文化科技融合的研究实践与成果。文化发展是科技创新的思想源泉，科技创新是推动文化生产方式发生革命性变迁的有力杠杆。上图上情所研究团队背靠科技创新研究的优势，很早就意识到要在文化产业与新技术结合上做大文章，提出了数字技术与文化内容相结合的“内容产业”概念。2000 年初，时任上图上情所副馆所长的缪其浩研究员，在上海《文汇报》“科技文摘”版面首发《内容：一个大产业》一文。据当时《文汇报》科技部主任江世亮老师的回忆，这个当时很多人“看不懂”的标题吸引了无数的眼球，也许这是上海乃至国内主流媒体首次全面系统介绍信息产业、文化创意产业融合发展大趋势的产物“内容产业”，不仅在学术界、产业界引起巨大反响，而且还引起上海政府高层领导的关注。2003 年，研究团队完成了上海市府发展研究中心的“上海市数字内容产业规划”课题研究，为上海推动数字内容产业提供了决策依据。

随着文化创意产业的蓬勃发展，及上海建设具有全球影响力的科技创新中心目标的制定，研究团队加强了文化科技融合问题的研究。2012 年成功申请上海市科技发展基金软科学研究项目“加快文化科技创新融合，助推上海转型升级”，在深入剖析文化科技融合内涵的基础上，对文化科技创新紧密融合的重点领域，以及国际大都市推动文化科技创新融合的机制进行比较分析，并结合上海的现状，提出了上海进一步推进文化科技创新融合的主要任务和政策保障建议。在最后的专家评审中，课题得到的评定为良好。2013 年下半年，在项目研究的基础上，研究团队又参与起草并完成了上海市文广局委托的《上海公共文化服务领域的文化和科技融合报告》、上海市科委委托的《2013 上海推进文化和科技融合发展年度报告》《〈上海推进文化和科技融合发展行动计划（2012—2015）〉中期评估报告》，并在国内重要期刊上相继发表了《巴黎数字角：以竞争力集群实现创意产业大发展》《国际大都市科技文化创新融合的经验研究》《上海加快文化科技创新融合的对策研究》三篇文章，影响力不断扩大。以此为基础，研究团队参加了 2015 年市委“一号课题”（“大力实施创新驱动发展战略 加快建设具有全球影响力的科技创新中心”）的子课题

“制订深化推进文化市场开放和文化科技创新有关政策措施”的研究工作，对上海建设具有全球影响力的科技创新中心提供了情报服务支撑。课题成果质量专家评价皆为良好。

2015年度上图上情所承担的上海市促进文化创意产业发展财政扶持资金资助的重点课题“上海文化创意产业科技创新研究”，又从“文化创意产业科技创新”这一命题的定义和分类确认出发，对上海文化创意产业的自主科技创新情况进行一次全面的调查。在一手数据搜集、归纳、整理的基础上，利用知识产权分析方法进行综合研判，并且对国际上重要的文化创意产业发展优势国家进行对标研究。在该课题基础上重新撰写出版的《上海文化创意与科技创新融合发展研究报告》（图2.6）成为文化行业内第一本用情报学方法研究的专著，推进了文化科技创新融合领域的国内研究。

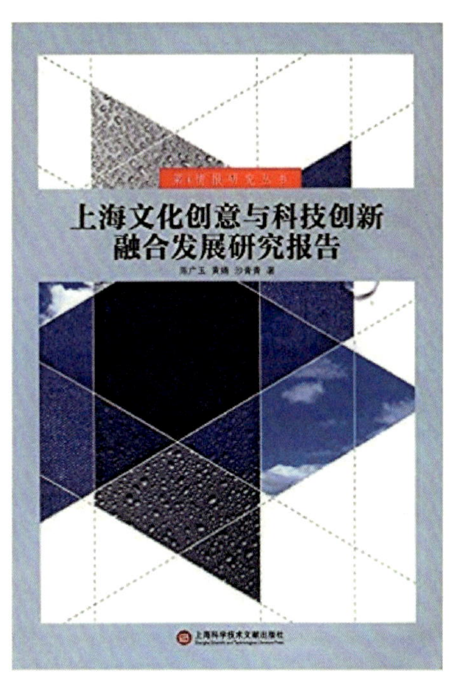

图2.6 《上海文化创意与科技创新融合发展研究报告》（2017）封面

第三节 国际大都市对标研究

“上图专递”系列内参诞生后，有些目标非常明确，比如服务对象是市级领导与机构，目标是助力决策咨询。但有些问题仍需要进一步探索，包括：研究对象是谁？研究特色如何形成？情报来源在哪里？对于这些问题的思考和解答的过程，其实也是上图上情所这十多年来研究路径确立的过程。初期“上图专递”试水型的研究虽然很快获得不错的反响，但当时的选题像是打游击，情报来源不成体系。怎样才能实现研究的可持续？为解答疑问，上图上情所的领导和“上图专递”系列内参的研究人员多次开会讨论最终确立了以“国际大都市”为核心研究对象。

1. 上海“四个中心”建设目标的确立激发了国际大都市研究构想

进入 21 世纪，全球局势发生了重大变化。2001 年，震惊世界的“9·11 事件”把纽约推到了全球瞩目的中心位置。这座又被称为“大苹果”的国际大都市，在经历了骇人的恐怖袭击后，会走向何方，是之后很长一段时间内的焦点话题。而在前一年，欧洲一座城市组建了有史以来的第一个战略性政府——大伦敦政府，并诞生了第一任民选市长。这些城市的“大新闻”过后，给情报人员留下了一串问号：纽约当下会怎么应对？纽约会丧失国际金融中心地位吗？大伦敦政府怎么运作？伦敦未来的战略是什么？促使情报人员决心围绕这些问题寻找答案，源自于上海提出的“四个中心”发展战略。

全球化背景下，国与国之间的竞争也表现为区域间的竞争，而区域间的竞争更多体现在城市间的竞争。作为世界上最大的发展中国家的经济中心城市，上海有基础、有优势，但上海不能止步于此。因为上海的发展不单单是上海自己的事情，还关系着整个中国的大局。所以，上海的发展要从国家战略出发，从全球化战略考虑。2001 年前后，上海就提出了“四个中心”（国际经济中心、国际金融中心、国际贸易中心、国际航运中心）的建设目标，这一明确的战略定位，使得上海未来的发展有了清晰的前进方向。目前，世界上有哪些经济/金融/贸易/航运中心？它们是如何起步和发展的？上海与之相比的差距在哪里？上海要怎么做？求解的道路就是——瞄准“国际大都市”，从历史的角度，从发展的角度，做对标研究！

2. 研究对象的选择过程也是对上海发展再思考的过程

在确立了“国际大都市”作为研究对象后，再对具体对象进行逐个细化。明确哪些城市是“国际大都市”以及“国际大都市”的评判标准有哪些。即，上海要了解哪些国际大都市的动向，继而学习什么，或者吸取哪些教训？

但是，研究人员有限是不得不面对的一个问题。2002 年前后，起步进行国际大都市研究的只有 4 人，而且，他们本身还肩负其他的研究工作。国际大都市研究不是一个可以仅靠一些零散、局部的研究信息就能快速出成果的领域。因此，我们明确了两个要点：一是先瞄准 4 个官方语言为英语的城市，且有针对性的顾及欧洲、美洲和亚洲的情况，因此选择了纽约、伦敦、香港和新加坡；一是先做城市的中宏观信息报道，不掺杂我们的主观判断。

上图上情所的一位资深研究员成为“探路者”，制订了《国际大都市战略信息跟踪研究计划书》，明确了工作任务、工作重点、信息源等内容，并确定了分工。至此，微型的“国际大都市研究团队”组建成功，4 人研究小组每周碰头讨论一次，每人介绍自己所跟踪研究的城市信息源和情报信息，并确定接下来要写成怎样的研究报告。经过一年的努力，借助《科技与产业》（“上图专递”系列内参之一）这一平台，研究小组发布的信息特征型的国际大都市研究文章就近 50 篇，且还不包括一贯跟踪的国内省市的比较工作。

在每周工作例会上，研究人员经常能够发现锁定的四大目标城市之外的新研究对象，比如，东京曾将自身与纽约做过详细的比较研究，借助东京的眼光看纽约，这是一个新奇的角度；再如，法兰克福的会展业极富特色且成绩斐然，对于起步阶段的上海会展业来说，可学习借鉴的东西很多。研究人员希望探究得更多，研究得更深。这种求知欲背后，是心怀上海、心系发展的使命感。研究人员有时会尝试通过换位思考的方式，以上海市领导的高度来看问题。我们意识到，投身于全球竞争的上海，竞争对手并不止纽约、伦敦、香港和新加坡这 4 个城市。上海要学习和借鉴的对象还有很多，需要深入研究的领域也有很多，涉及文化领域、科技领域、教育领域、金融服务业、航运服务业、创意产业、城市中长期规划、城市品牌战略、城市软实力等。在此基础上，研究人员不断扩大研究对象。到 2009 年，重点研究的国际大都市数量已经增加到 9 个；到 2015 年，继续增加到 15 个。

这期间，研究人员不断思考上海的发展。在国际大都市研究过程中，研究人员发现，许多大都市在世纪之交对自身在新世纪中的发展战略作系统深入的思考时，不约而同地把文化战略作为整体发展战略的核心。文化和文化产业大发展已成为城市化进程中一个必然的大趋势。于是，研究人员及时跟进报道了纽约、伦敦、巴黎等城市的文化发展规划或战略，为上海建设国际文化大都市提供了全新的视角和借鉴。

习近平总书记于 2014 年 5 月在上海考察时，要求上海加快向具有全球影响力的科技创新中心进军。此后，上海的“四个中心”建设扩展为“五个中心”。这一与时俱进的新战略，应如何贯彻实施？上图上情所的情报研究就志在为上海政府厘清和判断如下关键问题提供重要支撑，即科技创新中心是什么？如何评判？全球科技创新态势如何？上海该怎样建设具有全球影响力的科技创新中心？研究人员及时对硅谷、纽约、伦敦等科技创新中心进行了研究，也关注了柏林、筑波等新崛起的科技创新中心。

3. 如何开展国际大都市对标研究才能有效服务于政府决策

“国际大都市研究”仍面临着一系列困境：信息来自哪里，如何采集？领域众多，是广撒网还是择重点？理论分析和实践研究兼而有之，怎么做取舍？在摸索中，上图上情所探索出了自己的研究道路，这条路有两个显著特点：一是努力探究真相；二是发展经验和教训并举。

（1）探究真相。研究要实事求是，但实际工作中，受先入为主、对权威的迷信、语言隔阂等因素的影响，往往走不到“真相”面前。举例来说，对于纽约的研究，新闻媒体或研究机构经常发布不同的结论，纽约经济总量数据不一，占美国 GDP 的比例差异明显。研究人员从官方权威途径入手，研究结果发现，纽约市政府从未连续发布过纽约市的经济规模数字。与上海不同，纽约市没有自己的统计机构，全美的统计工作都由国家层面完成。于是，研究人员转战美国国家统计局、经济分析局等联邦统计机构，依然没有查到纽约市的经济规模数字，仅有纽约-北新泽西-长岛大都市统计区（俗称“纽约都市圈”）的经济总量数据。最后发现，有些研究混淆了“纽约市”和“纽约都市圈”，概以“纽约”相称，这显然是不严谨的。通过进一步挖掘，研究人员最终发现，全世界有 5 个“纽约”，分别是纽约县、纽约市、纽约州、纽约都市圈、纽约联合统计区。研究人员就是通过这些客观而翔实的调查，为研究奠定了坚实的基础。

正是抱持着这样的态度，决策层才能在准确的概念界定中不被误导。比如，研究人员还明确了“大伦敦”不是都市圈，而是城市，而“伦敦市”更确切的叫法是“伦敦金融城”；研究报告会明确指明研究对象是“巴黎市”还是“巴黎大区”，两者的地域面积相差巨大，很多时候人们都简称为巴黎。

（2）发展经验和教训并举。在开展国际大都市研究之初，研究人员更多是本着“了解和学习国外先进经验”的心态。21 世纪初的中国，与欧美发达国家相比，仍有很大差距。上海与纽约、伦敦等世界级城市相比，要进步的地方还有很多。研究人员渐渐发现，国际大都市风光的经验背后，也曾走过很多弯路，他们的政府和机构做过很多反思。这些教训，是另一种“经验”，对于飞速发展的上海而言，是警醒，是前车之鉴。

因此，国际大都市研究，不能拘泥于“只说好话”，它要呈现的是更加立体和真实的国际大都市。例如，伦敦制造业走过了从鼎盛到衰落的 30 年，2000 年后的大伦敦政府在回顾制造业发展道路时，也发出了“英国中央与地方政府曾对制造业存在消极认识，给予的支持太少”这样的感慨。再如，纽约在“9・11 事件”之后，对于自身过于依赖金融服务业的产业结构进行了反思。这些信息都有重要的情报价值，驱使研究人员不断思考，以更全面的视角，剖解复杂情势下的城市多面性。

4. 研究团队广纳多语种人才

国际大都市研究从最初的 4 个城市扩展到如今的 15 个城市，也是研究团队扩展的过程。

初时，人员有限，尤其是外语人才缺乏，研究只能集中于英语领域。纽约、伦敦、香港和新加坡是当然之选，原因在于这些城市既是公认的国际大都市，又同样以英语为官方语言。但是，视野被打开后，研究触角自然需要延伸至更远处。随着情报事业吸引越来越多的人才加入，特别是有着符合学科背景，掌握各门外语的优秀人才的聚集，我们的研究范围才得以拓宽。到 2015 年，确立了 15 个国际大都市的长期跟踪，增加的城市包括巴黎、柏林、东京、首尔等。要获得这些城市的一手信息，需要精通这些国家的语言。因此，目前十多名研究人员，已掌握了英、法、德、日、韩等多个语种。

近年来，我们的研究成果不断累积，从简报的定期发送，到专题研究的不断出炉，再到著书立作，硕果累累。十多年来，累计发送国际大都市简报 800 多份；有关城市竞争力的专题研究 20 多项，其中“2015 国际大都市科技创新能力评价”获得第十一届上海市决策咨询研究成果奖一等奖；出版《美国区域经济研究》《全球科技创新中心战略情报研究》《文化创意产业 20 年》等多本著作。

第四节　科技与产业规划研究

上海科技情报所建所之初，工作重点主要是文献资料收集，并以科技简报、参考资料的形式提供国外科技信息报道，为政府决策部门了解世界科技发展动态提供资料信息。通过 60 年的不懈努力，时至今日，上图上情所已将科技情报工作从信息推送服务延伸至战略情报研究服务，在“创新驱动、转型发展”背景下，围绕上海加快建设具有全球影响力的科技创新中心、促进战略性新兴产业发展、上海“四个中心”建设等重大发展战略，构建起面向政府决策的战略情报研究与咨询服务体系，成为政府部门制定发展规划与创新政策的重要支撑源头。

1. 参与科技创新与重点产业规划研究与编制

与上海图书馆合并之前，上海科技情报所从 1965 年为上海“三五”科技发展规划提供资料起步，一直参与各个时期上海科技发展五年规划，承担上海工业技术和产品开发“七五”“八五”“九五”“十五”等多个五年计划的研究制订任务。近十年，上图上情所紧密围绕上海科技与产业发展需求，积极为政府部门提供战略规划、政策研究等决策咨询服务，包括承担和参与多个上海“十二五”“十三五”产业前期研究和规划编制、上海科技发展“十二五”“十三五”规划研究和讨论。自 2008 年以来，主持完成 30 多项市级科技计划与产业专项研究项目，负责完成多项市级产业规划编制与研究，在助力政府改造传统工业，发展新兴产业，解决产业发展瓶颈与难点，促进产业发展等方面出谋划策，在当好政府决策部门的情报“助手”的同时，进一步扩大上图上情所在科技与产业战略咨询和研究领域的影响力与知名度。

产业规划研究与编制方面。上图上情所连续参与上海市经济和信息化委员会牵头的“十二五”“十三五”信息产业发展规划研究工作，如 2010 年承担上海电子信息制造业、软件和信息服务业两个产业的“十二五”规划编制工作，2015 年再次肩负起这两个领域的“十三五”规划编制的重任。能够成功完成两轮规划研究工作，主要得益于馆所未雨绸缪、先行一步，组织骨干力量先期对信息产业重点领域进行了一系列深入调研和研究，完成多项上海市软件和集成电路产业发展专项课题，如“国内外信息产业技术发展趋势研究与分析”“推进上海信息服务业发展举措研究”“上海信息产业战略性新兴领域发展对策研究”“信息产业新兴技术发展趋势研究”等，为顺利承接市级规划研究任务打下扎实基础。此外，上图上情所承担多项区级产业发展战略与规划研究，如“青浦区科技‘十二五’发展规划前期研究”“浦东新区产业能级提升路径研究”等。

科技发展战略规划方面。20 世纪 90 年代之后，上海科技情报所参与上海重大科技经济决策项目，如“上海科技发展五年展望”，提出 90 年代前五年上海科技发展方向、目标和重点，此研究课题为制订上海“八五”科技发展规划提供依据。进入 21 世纪后，上图上情所在科技发展战略研究领域的服务对象和服务内涵不断拓展。2001 年，上图上情所研究团队受邀参与国家科技部的“中国基础研究区域发展”研究，成为该项研究方案的主要策划人之一；2004 年，获得市科委“上海研发公共服务平台建设动态跟踪研究”项目委托，受邀参与上海研发公共服务平台建设规划编制工作；2005 年，受邀参与上海市中长期科技发展规划纲要编制工作，成为基础科学专项战略规划研究的主要研究力量；同年，获得市科技发展基金“上海市交叉科学发展战略研究暨专项计划前期预研”软科学项目；2010 年，受邀参与上海市“十二五”科技规划编制工作，主持基础科学专题战略任务研究；2014 年，参与上海市“十三五”科技规划编制工作，主持完成“卓越创新专题研究”任务；2018 年，配合市科委完成上海市“十三五”科技规划中期评估，负责完成本市基础研究工作推进情况及未来工作思路研究报告。

科技人才规划研究方面。2013 年，上图上情所研究团队获得市科技发展基金“上海科技创新人才培养计划体系构建与推进机制研究”软科学项目；2014 年，参与上海市“十三五”人才规划编制工作，负责完成“科技人力资源发展专题研究”任务；2015 年，参与本市一号课题调研，提交“主要国家与重要城市促进科技人才集聚与发展的政策措施”与“上海科技人才发展对策建议”两份报告，为上海人才新政的制定提供支撑；2018 年，配合市科委强化科技人才计划支持与布局工作，负责完成上海基础科学与人才发展报告，并进一步获得市科技发展基金“新时期深化上海科技人才培养计划体系创新探索研究”软科学项目。

2. 提高产业升级转型决策咨询服务能力

2008年以后，发达国家在应对金融危机出台短期经济刺激计划的同时，加快产业结构的调整和产业竞争力的重塑，并将战略性新兴产业作为抢占未来产业制高点的关键。“自主创新，情报先行；创新转型，情报先行”，上图上情所研究团队牢记这一事业使命，结合国内外高技术产业发展趋势，根据产业特性和技术创新特征，研究上海发展方向和重点，为上海市发展和改革委员会、经济和信息化委员会、科学技术委员会等市区两级政府部门在制定产业升级转型策略过程中提供发展思路与对策建议，主要包括“上海先进制造业新一轮发展的新兴产业选择及发展战略研究”“‘十一五’期间上海加快发展先进制造业、提升产业能级的对策研究”“若干战略新兴产业上海发展机遇研究”“上海信息产业战略性新兴领域发展对策研究”“上海电子信息制造业结构调整规划研究”等市级研究项目，以及区级层面的“基于产业效益的浦东新区重点产业导向研究”等课题。

例如，在服务于上海产业升级与能级提升方面。进入2000年后，上海经济总体处于工业化中级阶段后期向高级阶段过渡时期，产业结构明显带有重化工中后期特征，虽然出现工业化二次加速和产业高端化演进现象，但竞争优势仍然集中在传统产业，这时上海产业结构向先进制造业演进的时机已经形成。瞄准这一状况，上图上情所主动出击，展开“十一五”期间上海加快发展先进制造业、提升产业能级的对策研究，向政府决策部门提出上海发展先进制造业的产业竞争优势战略、产业集群创新战略、制造服务融合战略、区域协调共赢战略四大发展战略，以及建立以企业为主体的官产学研紧密结合的产业创新体系，培育以金融、贸易、信息、物流等为后盾的现代产业服务体系，构建先进制造技术创新体系的发展路径，系统地分析设计完善先进制造业体系，形成以高新技术产业为主导、重化工业为依托、装备工业为骨干、战略产业为动力、生产性服务业为支撑的先进制造业产业体系。该项研究成果内容即刻引起市政府有关部门和领导的高度关注，荣获第六届上海市决策咨询研究成果奖三等奖。

又如，在服务上海新兴产业选择及发展战略制定方面。2009年，上图上情所申报的“上海先进制造业新一轮发展的新兴产业选择及发展战略研究”，入选“上海市‘十二五’产业发展和信息化建设规划前期重大问题研究”系列，课题组从国际产业发展趋势、国家战略要求及上海城市特点出发，对适合上海“十二五”发展的产业类型进行梳理研究，创新性地将制造领域的新兴产业划分为三类，即全新技术及研究成果产业化形成的新兴产业、在原有产业基础上集成创新形成的新兴产业、利用技术升级或替代产品产业化形成的新兴产业，并结合上海已经具备的技术储备及产业基础，梳理出近 20 种新兴产业领域。相关对策建议如在新兴产业发展路径的选择上适当降低对外资的依赖程度，注重引进技术的二次创新，促进技术储备；随着技术向产业的加速转化，适当关注前沿技术的突破可能对产业带来的革命性变化，加强前瞻部署等。为日后上海在进一步注重原始创新、加快实现重大原创性突破的发展导向上提供重要决策依据。

在上海“四个中心”建设过程中，如何提高引资的效果和外资对经济提升的带动作用，成为上海承接国际产业转移和吸引外资工作中关注的重要内容。针对这一情况，上图上情所启动上海外商投资目标产业及目标外商研究工作，研究团队根据国际产业转移和国际直接投资的特征、趋势，从符合世界产业发展趋势，适应国际和国内市场需求，处于产业链和价值链高端环节的技术和产品，有益于促进产业升级，属于技术密集、资源节约和环境友好领域，能发挥和提升上海现有产业基础和竞争优势等角度，遴选出现代装备产业、新兴产业与基础产业、现代服务业三类产业的 15 个目标产业及其重点门类，以及这些领域中符合上海需求的近 500 家重点目标外商，形成《上海外商投资目标产业与目标外商研究》报告，该研究成果荣获第七届上海市决策咨询研究成果奖三等奖。以此为基础，研究团队再接再厉，于 2009 年、2011 年分别完成第二、第三批外商投资目标产业及目标外商研究，持续性地为上海各级政府在招商引资工作中更加精准、高效、针对性地承接国际产业转移和吸引外商投资提供重要参考依据。

3. 传递解读国外科技与产业发展经验

上图上情所发挥战略情报工作优势，在广泛收集、整理并定时推送重大科技与产业政策信息，以及为政府决策部门及时了解发展动向、准确把握趋势、进行宏观决策提供动态信息的基础上，加大对国内外产业、科技等重大政策的研究深度，梳理分析全球科技与产业的国家战略聚焦与演进脉络，深层次分析判断发达国家科技与产业政策影响，主要研究成果包括“发达国家高端制造业发展动向及对上海的影响与对策研究”“欧美等国政府服务业管理方式和政策演变研究”“金融危机下世界主要国家和地区科技应对战略与政策研究”“大城市制造业转型轨迹及其经验研究”“新常态下结构性改革与结构性政策的理论和国际视角研究”“国外产业结构调整政策研究”等，为政府部门在科技创新、工业升级转型、产业结构调整及政策制定方面提供极有价值的情报支撑与决策建议。

制造业重大变革情报研究方面。2012 年 4 月，英国《经济学人》杂志发表了一篇关于全球范围内工业领域正在经历“第三次革命”的文章，凭着敏锐的情报意识，上图上情所组织起长期跟踪研究工业领域的研究人员，针对发达国家高端制造业发展动向及对上海影响展开研究，争分夺秒完成“全球第三次工业革命”研究简报，并第一时间向政府决策部门反映这一值得密切关注的重大趋势性问题，简报内容得到时任上海市委书记俞正声同志的批示，《解放日报》和《文汇报》对该份成果也给予充分重视，于 2012 年 5 月 28 日刊载该简报全文。在此基础上，研究人员继续深入研究分析发达国家政府高端制造业促进政策对上海的潜在影响，以及上海高端制造业发展对策，最终研究成果《发达国家高端制造业发展动向及对上海的影响与对策研究》荣获第九届上海市决策咨询研究成果奖二等奖。

服务业政策情报研究方面。2008 年，上图上情所承担国家发展和改革委员会“欧美等国政府服务业管理方式和政策演变研究”课题，课题组从国外经济和工业化发展阶段与背景出发，结合国际环境，研究经济和服务业发展进程中的政策取向和演变，以欧美国家和新兴经济体为研究对象，研究其政府推进服务业发展管理方式和政策举措、服务业态与服务模式，着重对管理体制、营造环境、制度建设、战略规划、扶持政策等方面开展分析，完成总报告《欧美等国政府对服务业管理方式与政策演变研究》以及《国外不同类型城市服务业发展及其政策经验研究》《国外政府推进服务业发展管理方式和政策比较研究》《国外政府对服务业重点行业的管理体制和政策法规研究》《国外专业服务业发展、管理方式和政策研究》《国外服务外包业发展及其经验借鉴与启示》五份分报告，针对我国国情和服务业发展的现实需求，凝练国外政府推进服务业发展政策中值得借鉴的经验，提出的服务业创新发展、集聚发展、融合发展的发展框架与相关政策措施建议得到国家发展和改革委员会产业协调司领导的充分认可。

再以为上海市科委提供的基础研究与人才培养跟踪研究服务为例。该项情报服务的基础工作项目是《基础性研究与人才培养简报》，自 1998 年开始，在市科委每年滚动支持下，迄今已开展了 20 年。期间，紧密围绕上海各时期科技发展战略方向与科技工作中心任务，及时跟踪研判重点领域的国际趋势与热点方向，观察、剖析主要国家和地区的科技发展战略、政策、模式与机制，反映本市基础性研究与人才培养工作的重要进展与成效，分析研究上海基础研究发展的现状与特点，为市科委与其他有关部门的科学管理、决策以及发展战略提供有效信息支撑。工作团队在早期就注重内容的时效与品质，并高度结合上海市不同阶段科技工作重点，及时配合推出具有前瞻性的专题分析，逐步强化定向内容服务。如 2005 年为配合市科委促进学科交叉推进左手材料（又称负折射材料、超材料）与干细胞创新研究工作，项目组快速开展调研，迅速完成这两个前沿领域相关发展进程、国际研究态势、国内及上海主要研究力量分布、专家发展建议等重要信息搜集整理与分析，最终提交的报告为市科委的前瞻布局提供了有力支撑，受到市科委领导好评。在之后的上海市中长期科技发展规划纲要中，左手材料与干细胞均被列为战略重点领域的优先主题。

第五节　新兴产业和前沿技术研究

上图上情所积极发挥科技情报“跟踪前沿科技，发现新兴产业”功能，对国内外新兴产业和前沿技术的新动向、新特点持续深入研究，以国际视野、前瞻眼光来观察思考、分析解读全球科技创新发展和新兴产业趋势变化，为政府决策部门捕捉发展先机建言献策。

1. 引领开展新兴产业前瞻研究

上图上情所研究团队不断夯实对于全球新兴产业重大革新变化与趋势的分

析研判能力，在做好对新兴产业动态监测跟踪、发展态势分析的基础上，从重点国家和地区、产业集群等方面，深入分析新兴产业全球布局现状和更新迭代趋势、提炼新兴产业出现的颠覆性变化的共性特征与差异化特点，判断新兴产业对经济社会的影响以及可能出现的发展情景、机遇和潜在风险。相关研究硕果累累，先后完成《世界新兴产业发展报告》《全球战略性新兴产业重点领域发展态势》。与此同时，对大数据、生物医药、能源与材料、智能制造等一批新兴领域展开持续性的专题研究。

2008 年以来，上图上情所研究人员负责完成近 10 项上海市科技发展基金软科学研究项目，包括“上海高新技术产业化领域战略产品技术路线图研究——以太阳能电池为例”“技术战略地图的编制与方法研究——物联网”“上海科技发展技术标准战略研究”“上海健康产业发展的比较优势及发展战略研究”“全球生命科学创新中心建设——上海与波士顿对标研究”“新兴技术与实体经济深度融合的典型案例研究——以智能网联汽车产业为例”等，这些成果在政府部门中取得较好反响，特别是相关研究结论建议直接或间接地促成上海重要科技政策的出台。

上图上情所组织精干研究力量与行业情报机构，于 2015 年完成并出版《世界新兴产业发展报告》，通过对美国、英国、日本等发达国家和欧盟新的科技创新及产业政策的梳理，筛选出车联网、碳纤维、体外诊断装备等 56 个新兴产业领域，从发达国家及新兴地区政府发展策略、国际现状及趋势、全球领先企业发展态势、产业技术研发进展和产业化等方面对这些产业领域逐一进行分析和阐述，该报告成为当时国内为数不多的全面系统反映全球新兴产业进展与趋势的综合性报告。

上图上情所是国内科技情报界较早对大数据进行跟踪研究的机构，组建了大数据情报研究团队，先后完成“战略性新兴产业重点领域发展趋势研究——以大数据产业为例”“‘大数据分析’产业化前景研究”“国内外数据资产化管理的探索与实践”等具有一定社会影响力的研究课题。研究团队通过知识图谱、专利地图等技术方法，分析大数据的创新演化路径、创新群体与分布、重点领域和前沿方向、产业链格局和商业模式，并将国内外主要国家和地区发展政策进行比较和分析，提出上海大数据产业发展思路，创新性地提出上海应采取一体两翼的“哑铃型+支撑垫”的政策体系，即以数据生态系统建设和数据能力建设为两翼，以数据驱动型创新和经济发展为最终目标，加强科技创新的各大要素——人、财、物、立法、开源开放环境等建设。2014 年 8 月 10 日，《科技日报》第二版整版刊发上图上情所大数据情报研究团队撰写的《由“概念”到“价值”的华丽转身——从产业链格局、竞争策略与商业模式看大数据产业发展态势》《大数据技术的发展历程及其演化趋势》《科学理性拨开大数据的神秘外衣——关于大数据的几个重要观点》三篇文章，在国内科技界、产业界以及社会层面引起强烈反响。

除此之外，大数据情报研究团队将研究重点置于应用大数据提升政府治理能力和水平、加强大数据时代政府管理创新的现状与对策分析上，研究成果如“综合把握政府数据开放中的发展机遇和潜在风险”“政府数据资产化管理的实践与启示”获得上海市级领导的批示与政府主管部门的反馈讨论，进一步凸显上图上情所在大数据情报研究领域的工作成效。

2. 捕捉研判前沿技术热点与趋势

2012 年，“上海科学技术情报研究所前沿技术发展研究中心”成为上海市科学技术委员会重点建设的首批软科学基地之一，上图上情所科技情报业务工作将该中心作为重要抓手和载体。

前沿技术发展研究中心自成立之日起不断加强对全球范围内前沿技术的研判，重视方法创新和工具开发，强化前沿技术发展趋势预测的科学性，特别是在上海加快建设具有全球影响力的科技创新中心的战略背景下，高度重视对于国际科技前沿战略与关键技术的分析深度，聚焦上海科技“十二五”“十三五”规划重点发展方向、战略性新兴产业、高新技术重点领域，以“科技创新前沿追踪研究”“新兴技术重点领域发展态势研究”“重点发达国家科技创新政策和管理机制研究”“重点技术领域专利地图研究”为主要方向，准确把握科技创新发展的主要特征和重要趋势，揭示前沿技术的最新发展水平，国际科技创新的最新发展趋势，发达国家最新出台科技产业政策，这些内容对于政府制定相关科技政策规划、积极布局科技前沿、攻克关键技术领域具有重要借鉴意义。

前沿技术发展研究中心已发布新型疫苗、微创介入植入器材、钠硫电池、窄带物联网、柔性显示、生物传感器等数十个前沿技术分析及技术专利地图研究报告。从前沿技术演进路径与研发重点、前沿技术竞争格局、领先企业研发布局等角度分析前沿技术发展态势、趋势热点与阶段性特点，从创新政策、战略规划、区域协同等角度分析全球范围内前沿技术发展资源布局动向。另外，对美国、欧盟、德国、英国、韩国、日本的前沿科技发展布局与战略计划进行解读。相关研究成果如类脑智能、无线充电技术、燃料电池汽车、人机融合以及德国数字议程等被刊登于上海科委、上海科技发展研究中心主办的《科技发展研究》。

3. 重视情报新方法新技术的探索与应用

随着互联网不断发展，情报来源更趋多元化，情报分析方法不断丰富。传统的情报分析研究更多是采取定性方法，较少从定量角度展开。针对该短板问题，上图上情所借助信息技术手段，吸收新的情报分析方法，利用新技术新方法加大对于前沿技术识别筛选的探索与应用。

上图上情所研究人员开展网络挖掘、信息计量、知识地图等研究方法与工具的探索与实践，为上海科委等部门提供高新技术产业化领域战略产品技术路线图研究、技术战略地图编制与方法研究等专业服务。特别是加强以事实型数据为研究基础、以科学分析方法和工具为手段的研究能力建设。譬如，在网络计量方法应用于战略新兴产业关键技术判别的研究过程中，通过与加拿大西安大略大学等国外研究机构与专家的合作，进一步提升上图上情所情报研究人员对于技术热点捕捉与筛选判别的能力，从定量研究的角度尝试利用网络计量方法来研究分析战略新兴产业关键技术，改变以往对于高技术新兴领域的选择及其关键技术的确定主要依靠专家的推荐、筛选和文献资料的整理，从而更好地为政府部门重点产业和高新技术项目立项提供评判依据。

近年来，上图上情所研究骨干着手新兴技术弱信号扫描、识别与筛选的技术与方法研究，启动新兴技术弱信号监测体系研究，从新兴技术弱信号的界定、监测框架、监测方法三个方面进行立体式分析，研究人员结合所承担的上海市科委“新兴技术弱信号监测机制研究”课题，向政府部门呼吁在当前新兴技术发展日益迅速的趋势下，为进一步提高新兴技术监测速度，降低监测时滞，有必要通过建立新兴技术弱信号监测体系，以强化更具前瞻价值的技术发现能力。

第六节　上海城市形象的媒体测评

2003年秋，上图上情所开展了一项名为“上海城市形象媒体测评”的研究。一方面，购买了英国一家公司提供的《上海城市形象外媒测评报告》，以学习和研究国外先进的媒体测评方法与套路；另一方面，着手打造自己的媒体测评系统。这项研究对剪报事业的发展无疑产生了非常重大的影响，项目研究成果本身得到了市委和宣传部领导多次肯定，极大地鼓舞了团队的士气。项目还获得市哲社课题，在积累了丰富的方法和技术成果的同时，最终形成两部专著出版。

1. 业务框架

(1) 研究框架。从某种角度上说，媒体测评是传统剪报发展到电子剪报以后的升级产品。与一般剪报只注重搜集对象主体有关的新闻报道不同，媒体测评进一步挖掘剪报的新闻属性，并形成媒体分析报告。每篇剪报所包含的题名、刊载媒体、是否转载、发行地区、刊载日期、版位、版名、作者、正文、发行量、广告估价都被视为是可以量化的数据。媒体测评系统可提供针对特定主体的媒体报道分析明细表，每篇报道都可按媒体属性分类（如大众新闻 / 商业经济 / 运动时尚 / 产业技术等）；可提供报道类别选项信息（如行业新闻 / 机构新闻 / 高层采访 / 综述评论等）；可针对报道内容进行标签分类（如经济发展 / 旅游会展 / 文化娱乐等）；可提供每篇报道语气分析（正面、中性、负面），对涉及报道褒贬态度进行统计。上海城市形象媒体测评系统已定义多达100多种报表，允许由用户自定义报表类型，支持以WEB方式展示报表内容。

上海城市形象媒体测评项目，从2004年开始便拥有多个版本的、针对不同监测媒体范围、时间范围和内容范围的测评报告。整个项目研究既有对某个特定话题进行的微观研究，也有对社会层面的系统性的宏观分析；既有推测性研究，通过捕捉测评数据异常变化，定性地分析、预测问题发生，也有归纳性分析，将媒体数据简化和条理化，变成决策者可以轻松了解并能准确把握的结论。

（2）指标体系。随着剪报资源的数字化，情报学、语言学、传播学研究分析方法的加入，以及媒体测评系统的建立，都使得媒体分析超越了以往偏重经验判断的工作思路，在吸收引进大量统计手段的前提下，通过建立测评指数的方法，提供量化的指标分值，以更加精确的反映媒体报道和评价态度，同时通过测评数据之间的比较，为发现其中的内在关系提供了一种可能。

经过与有关专家多次深入探讨，以及大量实践案例，通过问题定义、样本选择、数据搜集、准备和分析等一系列步骤，用网络数据库方式建构舆情测评系统，从而将文字的、非定量的媒体报道转化为定量的数据，使媒体研究能够达到最大程度的系统性和客观性，增强了研究成果的精密度和可信度。上海城市形象媒体测评系统制订了一个具有递阶层次结构的指标体系，除了频度计算，系统建立了以媒体关注度及媒体评价值两个指数为基础的计算指标体系。这两项指标奠定了媒体测评分析的总体架构。

媒体关注度：指媒体对特定组织/事件/人物等的关注程度，也就是一般所说的媒体曝光量指标。该指标根据相关报道的版面位置、篇幅、是否配图、是否彩色、实际刊出量和内容属性——包括标题是否具有鼓动性、是否专指、是否转载、文体类型等，以及媒体类型、发行量、传播范围等新闻属性化为分值计算得出。

媒体评价值：即影响特定组织/事件/人物等的形象的各因素的媒体评价态度情况。含有正面信息是指新闻含有对报道主体有利的内容；含有负面信息是指新闻含有对报道主体不利的内容。对正面或负面报道的语气强弱加以区分，将一定监测范围内相应各因素指标的正、负面媒体关注度分别化为分值得到媒体评价指标。

2. 业务特点

作为独立于政府与企业的图情机构，由于处于舆论第三方的有利位置，可以较为客观和从容地处理媒体信息。经过 10 多年实践的积累，特别是在一些社会普遍关注，舆论有更高要求的行业领域，上图上情所通过及时捕捉、分析、甄别、评估媒体信息，帮助用户改变舆论工作被动局面；此外，通过参与上海的一些大型活动和项目，为上海市管理部门提供了有价值的媒体信息服务与决策参考，也受到有关方面的高度重视和肯定。与目前从事媒体信息搜集与分析的其他社会机构相比，上图上情所的媒体测评工作表现出一定的专业优势和特点。

首先，定量分析和定性分析相结合。在媒体测评实践中，通常在定量分析之前都要以适当的定性研究开路，定量分析则能给定性表述提供有力的论证和支持，在对信息进行量的分析基础上达到质的认识。定性和定量的方法配合使用，取长补短，才能使分析结果更加客观准确。上图上情所的媒体测评系统提供了一种量化途径，将隐藏在零散报道中的信息转换成针对用户特定需求的、方便理解的测评结论，使媒体宣传研究能够达到最大程度的系统性和客观性，增强了研究成果的精密度和可信度。

其次，长期分析及热点追踪分析相结合。在某个时间段内发生的某些重要事件，肯定会引起媒体不同于其他时间段的思想和情绪反映，需要通过研究特定时段的舆情特点进行捕捉。但媒体测评工作不能紧紧停留在热点、敏感点上，需要从更长的时间范围做定期的城市媒体形象演变分析。上海城市形象媒体测评研究非常注重长期的跟踪研究，即便是对上海的一些重大突发事件的测评，也常将其放入历史数据中，将事件对城市形象的影响程度予以客观评估（表 2.1，图 2.7）。

表 2.1　舆情事件测评

事　件	刊出量	字数/万字	头版量	关注度	评价值	关注度影响/%	评价值影响/%
2008 年杨佳袭警	390	28.75	8	672.92	52.26	4.88	−0.92
2009 年闵行倒楼	473	45.32	25	881.86 ↑	42.69	8.95	−3.29
2009 年钓鱼执法	405	55.06	8	1 114.08 ↑	38.87	7.65	−3.22
2010 年胶州路大火	528	53.84	9	1 356.96 ↑	46.83	23.64	−8.20
2014 年福喜食品	373	40.54	5	996.95 ↓	43.81	2.73	−0.88
2015 年外滩跨年踩踏	481	55.67	23	1 338.79 ↑	46.90	6.01	−1.73

第三，数字化产品与传统剪报相结合。上海城市形象媒体测评系统持续优化，数据库的任务包括数据采集、录入、编辑、分类、检索、修改、标引、汇总、存储、更新、统计及报告输出等，2017 年还引入了科大讯飞语音转写技术服务，强化了对广播媒体的监测能力。系统平台将所有测评服务项目都纳入

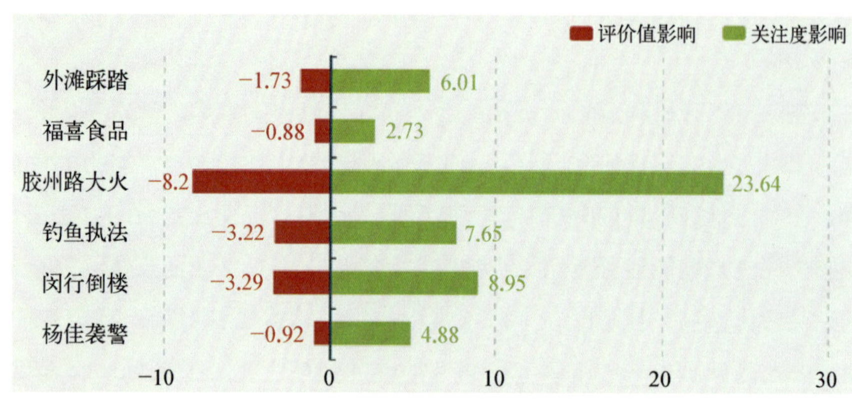

图 2.7　上海历年重大负面事件舆情对比

数字化管理，较好地将人工与机器智能相结合，最终实现了将产品加工制作和发布过程的数字化。考虑到用户的使用习惯，传统的纸质剪报没有从上图上情所产品中消失，但其制作加工过程早已经数字化。

3. 项目成果

尽管媒体测评不只局限于服务舆论宣传工作，但它却是宣传工作的基础，测评数据分析可以成为舆情研判的重要组成。伴随着上海城市形象媒体测评项目的成功实施，逐渐衍生出更多面向党政部门的媒体剪报服务项目，在媒体宣传领域建立起上图上情所剪报的品牌形象。紧扣上海发展大局，围绕本市重大决策和活动、重点领域及项目、重大突发事件的媒体测评和服务能力得到党政部门充分肯定。上图上情所剪报的品牌溢出效应如今使得我们的服务辐射面不断扩大、服务层次不断提高，在全媒体服务领域，除了服务本市党政部门，还为多个外省市党政部门，每年提供超过 300 个内参简报。在这些年取得的成功实践中，上海世博会项目尤其值得一提。

上图上情所从 2006 年开始提供世博媒体监测服务，凭借自行开发的“上海城市形象媒体测评系统”全方位收集并评估媒体世博报道情况。截至 2010 年底，累计收集了来自 600 种境内外媒体（以平面媒体为主）的近 20 万篇剪报，约 1.5 亿字报道。在 5 年间，将监测结果分日报、周报和月报，以电子版和纸质版两种方式，提供给包括世博组委会、国际展览局在内的十多家相关机构。

纵观 2010 年世博报道历程，可以概括为：4 月提前引爆媒体关注，5 月又迎报道热浪，6、7、8 月经受舆论考验，9、10 月好评如潮，岁末盘点再获高度赞誉。2010 年 5—10 月间，一共监测到来自 553 家媒体的 83 145 篇报道，累计 3 328 万字。媒体的报道态度分析结果显示，48.1%为中性报道，51.7%为正面报道，1.28%为负面报道（图 2.8）。

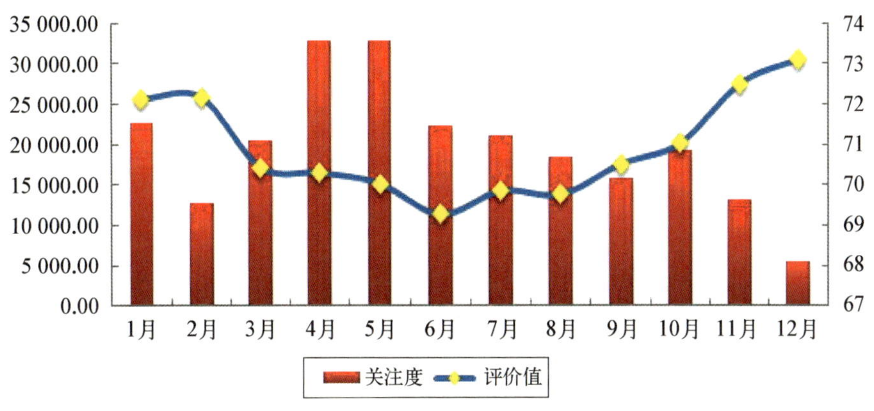

图 2.8　2010 年关注度评价值比较

根据同期对 42 种境内外主流媒体所做的上海城市形象监测，数据对比显示：世博会让媒体高度聚焦上海，城市形象得到有效提升。得益于大量世博报道，世博期间，媒体对上海关注度同比增加了 132.76%，评价值同比提升 7.38%，两项指标变化反映出世博会对上海城市形象提升作用明显。世博期间，媒体报道的明显特点如下。

通过对世博报道的内容分析，媒体的报道重点较好地围绕人文世博、科技世博、绿色世博的办博理念展开：文化荟萃、科技闪耀成为报道重点，媒体同时聚焦游客、志愿者、门票、低碳、排队。

根据对世博报道文本所做词频分析，上海、中国、游客、文化、展馆、科技、志愿者、门票、低碳、排队成为世博媒体报道十大热词。在世博舞台上，如果说“上海”是背景，“中国”是故事，那么“游客”就是媒体眼中真正的主角。

- 平均每篇报道提到上海、中国和游客的次数分别为 2.3 次、1.4 次和 0.9 次。

• 平均每个媒体提到上海、中国和游客的次数分别为 529 次、325 次和 210 次。

• 在所有报道中，76%的报道提及上海，45%提到中国，43%提到游客（观众）。

从具体报道内容看，媒体对世博展示的世界文化艺术最感兴趣，有 31%的报道与此相关；21%的报道与世博科技相关，11%的报道涉及排队和低碳，9%的报道涉及世博志愿者和门票（表 2.2）。

表 2.2 十大热词

序号	热 词	篇 数	媒体数	频率①/次・篇	报道率②
1	上 海	63 201	493	2.29	76.01
2	中 国	37 660	482	1.38	45.30
3	游 客	36 017	474	0.88	43.32
4	文 化	26 086	454	0.60	31.37
5	展 馆	22 747	449	0.29	27.36
6	科 技	17 290	439	1.21	20.80
7	排 队	8 937	402	0.23	10.75
8	低 碳	8 921	402	0.13	10.73
9	志愿者	7 618	378	0.27	9.16
10	门 票	7 520	389	0.11	9.04

注：① 指关键词在全文中出现的次数与报道总篇数之比。
② 指含关键词的报道篇数与报道总篇数之比。

从报道角度看，媒体从旅游、经济、文化等 23 个方面对上海世博会进行报道，可以说，世博报道正在全方位影响着媒体眼中的上海城市形象。下图描绘了世博会与城市形象各因素的内容关系，它反映出我们选定的 42 种主流报纸关于世博报道的视角特征（图 2.9）。

在 2010 年 5—10 月的世博报道中，来自 42 种主流报纸的报道为 8 404 篇。这些报道的内容涵盖 23 项涉及上海城市形象的因素，报道内容比较集中在旅游会展、文化娱乐、政府管理等。以旅游会展方面的媒体报道为例，世博开园期间 42 种报纸对上海旅游会展内容的报道为 7384 篇，其中世博相

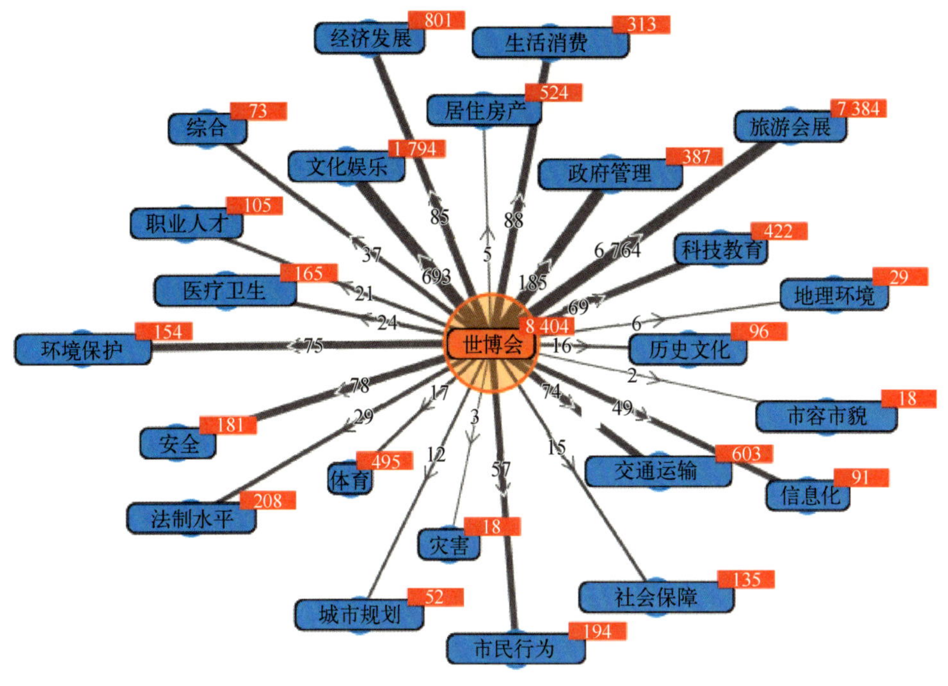

图 2.9　视角特征

关报道达到 6 764 篇，旅游会展的世博报道占该因素所有报道的 91.6%。通过对上述数据的统计分析，我们可以看到，正是因为世博报道，媒体对上海旅游、信息化、环境保护、政府管理及安全的关注程度明显增加。实际上，更多的媒体监测数据还表明，得益于这些世博报道，媒体对上海关注度总体增加了 51.46%，评价值提升 7%。其中中央媒体、广东媒体、江浙媒体对上海的评价和关注度上升最为明显；上海的旅游会展、信息化、环境保护方面因世博而饱受关注，安全、信息化、政府管理方面也因此受到好评。

4. 服务体会

上海城市形象媒体测评项目运营已经将近 15 年。15 年来，它一直是上图上情所剪报服务发展的基石，不但支撑起了众多政府服务项目，更是培养出了一支剪报研究队伍。2007 年世界特奥会、2010 年上海世博会，2014 年亚信峰会、2016 年上海迪士尼开园、2018 年中国国际进口博览会，上情所的城市形象媒体测评都没有缺席。

第七节　面向行业管理的媒体分析服务

诞生于1993年的剪报服务部，初期主打的是“代您阅报”服务理念，主要为读者提供证券金融等财经类信息。由于当时正处于信息不是特别发达的时代，凭借着丰富的报刊资源，剪报服务受到了读者欢迎。进入21世纪后，受到网络资源的挑战，剪报服务一度陷入低谷。剪报部面对挑战和机遇，逐渐走出了一条从纸质剪报到电子剪报的跨越式发展之路。其间参与了2007年世界特奥会、2010上海世博会、上海国际电影节、上海城市形象媒体监测等的剪报或媒体测评工作，完成了上图上情所剪报品牌口碑积累的任务，同时还创造性地开展了外媒监测工作，打开了业务发展的新空间。

2015年，随着业务的不断转型发展，除了传统的剪报服务外，业务进一步拓展至舆情监测服务领域，部门的名字也变更为舆情剪报部。这一时期，部门的业务已经不仅限于上海本地，服务的触角拓展至长三角地区的杭州、宁波、义乌等。2017年，服务范围更是拓展至珠三角地区。

纵观剪报服务过去几十年的发展，不断转型、跟上时代需求是其重要的内生动力。同时，通过不断参与上海市重大活动、重大项目而积累的丰富实践经验以及口碑也是拓展服务对象、服务领域的重要因素。

1. 面向城市综合管理的媒体监测

（1）工作描述。城市综合管理类媒体监测工作是部门支柱型业务之一。服务对象不仅有上海市建设交通党委、上海市城市管理执法局等政府部门，同时还有诸如上海城投集团、上海申通集团等国有企业。

这类项目的监测对象往往范围比较广泛，很难用特定的关键词囊括所有的监测范围。因此，它的监测方法与其他类型的项目监测还存在一定的差异。同时，由于项目报道内容往往涉及民生类事务，因此负面舆情多、关注面广、报道量大。

（2）建交委媒体监测项目案例介绍。上海建设交通委项目已经迈过10个年头。这个项目涉及老百姓的住房、交通出行、用水、排污、绿化市容、港口航道等多个领域。项目的成功得益于以下几个方面的因素。

① 创新监测方式，确保报道不遗漏。常规的媒体监测工作，基本都是通过关键词进行检索。但是，由于该项目涉及的面十分广泛，很难穷尽所有关键词。因此，对于广播、电视新闻的报道，往往通过浏览的方式以确保信息不遗漏。同时，锁定关键性网站，比如新民网、新浪上海等网站，进行专项浏览。前者经常会报道突发信息，后者用来查遗补漏。

② 负面舆情分级，定时发送至用户。建设交通委项目的负面舆情较多，为了让用户能够清楚知悉负面舆情的严重程度，我们将负面舆情进行了分级，共分为三级，用“*”来标注，“*”越多，意味着越严重。

与此同时，每天的常规工作中，我们与用户约定，每天 10 点之前，将负面舆情即时推送到舆情工作群，便于用户及时采取措施加以应对。

③ 舆情日报，彩信、微信、word 版三管齐下。建设交通委项目每天的舆情日报通过三种方式发送：一个是通过通信服务商发送的彩信日报，接收对象约有 200 多人，基本是用户的中层干部；另一个是通过微信发送至微信工作群，接收对象约有 70 多人，主要是用户对口部门负责人；还有一个是 word 版本，仅发送给建交委宣传部门，用于存档。

④ 365 天，全年无休的服务模式。建设交通委（以下简称“建交委”）项目是整个部门中唯一一个采用 365 天服务模式的项目，主要鉴于该项目与民生息息相关。我们采用周末和节假日排班的方式，完成媒体监测工作。

⑤ 整合资源，实现大数据分析。目前，根据用户的需求，我们正试图整合建交委下属各单位自己采集的信息数据。由我方提供数据接口、数据平台，对具体的数据形式提出要求，由下属各单位自行导入数据。力图通过数据挖掘，提前发现隐患，为舆情危机预警。

2. 面向城市重大活动的媒体监测

(1) 工作描述。剪报部在城市重大活动的监测方面拥有丰富的监测经验。上海世博会、亚信峰会、G20 杭州峰会、第三/第四届世界互联网大会、上海国际电影节（电视节）、上海国际艺术节、上海艾萨克·斯特恩国际小提琴比赛、上海创世神话项目等重大活动（项目），上图上情所均参与了相关的媒体监测工作。

(2) 上海国际电影节（电视节）媒体监测项目案例介绍。对上海国际电影节（电视节）的监测也有十多个年头。上海国际电影节项目有以下几个特点。

① **项目的时效性非常明显**。媒体报道主要集中于上海国际电影节期间，每天的原发报道量在 300 篇左右。除了日常的检索、录入、标引等基础工作外，还需要每天下午 5 点之前，完成每日舆情日报的撰写工作。这样的工作节奏无论对于年轻同志还是老同志，压力都不小。

② **媒体性质不限于常规的新闻媒体**。由于电影已经是一个非常成熟的产业，而且，每年国际电影节期间都会邀请很多电影电视明星，因此，每年都会有很多娱乐媒体积极参与到上海国际电影节（电视节）的报道。然而，我们所拥有的数据资源以新闻媒体为主，很多娱乐媒体并不在监测范围内。因此，监测方式的调整在所难免。

③ **参与报道的媒体地域并不局限于国内**。由于电影节的国际性，参与报道的媒体不限于上海本地、中央及外地媒体，还包括许多境外媒体。这一特点也需要在前期准备中特别考虑。

④ **对于新媒体的监测提出新挑战**。2018 年，上海国际电影节主办方特别提及了新媒体监测数据的入库问题。剪报部的媒体监测以传统媒体见长，以往收录进项目平台的报道以传统媒体为主，辅以上观新闻等小量 APP。对于很多新媒体，往往只统计报道量，并不直接入库。

上海国际电影节项目具体运作如下。

① **成立精干的项目团队**。由于内容广、报道量大，整个项目由部门领导领衔，安排了经验丰富的老师作为项目负责人，同时，安排擅长英语、日语等人员实现多语种监测。另外，还专门配备了项目辅助人员，分别负责日常数据的添加和剪报册的制作。由于项目要横跨多个双休日，所以还安排了两位老师充当双休日工作的 B 角。

② **项目系统设计的智能化**。电影节项目在平台系统设计的时候，不仅配备了常规的数据查重、数据统计等功能，还可以实现数据自动标引、标签及时调整、部分报告自动生成等功能，大大节省了工作人员的标引时间，提高了工作效率。

③ **及时沟通，全面反馈**。项目组和电影节项目有关负责人一直保持着密切的沟通。在电影节期间，一旦发现负面舆情，会第一时间通过电话或者短

信、微信等方式告知对方。有时，电影节结束后，主办方也会根据当年的监测情况，向项目组反馈监测中的不足或问题，以便改进。

3. 媒体监测工作经验总结

（1）用户需求的对接。与用户进行充分的沟通是媒体监测成功的重要因素之一。前期的沟通有助于理解用户想监测什么，这就涉及媒体监测的基本功——监测方式或检索策略的制定；明白了哪些是监测范围，才能将报道收录准确。与此同时，主体不同，即视角不同，也涉及对媒体报道性质的判断问题。用户需求不同，也会使人员配备、数据库资源、系统开发任务等产生不同。因此，用户需求的对接，不仅在技术层面，还会在管理层面引来偏差。当然，媒体监测中的积极沟通以及事后的总结沟通过程，可以进一步完善监测工作。

（2）工作流程的规范。部门采取项目负责人制，一旦项目负责人不在岗，需要移交有关项目，基本都有一个清晰的移交单，注明了整个工作流程，包括检索策略、相应的数据库、媒体范围、收录标准、注意事项等。这样，无论哪位工作人员拿到，基本都可以按照流程来操作，既不耽误项目的进程，也基本可以保证项目的质量。

（3）工作方式的创新。剪报部的发展过程就是一个不断创新转型的过程。从纸质剪报，到电子剪报，再到舆情监测工作；从邮件推送，到短信、彩信推送，再到微信推送；从外部采购媒体数据库，到自建音频数据库；从对境内媒体监测拓展到对境外媒体监测；从对传统媒体监测，到积极发展新媒体监测……这一步步的足迹，皆反映了媒体剪报工作在实践中的不断创新。

（4）团队合作的精神。部门的很多项目不是靠一个人来完成，而是整个剪报团队共同努力的结果。外媒团队中，有负责英语和日语报道的，也有负责小语种报道的；他们有的承担基础检索之责，有的负责媒体报道态度的判断，有的负责报道内容的审读和摘编……正是这种不计较个人得失、不在乎自己所处工作环节的作风，成就了团队的合作精神。

第三章
服务企业创新

20 世纪 60 年代，上海科学技术情报研究所开始走出大门，主动开展面向企业的情报服务。科技情报人员深入到生产、科研的第一线，切实了解企业的需求，充分利用国内外情报资料，从技术层面对企业提供帮助，以促进企业生产和科研早出成果。改革开放以后，上海科技情报所继续深化企业服务，不断创新技术查新和专利服务工作。进入 20 世纪 90 年代后，上海科技情报所开始积极从事市场调研、竞争情报等企业服务。1995 年，上海科技情报所与上海图书馆合并，企业服务得到进一步优化，凭借着整合后的强大资源，上图上情所的科技查新、科技评价、专利情报、市场调研、竞争对手分析、技术路线图等服务，逐渐发展壮大。

第一节　从科技查新到科技评价

在上海科技情报所的情报研究与咨询服务体系中，科技查新工作是一项传统又重要的业务，是培养情报人员检索能力、提高检索技巧的重要途径，也是咨询服务向各类知识产权服务延伸的重要基础。通过多年的努力，上图上情所的科技查新业务范围不断拓展，报告类型涉及新颖性查新、水平检索、查新咨询、发明查新等；科技查新的主要应用目的涉及科技立项、成果验收、高新技术成果转化、高新技术企业认定、新产品、报奖、引进技术吸收与创新等。从科技查新延伸的知识产权及其相关服务涉及专利查新（可专利性检索）、专利侵权分析、技术秘密查证、专利二次开发查新、专利分析、知识产权评议、专利战略、科技项目绩效评价技术分析以及行业调研等。

为了不断提高和保障科技查新的报告质量，上图上情所在科技查新管理上，注重各个环节的规范管理，尤其注重“抓两头”，一是注重对新人的严格培训，通常采用一对一的带教方式，让新人在入职前期就能够严格按照科技查新规范开展工作；二是注重查新报告的审核工作；长期以来，上图上情所的查新报告一直采用部主任审核制，严把质量关。

在“铸品牌，创一流”的指导方针下，上图上情所的科技查新一直走在求质量、不惟数量的发展道路上。近十年来，科技查新的数量基本保持平稳，维持在 1 700～2 000 项，具体统计数据如图 3.1。其中，新颖性查新与水平检索的业务比例大约为 8∶2（图 3.2）。

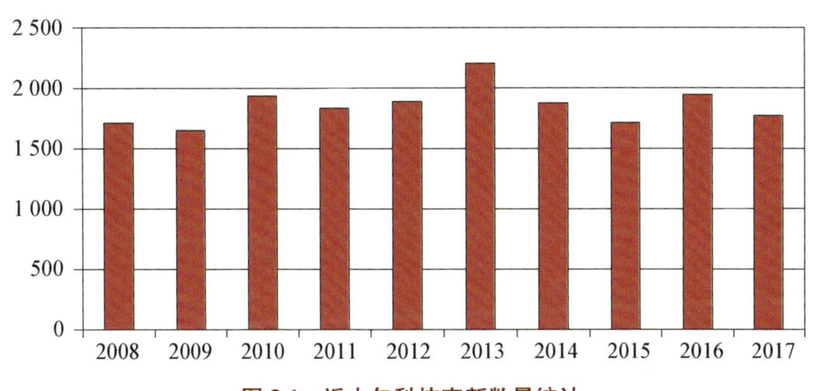

图 3.1　近十年科技查新数量统计

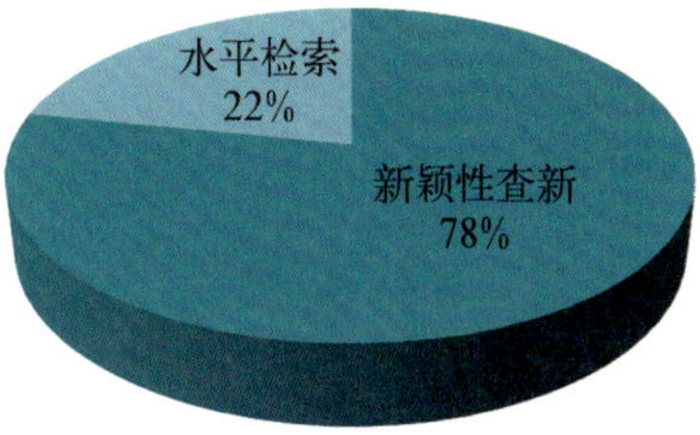

以下重点介绍近年来几大主要查新业务类型，即新颖性查新、水平检索、查新咨询，以及由科技查新延伸的科技项目绩效评价技术分析工作。

水平检索
22%
新颖性查新
78%

图 3.2　近 5 年主要查新业务比例

1. 新颖性查新

上海科技情报所是全国开展科技查新最早的机构之一，1980 年就开展科技查新工作，源于上海市“创优”产品的审核工作。全面开展新颖性查新工作，是在 2000 年 12 月科技部颁布《科技查新规范》之后。为了响应科技部的查新规范规定，自 2001 年 1 月起，上图上情所暂时取消了已开展近 20 年的水平检索，改为新颖性查新。

目前，新颖性查新也是上图上情所科技查新的主要业务类型，机构严格按照科技查新国家标准开展工作，并高于国家标准，即在查新报告的核心部分即结论撰写中，除了要求包括国标规定的查新点归纳、文献对比分析与结论之外，还要求在文献对比分析之前，增加“查新项目所涉的技术领域发展现状与趋势等”综述，以便给查新管理机构、技术专家和查新委托人提供中宏观面参考。

近年来，上图上情所的新颖性查新作为第三方机构的评价意见，主要服务于各级立项申请，包括国家级、上海市级、区级、高校以及大型企业集团内部的立项申请。在每年的新颖性查新工作中，均能筛选出一批无新颖性的立项，规避了一批项目的重复研发，不仅为国家节省了不必要的财政投入，也为研究机构提高研发起点把了重要一关。

2. 水平检索

2000 年之前，上图上情所开展的科技查新一直属于水平检索；由于 2000 年科技部颁布的《科技查新规范》中，仅规定了新颖性的评价要求，未涉及先进性评价，所以上图上情所于 2001 年暂时取消了水平检索，改为新颖性查新。2003 年，上图上情所恢复水平检索工作；此后，上图上情所的科技查新基本类型包括新颖性查新和水平检索，供广大用户按照需求自由选择。

为了不断完善水平检索报告，上图上情所对检索报告的“检索分析结论”的撰写方法几经修改。1987—2000 年，“水平检索分析结论”主要包括四大部分：相关领域研究现状综述、相关文献罗列介绍、委托项目性能指标与国内外同类成果或产品对比分析、检索结论。2003 年底开始，对“水平检索分析结论”的撰写做了较大幅度调整，包括以下 4 个部分：① 领域现状综述；② 相关文献分类介绍：从原先的简单罗列改为从研究成果、专利、论文、产品、标准、市场等不同视角进行介绍，以全面、立体展现委托项目领域情况；③ 分析评价：基于相关文献，对查新项目从创新性、先进性、市场前景三个层面进行评价，其中创新性以新颖性分析为主，还不是严格意义上的创新性分析；先进性分析主要为性能指标或功效对比分析；市场前景主要基于相关文献市场数据展开分析；④ 检索结论：综合以上分析，从文献角度给出客观、合理的水平评价结论。2006 年开始，为了使报告分析结论不仅重点突出且表述精练，对

“水平检索分析结论”再做调整，包括领域现状综述、相关文献介绍（按照国内文献、国外文献分别介绍）、分析评价（包括创新性分析与先进性分析），以及检索结论；这种撰写方式一直保留至今。上图上情所在水平评价时，对委托项目资料有比较高的要求，要求用户提供权威第三方检测机构出具的检测报告，以保证项目材料的真实性。

近年来，随着高校、科研院所创新力度的提升，项目体量越来越大、偏技术研究的课题也逐渐增多，对于这些偏技术的课题，不少用户希望能获得水平评价报告，以满足成果报奖等一些重要用途。为此，上图上情所在水平评价的方式方法上又做了进一步的完善，例如在分析评价上进一步结合成果论文或专利的被引用情况、国外媒体对项目成果的评价、国外同行专家对项目形成的研究成果、论文、专利技术、产品等的评价，以及国际获奖情况等，综合多个层面对委托项目的水平做出客观评价。

长期以来，上图上情所出具的水平检索报告得到广大用户的认可。近年来，上海每年都有一些重大科技成果获得国家科学技术进步奖殊荣，上图上情所科技查新团队为这些成果的报奖提供了重要支撑。2016 年，上海市唯一的国家科技进步一等奖项目“航天重大工程的遥感空间信息可信度理论与关键技术”、2017 年国家科学技术进步奖特等奖“特高压±800 kV 直流输电工程”，都由上图上情所为其提供了水平检索报告。冲击国家科技进步奖项目的特点是瞄准国际前沿、技术高度集成、指标体系复杂、查新时间紧急，评价难度相当高。以 2017 年国家科学技术进步奖特等奖“特高压±800 kV 直流输电工程”项目为例，从该项目委托单位（国家电网有限公司）正式委托到报告提交只有短短 5 天时间（含双休日），内容涵盖关键技术、重大装备、规模应用等六大方面 26 个技术创新点，涉及研发单位 31 家。技术情报部迅速组建多名查新骨干团队，大家齐心协力，积极攻坚技术难关、学深吃透、加班加点，最终形成有文献依据、有分析论证的长达 60 页的水平查新报告，并从接待、查新、审核各个环节严把质量关，获得国家电网公司相关领导的高度认可。

3. 成果转化查新咨询

为了能更好地发挥科技查新报告在上海市高新技术成果转化评审中的作用，2008 年，上海市高新技术成果转化服务中心特别委托上图上情所编制

《上海市高新技术成果转化项目认定查新咨询规范》，希望为高新技术成果转化出具规范的“查新咨询报告”。为此，上图上情所建立专门的研究团队编制《查新咨询规范》。规范具体规定了查新程序、查新委托、文献检索、查新咨询报告（包括报告构成、分析结论撰写、创新性与先进性结论的表述）、委托单样张、查新咨询报告样张等，其中对创新性与先进性的分析方法做了详细规定，对不同情形下的创新性和先进性结论的表达都做了详细说明。

该规范的制定，不仅严格规范了全市高新技术成果转化认定中的查新报告，而且对进一步完善上图上情所的水平检索报告、提升报告质量具有重要意义。

4. 科技项目绩效评价技术分析

2006 年，上海市科委对财政资金支持力度比较大的重大科技项目，如资助经费达数百万元至数千万元的项目，在验收两年后启动绩效评价。通常，科技项目绩效评价包括技术评价和财务评价，其中财务评价由审计公司帮助完成，技术评价由同行技术专家承担。上海市科委考虑到同行评议过于主观，于国内首次引入外协情报机构，开展基于文献检索与分析，对科技项目进行评价，与同行评议形成互补。

上海市科委的科技项目绩效评价工作由上海市科技项目评估管理中心（市科委下属机构）组织开展。2007 年，上图上情所技术情报部挑选了 4 名业务能力比较过硬的业务骨干帮助开展技术分析评价工作。4 位同事不负众望，他们充分发挥长期积累的情报采集能力、技术情报研究能力，综合运用产业研究、市场分析、科技查新、可专利性检索、专利侵权分析、法律状态检索分析、同族专利检索分析等情报手段，对科技项目从国内外相关研究现状与发展趋势、项目完成程度、关键技术创新性、知识产权状况及前景、先进性、技术风险（包括标准壁垒、专利壁垒、侵权风险）、市场前景、可持续发展等方面开展系统分析与评价，完成的科技项目绩效评价技术分析报告得到了上海市科技项目评估管理中心领导的高度认可；在绩效评价专家评审会上，4 位同事分别作为上图上情所情报专家向同行评议技术专家们汇报了技术分析评价结果，技术专家们普遍反映“非常好”“很到位”，认为评价内容全面、分析客观，对传统科技项目绩效评估具有一定指导意义。鉴于上图上情所第一批 4 个评价报告的质量非常高，上海市科技项目评估管理中心于2008年特别委托我们研究编制《基于科技项目绩效评估的技术分析操作规范》。上海市科技项目评估管理中心认为：该操作规范的编制做到了理论与实践相结合，评价内容全面、系统、重点突出，对不同类型的科技成果设计了不同的评价方法，凸显评价方法的科学性；规范结构严谨完整，评估流程合理，内容指标说明详尽，步骤清晰，可操作性强，在科技项目绩效评估中具有广泛的应用价值和指导意义；同时认为该规范的建立对绩效评估情报机构的监督与管理、人员培训、提高和保证评估质量，具有重要作用；是对我国科技项目绩效评价长期以来主要采用同行专家评议单一方法的突破与有力补充。规范出台后，在全市主要参与绩效评价技术分析的机构得到推广应用。

2010年之后，因政策原因，上海市科委不再对科技项目开展绩效评价。2007—2010年，上图上情所共承担了200余项重大科技项目绩效评价技术分析工作，我们的评价报告得到了技术专家及评估管理中心领导的高度评价。几年来，在该规范的指导下，顺利完成了上海市的科技绩效评价工作，发现了科技项目执行中的不少问题，为上海市科委在优化安排科技项目、调整科技投入决策起到了重要作用。

第二节　专利情报服务

专利情报是一个企业乃至整个国家的科技创新能力实现长期与快速发展的重要保障之一。专利情报服务属于知识性、技术性、法律性和信息性相互交织的情报科学前沿咨询工作。数十年来，上图上情所在专利情报资源、专利情报人才和专利情报学术研究等方面不断加强核心能力建设，卓有成效地开展各项专利情报研究与咨询活动，社会影响力不断提升，并逐渐走在了全国前列。

上图上情所先后获得了大量国家、省部级专利情报相关服务资质。具体包括：国家科技奖励办公室指定的“国家发明奖查新单位”（1991）；国家知识产权局认定的“知识产权分析评议服务示范创建机构”（2015）和“知识产权分析评议服务示范机构”（2018）；国家知识产权局认定的首批“全国专利文献服务网点”（2017）；国家知识产权局、上海市知识产权局认定的“向国外申请专利资助法律状态检索第三方检索机构”（2013），并被上海市知识产权行业协会推选为副理事长单位（2018）。

1. 总体情况

上图上情所将人才视为专利情报服务的核心要素。近年来，上图上情所从知名高校引进不同专业背景的硕、博士研究生及博士后研究人员；与上海大学合作招收情报学研究生，与中国科学技术信息研究所、华东师范大学合作举办情报学在职研究生班；派员到发达国家进修知识产权，培养专利情报研究的学术带头人和高级管理人才；定期举办内部讲座，鼓励员工参加各种学术交流活动；举办专家专题讲座，及时了解国际最新动态和先进经验。现已形成由国家知识产权专家肖沪卫研究员引领，包括 3 名全国专利信息领军人才、2 名全国专利信息师资人才、5 名全国专利信息实务人才、4 名专利代理人、1 名知识产权司法鉴定人在内的高水平专利情报团队。

上图上情所将工具视为专利情报服务的先进要素。目前，专利情报分析已经逐渐从手工处理时代过渡到计算机时代。专利分析软件成为专利情报前沿研究的重要工具。专利情报人员通过比较研究各种分析软件的优缺点，选购了一些国内外有较大影响力的软件，以便进一步开展深入研究和服务。

上图上情所将资源视为专利情报服务的基础要素。1958 年，上海科技情报所成立之初，就建立了专利阅览室，收藏了美国、日本、苏联等主要国家专利印刷件，以后又补充了德温特（DERWENT）专利文献。1986 年，开通市内拨号电话与美国 Dialog 等数据库系统进行联机情报检索；同年 5 月，斥资 4000 多万元从美国 IBM 公司引进了 IBM4381 中大型计算机系统和 DERWENT 磁带专利数据库。现在，上图上情所每年投入超过 1 亿元用于信息资源建设，其中专利阅览室收录了主要国家的专利文献，国内、国际联机终端能迅速获取全世界 90％以上的专利信息。

上图上情所将论著视为专利情报服务的前沿要素。上图上情所以鼓励发表论文、著书立说作为推进专利情报研究的又一抓手，研究人员在国内外情报学核心期刊上发表了几十篇与专利情报相关的论文，出版了多本专著。例如，由肖沪卫主编、陶翔和杨颂列副主编涉及专利新颖性和侵权查新的《科技查新研究与实践》一书在全国产生了较大影响，被作为全国培训教材；由肖沪卫主编、顾震宇副主编的《专利地图方法与应用》一书，是我国第一本带有原创性成果的关于专利地图的系统化专著；由肖沪卫、瞿丽曼、路炜主编的《专利战术情报方法与应用》一书是带有原创性成果的关于专利检索、专利查新、专利侵权分析的系统化专著。

上图上情所将“两网”视为专利情报服务的平台要素。上图上情所建立了“上海情报服务平台”“上海行业情报服务网”两大网络平台，为社会公众提供战略新兴产业领域的国内外专利信息及相关在线服务。为使科技情报更好地服务于自主创新，上图上情所于 2005 年正式上网运行“上海情报服务平台（www.istis.sh.cn）”。该平台专门设立了“知识产权情报”专栏来展示原创性专利情报研究成果，提供专利知识问答以及相关法律法规，得到产业界的认可。2009 年，上图上情所牵头国内规模最大的行业科技情报服务网虚拟网（www.hyqb.sh.cn）建设，包括六大行业门户与专利门户。其中，专利门户对全球几乎所有类型的专利数据库资源进行分类揭示；对各类专利情报服务提供在线咨询和委托，并制定服务规范和报告模板；对专利地图研究从内容、工具、应用、案例等多个维度全面展示。该网以其资源产品服务集成、研究交流应用并重的特点，实现在线委托服务，成为知识产权情报的重要门户。

2. 专利战术情报服务

上图上情所开展的专利战术情报服务包括专利查新、专利侵权检索分析、专利法律状态查证、专利二次开发等等，全面帮助用户解决其在专利申请、专利确权、专利维权、侵权防控、专利诉讼等各种知识产权事务中的具体问题和需求。

（1）专利查新。专利查新是上图上情所的传统专利情报业务之一。上图上情所按有关法律法规要求，以委托人提供的专利查新委托单为依据，通过计算机检索和手工检索等多种途径，检索与发明技术相关的对比文献，运用综合分析和对比的方法，重点考察发明技术的新颖性、创造性，评价科研成果、发明创造的“可专利性”，并提供文献查证结果和检索分析报告。为复旦大学、同济大学、上海交通大学、上海张江生物技术有限公司、中国科学院光学精密机械研究所、中钞油墨有限公司等全国各地数百家大中小企业、高校和科研院所累计提供专利查新数千项，有效帮助用户预判专利授权前景、优化专利申请文件、撰写权利要求书，受到用户的广泛信赖与好评。

（2）专利侵权检索。伴随我国专利申请量、授权量的持续增长，专利侵权纠纷大幅增加。面对迫切的社会需求，上图上情所及时提供防止侵权检索、被动侵权检索两大类专利侵权检索服务数百项，涉及产品、方法和外观设计等多种主题类型，防控对象既有国内企业也有国外企业。服务用户包括全国各地的律师事务所、知识产权服务机构、大中小企业、高校和科研院所等，获得了广泛认可并建立长期合作。通过专利侵权检索的科学实施，有效帮助我国企业规避专利侵权风险，提升专利侵权纠纷应对能力。

（3）技术秘密查证。技术秘密是商业秘密的一种。上图上情所提供的技术秘密查证是以委托人提供的待查证技术秘点清单和相关说明文件为依据，通过计算机检索和手工检索等多种途径，检索与待查证技术秘点相关的对比文献，运用综合分析和对比的方法，判断待查证技术秘点是否被文献公开，评价待查证技术秘点是否符合商业秘密之“不为公众所知悉”的要件，并提供文献查证结果。迄今，上图上情所已为上海市人民检察院第二分院、上海市公安局长宁分局、上海市知识产权司法鉴定中心、扬州市江都区公安局、新乡市公安局等全国各地几十家公检法机关和司法鉴定机构提供技术秘密查证服务，获得积极广泛的社会影响。2013 年上海知识产权十大典型案件、2017 年河南知识产权司法保护十大典型案例中，都有案件由上图上情所出具技术秘密查证报告。

（4）同族专利检索。同族专利检索是对与被检索的专利或专利申请具有共同优先权的其他专利或专利申请及其公布情况进行的检索。上图上情所将同族专利检索充分融合到各类专利战术和专利战略情报服务中，起到了以下积极作用：① 获取同一发明在不同国家或专利组织多次申请、公布或批准的不同文献版本，帮助用户解决语言问题，方便阅读；② 帮助用户了解一项专利技术的地域保护范围、技术流向及市场范围；③ 帮助用户分析竞争对手的技术市场；④ 为用户开发产品及占领市场、制定市场战略、专利战略提供参考；⑤ 为用户了解竞争对手专利战略提供情报支持等。

（5）专利法律状态检索。上图上情所及时为用户提供专利法律状态检索服务，具体包括：① 在专利侵权诉讼中，为涉讼专利的有效性判断提供支持；② 在专利技术转让或企业并购、合资、合作中，为专利无形资产的合理评估提供支持；③ 在引进境外专利技术时，为相关专利有效性、地域性判断，及其他法律状态信息提供支持；④ 为产品出口规避侵权提供支持；⑤ 为无偿使用失效专利提供支持；⑥ 企事业单位申报向国外申请专利专项资助资金的，上图上情所为其提供相关支持。2013 年 9 月，上图上情所被认定为资助向国外申请专利专项资金申报的第三方检索机构。在上海市 2013 年度资助向国外申请专利专项资金申报工作过程中，由上图上情所为相关项目出具《向国外申请专利资助法律状态检索报告》。研究人员齐心协力、加班加点，攻克了各项难关。短短一个月时间，共受理完成了通过 PCT 途径和巴黎公约途径递交的向国外申请专利法律状态检索报告共计 327 项、通过巴黎公约途径递交的已公布未授权专利的查新检索报告多项，报告权威性得到了相关知识产权管理部门和项目申报单位的一致认可。

(6) 专利二次开发查新。专利二次开发是选择国际上目前比较先进的专利，利用其原理和思路，开发出在材质或结构等方面与该专利不同但技术更先进的产品或工艺，同时又避开了专利侵权的问题。上海市科委在 2002 年启动了“专利二次开发”专项，以引进专利或利用专利文献为基础，通过消化、吸收、创新、发展来突破技术壁垒，从而形成具有自主知识产权的新技术和新产品。2002 年，上图上情所受上海市科委的委托，由肖沪卫设计起草了“专利二次开发”查新报告内容及格式规范，该评估规范被上海市科委在上海市 9 家查新单位推广，并应用至所有“专利二次开发”项目的申报评审中。2003 年，时任上海市政协委员的肖沪卫提出“‘专利技术二次开发专项’注意规避侵权风险”的市政协提案，由此上海市科技项目管理中心规定 2004 年起查新报告增加对形成专利的可行性及侵权风险分析，进一步提高查新机构要求并明确内容。

从 2002—2005 年，上图上情所共承担“专利技术二次开发”查新项目 141 项，评估内容包括基础专利来源、基础专利技术要点、开发项目技术要点、基础专利法律状态、开发项目与基础专利相关性、开发项目可专利性、开发项目侵权风险、开发项目先进性、开发项目市场前景、项目单位开发基础等。上海市科委采用专家评估方式认定上图上情所的查新评价质量最好，起到了很好的“耳目”与“尖兵”作用。

（7）专利战术情报规范制定。2006 年，上图上情所承担了上海市知识产权软科学研究项目“专利检索与分析报告规范研究”。评审专家认为“论据充分、论证合理、内容全面系统，具有前瞻性和较强的可操作性，对未来专利检索工作的规范和统一有积极的指导意义。”2010 年，上图上情所承担了国家知识产权局全国专利信息工程网络专项“专利信息服务规范有关问题研究”，评审专家组认为“该课题研究目的明确、思路清晰、资料翔实、内容丰富”，该项目还被上海市知识产权局推荐参报第七届全国知识产权（专利）优秀调查研究报告暨优秀软课题研究成果评选。

3. 专利战略情报服务

进入 21 世纪，计算互联网的普及为上图上情所开展专利战略情报研究与服务带来前所未有的发展机遇，从专利分析到知识产权分析评议，服务深度不断提升。

（1）专利分析。上图上情所自主开展了大量专利分析和专利地图研究，承担了大量政府和企事业单位委托的专利分析项目，为政策制定实施和修改、优化科技资源配置、改善和提高科技决策的质量和水平提供决策依据；为企业决策者了解竞争对手及其研发动向，了解技术热点、技术空白，为企业可持续发展提供决策依据；帮助研发人员了解技术最新动向，获取各种技术方案，保护自身知识产权，规避侵权风险。

第一，自主开展研究。上图上情所情报研究人员开展大量原创性专利分析研究，依托上海情报服务平台、国际竞争情报论坛等向社会发布研究成果，取得了显著社会影响。从 2015 年开始，上图上情所每年发布《国际大都市科技创新能力评价》报告，形成广泛社会影响。《2015 年国际大都市科技创新能力评价》基于过去 10 年世界专利申请、权威科学引文、ESI 高质量期刊论文，对 70 余项指标统计分析，从创新态势、创新热点、创新质量、创新主体、创新合力 5 个维度评估了纽约、伦敦等十大国际知名大都市的科技创新能力，旨在为上海探索建设全球科创中心提供借鉴。研究成果引起各方关注，解放日报、文汇报、中国新闻网、新华网等媒体予以报道和转载；相关简报获时任上海市最高领导层批示；研究成果获第十一届上海市决策咨询研究成果奖一等奖。2016—2018 年《国际大都市科技创新能力评价》新增以国际榜单、排名为基础考察城市科技创新能力的研究主线和城市数量，不断扩展研究深度和广度。

第二，承担政府委托项目。上图上情所承担了多个以专利分析、专利地图、产品技术路线图为特色的上海科技发展基金软科学研究项目，包括："平板显示产品技术路线图及产业发展战略研究""纳米技术专利战略分析——以纳米压印技术为例""燃料电池专利地图与上海发展战略研究""上海高新技术产业化领域战略产品技术路线图研究——以太阳能电池为例""国内外科技创新发展态势跟踪研究——立体显示专利地图""战略性新兴产业重点领域发展趋势研究——以大数据产业为例"等。

作为上海市软科学研究基地"前沿技术发展研究中心"，上图上情所开展了几十个战略新兴产业的国际发展趋势跟踪与研判，研究中融合专利分析方法，揭示产业的技术发展趋势、挖掘热点和重点技术、研究全球专利布局等，为政府制定产业政策提供重要参考。以专利分析支撑科技产业决策，得到了相关政府部门的高度重视。2009 年，国家科技部办公厅调研室与上图上情所共同形成了《2009 年科技发展重大问题研究之十三：上海燃料电池发展问题研究》的专题报告，同时还形成了上海科技发展研究中心"科技发展研究"专报《燃料电池汽车专利技术发展态势研究》。

第三，承接企事业单位委托项目。近十几年，上图上情所承接企事业单位委托的专利分析项目越来越多，包括醋酐合成催化剂专利专题分析、燃料电池专利分析、液晶显示专利地图绘制、物理冶金法提纯多晶硅专利分析及专利侵权、MRI 专利地图、CT 专利地图、B 超专利地图、海上浮动核电站专利地图和知识图谱研究、氢能和氢燃料电池行业研究、国内外聚酰亚胺技术创新与竞争研究、国内外小型模块化反应堆核电站发展现状与趋势研究、国内外纽扣专利技术创新与市场研究、分度盘国内外专利技术与市场发展研究、智能汽车的卫星导航和电子地图技术研究、电动车用锂离子电池技术演进与竞争研究报告、风力发电技术专利分析报告等。服务对象包括上海和全国的知名企业、高校、科研机构，甚至还包括国外著名咨询机构。情报人员通过对专利情报进行搜集、加工后，以可视化方式对各种专利信息予以揭示和分析，为用户制定专利战略、增强竞争优势、保护知识产权等方面提供支持。2010—2011 年，上图上情所承担中信所“燃料电池技术创新与竞争研究报告”，得到中信所的高度评价。

(2) 知识产权分析评议。在国家知识产权局的大力倡导下，上图上情所紧跟时代需求，在以往开展产业技术专利分析的基础上全面推进知识产权分析评议业务。知识产权分析评议实践、知识产权分析评议规范研究、知识产权分析评议学术交流和培训等各项工作开展得有声有色。2018 年 7 月 19 日，国家知识产权局保护协调司在北京召开 2018 年知识产权分析评议服务示范机构的综合评审会，全体评审专家对上图上情所肖沪卫团队汇报的评议工作赞赏有加。9 月 6 日，国家知识产权局办公室公布 2018 年知识产权分析评议服务示范机构名单，上图上情所榜上有名。

第一，评议实践。企业是上图上情所评议服务实践的主要对象，服务的企业类型既有大型国有企业，也有中小企业。某风电集团承担了上海市科学技术委员会科研计划项目“基于云平台的风电智能服务技术的研究和应用项目”。该集团需要深入了解风电健康管理技术和市场发展方向，以便制定下一步研发计划、开展技术攻关。上图上情所帮助其申请到 2017 年上海市知识产权局重大经济科技活动知识产权评议试点项目——基于云平台的风电智能服务技术知识产权评议，详细研究了国内外风电健康管理技术的发展情况、主要竞争对手的专利申请侧重点及专利保护重点布局国家、相关领域主要研究机构及主要发明人情况、主要竞争国家和竞争机构的技术研究和技术发展趋势分析等，给出了专业建议，对相关专利侵权风险进行了系统评估，还提供了后续可合作伙伴及相关人才引进的有效建议。

除了服务企业，上图上情所也首开上海市科研计划项目立项指南知识产权分析评议之先河。2017 年，上图上情所承担上海市软科学研究计划项目“生物医药热点技术领域知识产权评议——中药高通量筛选领域”，这是上海市科委首批立项的三个知识产权评议项目之一。研究取得以下主要成果：一是从产业链全景、产业发展、区域发展、机构发展等视角，全面揭示了国际、国内天然产物和中药高通量筛选发展现状；二是建立了中药和天然产物高通量筛选领域的情报监测体系；三是聚焦上海中药高通量筛选发展研究提出对策与建议。该研究为上海市有关科技管理部门研制相关产业规划与科技计划提供科学依据，为研究机构和产业部门部署下一步研发和知识产权保护提供有力支撑。研究成果形成科技简报，得到上海市委高层主要领导的批示。

第二，评议规范研究。近年来，上图上情所围绕知识产权评议研究品牌战略的制定和实施，按照"立足高起点、坚持高标准、确保高质量、力争高水平"的业务发展要求，着眼长远、夯实基础，通过规范研究为知识产权评议探索方向、完善理论、指导实践。2015 年，上图上情所牵头承担上海市知识产权局"知识产权评议（专利分析）技术规范"课题研究，研究成果包括：《知识产权分析评议技术导则—总则》（草案）和《科技项目分则》（草案）、《企业并购分则》（草案）、《投资融资分则》（草案）、《科技成果转化分则》（草案）及相关的编制说明；另外还从创新链视角，针对项目立项、成果转化、企业并购、企业上市、展会展览等不同类别的经济科技活动，形成 21 份专题报告。成果于 2016 年 8 月通过专家验收，并被上海市知识产权局采纳到《上海市知识产权分析评议技术导则》研究制定工作中，并在多项国家级、省市级以及大企业集团的重大经济科技活动知识产权评议项目中进行了实践应用，为以上项目获取创新启示、防控侵权风险、开展专利布局、制定专利战略、实施专利运营等提供重要支撑。

4. 专利情报培训

上图上情所每年举办专利信息相关学术会议和沙龙、讲座、培训课程 10 次（期）以上，最多一次活动有近 400 人参与，为全国各地不同行业培养了大批专利情报高级应用人才。多年来，来自全国各地的企业、图书情报机构、高等院校和科研机构、知识产权代理机构、律师事务所等数百家单位、累计上万人次参加了专利情报培训。通过多年摸索和经验积累，"专利查新与侵权分析""专利地图与专利分析"和"知识产权分析评议"已经成为上图上情所组织高级培训班的"明星"课程，每年定期举办。另外，还不定期举办专利情报实战高级研修班。

（1）专利查新与侵权分析及专利检索方法高级培训班。上图上情所连年举办"专利查新与侵权分析及专利检索方法高级培训班"，系统讲解专利文献的撰写、专利检索方法与流程、专利查新流程及报告撰写、专利侵权查新方法及报告撰写、专利数据库与检索技术的最新进展；专利法律状态与同族专利查新的概念、国内外相关数据库、报告应用场合、检索与分析技巧以及报告撰写等；外观设计的保护客体和保护范围、专利申请和授权实质性条件、分类及检索方法、相近似判断的主体、原则、基准和方式、专利无效宣告请求审查中的证据认定规则、侵权判断规则，并结合诉讼案例进行详细分析。

（2）专利地图与专利分析高级培训班。上图上情所连年举办“专利地图与专利分析高级培训班”，介绍专利地图的概念原理、流程分析、主要专利分析软件、专利地图的应用以及专利分析和预警报告的撰写；以燃料电池行业为例，从实战角度介绍专利地图报告制作的全过程，包括行业背景调研、确立行业重点技术、编制检索策略、建立细分专利库、开展相关研究、进行战略分析提出相关建议等；还介绍专利聚类分析的原理、方法、内容、主要工具和平台等。通过培训，广大信息分析从业人员了解了专利地图相关概念，掌握了专利分析和预警的新思路、新方法，有效提升了从业人员的实际操作能力和业务水平。

（3）知识产权分析评议方法与应用高级研修班。2016 年起，上图上情所每年开设“知识产权分析评议方法与应用高级研修班”，内容覆盖知识产权评议的理论、工具、方法、应用和案例，单元模块包括：知识产权评议总论、知识产权评议流程分析、知识产权问题和创新问题评议方法及其运用，和有关科技项目、科技成果转化、技术或产品进出口、国际参展活动、标准制定、人才引进、企业并购等方面的知识产权评议及案例。

2016 和 2017 年研修班，共有来自全国 17 个省市的 44 家单位 102 人参加。参加单位类型有：知识产权服务机构，高校和科研机构，图书情报、战略信息机构，企业等。研修班的培训效果得到学员们的高度评价。

（4）专利情报实战高级研修班。除了理论培训外，上图上情所还开设了以实践操作为主的专利情报实战高级研修班。学员可以带着课题参加研修班，经过 1 周至数周的实习，不但掌握常用的专利分析方法、数据库检索和工具的使用，还可以完成自己的专利分析课题。研修班至今已开设近 30 期，全国共有约 40 家单位参加。参加的学员以高学历、高职称为主，经统计副高、博硕士以上者占 70％以上。研修班开设以来受到学员单位的高度评价。

第三节 市场调研

上图上情所作为一个图情一体化的大型研究机构，秉承“图情并重”“图情并茂”的发展战略，推进图书馆事业和科技情报事业的同步发展。早在1992年，就已开展市场调查业务。

1. 以竞争情报为特色的市场调研业务

上图上情所是国内最先引入“竞争情报”理念的专业研究机构之一。早年致力于为国内外企业、研究机构提供中国工业产业市场、政策法规、技术发展、企业动向方面的信息服务，并为其在国内寻找合作伙伴提供建议。用户主要来源于日本、美国、法国、中国香港、中国台湾等国家和地区。

1993年完成了国内第一个竞争情报项目“上海轿车工业竞争环境监视系统研究”。1996年，以研究人员为主撰写出版了最早有影响力的竞争情报专著《市场竞争和竞争情报》。为使理论研究落地，还成立了市场调查研究部，开展竞争情报的实践。进入21世纪后，上图上情所便开始通过专门设立的课题、项目来进一步推广竞争情报的理念，并在市场调研的工作中进行积极实践。伴随着商业竞争愈加激烈，国内企业也开始逐渐认识到竞争情报与市场调查的重要性。作为进入特定市场前的“探路石”与“耳目”，以竞争情报为特色的市场调研越来越受到厂商的重视，这是市场向专业化、多层面发展的必然趋势。有鉴于此，上图上情所负责市场调研的部门与团队一直努力以自身优势与研究特色为用户提供专业信息服务，满足用户各种不同的需求。

最初，上图上情所的市场调研业务从工业产品市场起步，调研内容涉及电子、通信、机械、车辆、纺织化工、IT、家电、日化、建材、食品等大类的诸多子项及上下游衍生产品。面对企业和行业组织的市场情报需求，通过客观和系统调研市场宏观环境、行业发展、市场供需情况、企业竞争力、产品品牌价值等情报，为咨询者或用户提供专项产品的市场信息，以供其在投资、经营决策过程中进行参考、衡量利弊；同时为研究竞争对手的市场定位、产品特征、产品定价、营销模式、销售网络和企业发展提供决策依据。在进行市场调研时，会站在产业、行业的高度去宏观考察调研对象的行业地位、市场状态、技术作用，由此提炼出产品与用户、产品与产业、产业自身上中下游、产业与产业之间的关联，找寻切入点。并从政策、市场、技术、企业、产品等方面或独立或整合地分析，辅以市场调研的手段和方法，使调研过程高屋建瓴，完整圆润，确凿可信。近年来，用户包括有宝钢（今宝武）、上汽、上海医药、海尔、中钞、中集、商飞、张江高科园区、漕河泾开发区等国内领先的企业与行业机构，取得了较大的社会效益。

2. 不断拓展的研究领域

2008年后，市场调研业务范围不断扩展，不再局限于专业工业领域，也逐步向第三产业进行探索且获得一定成绩，并尝试通过市场调研手段与竞争情报思维为政府相关部门提供决策咨询服务。采用产业研究和决策研究相结合的方法，一方面，产业研究的方法为产业发展、企业发展提供情报信息支撑，为企业拓展市场、业务发展、技术研发、知识产权等提供情报支持。

另一方面，充分运用情报学的研究方法，为政府管理部门提供深度的产业、企业信息解读，提供的报告既有全面指导性，又有关键性的政策建议。相关研究成果，主要以以下几种形式呈现：一是最为全面的课题研究报告，可以为立项单位提供决策咨询建议或者政策制定的依据；二是加工成可公开的正式出版物出版发行，指导全行业的发展；三是进一步帮助国家有关单位制定相关行业发展规划。三方面的成果皆建立在深度全面的情报研究基础之上。

近年来，已为上海市委宣传部、市文化广播影视管理局、市合作交流办、市新闻办以及各区县政府机关提供多次决策咨询服务，并获得好评。为了充分发挥本单位深厚的情报学研究理论积累并服务好本单位所属宣传系统的核心工作，主动探索进行情报学和文化宣传领域的交叉研究。例如为上海市文化广播影视管理局市场处编纂的《上海动漫网游产业报告》获得了2013年上海科学技术情报成果奖三等奖；参与编写了《关于促进上海电影发展的若干政策》等全市性产业规划，获得上海市促进文化创意产业发展财政扶持资金资助的“上海电影产业模式创新研究”等研究课题，“上海电影产业决策咨询系列研究”获得2016年华东地区科技情报成果奖三等奖；多年获得上海市文广局“上海网络视听产业报告”“上海广播电视产业发展报告”“上海电视剧行业发展研究”等课题，为相关领导管理单位提供了内部决策咨询的建议；在高质量完成上海市徐汇区文化局委托的《徐汇区社会化专业化管理工作研究》后，该项研究直接促成徐汇区获得国家标准化管理委员会批准立项的第三批社会管理与公共服务综合标准化试点项目“徐汇区社区文化活动中心管理标准化建设”。

截至2017年，累计完成各类市场调研项目近1 000个，服务用户达200余个。上图上情所利用情报学理论和市场调查方法在各个领域都能进行深入的研究，充分体现了图情理论指导下市场调研的机制，不仅可以为企事业单位提供有价值的市场情报，也能为政府机构提供有效的决策依据。

第四节　企业竞争对手分析和技术路线选择

上图上情所是国内最早引入、推广竞争情报理念的机构之一。早在1992年，就面向企业开办“市场情报与市场开发讲习班”，推广营销概念与市场战略、市场调查的内容与研究方法、市场调查表的设计与文献调查及二次情报源的利用，同时讲解竞争性情报的调查和分析、企业的市场情报需求及对经营的影响，普及竞争对手分析与技术路线选择调研的重要性。

1. 竞争之道、情报先行

在当今行业竞争日趋复杂、激烈的环境，“竞争情报”在继资金、技术和人才后成为企业生存发展的第四要素。“竞争情报”是指关于竞争环境、竞争对手和竞争策略的信息和研究，是一种过程，也是一种产品。过程是指对竞争信息的收集和分析；产品是指由此形成的情报和策略。实践证明，“竞争情报”是应对复杂多变竞争环境的一个强有力武器。为推进我国竞争情报的研究，尤其是促进竞争情报在各行各业的应用，服务创新与转型，上图上情所一直致力于在传统科技情报的基础上，将其与传统图情文献分析研究相结合，推动竞争情报的进一步发展。同时，以“竞争情报”为重点，重点培育情报服务的核心能力：科技查新、市场调查、科技翻译等业务依然保持着良好的增长态势。

近年来，相关的调研大多聚焦于竞争对手分析与相关技术路线选择两个领域。与之相对，上图上情所的竞争情报服务也可分为突击项目型和连续跟踪型两种。前者是指就用户提出的特定需求，在规定的时间范围内，通过文献检索、问卷调查、专家访谈和现场走访等方式收集竞争对手的信息，并加以整合分析研究，形成专题报告。后者是指针对用户的技术关注需求，在双方商定的期限内，以定题服务的形式，按日、周、月等不同周期向用户递交简报。两类服务所涉及的内容可以是宏观环境情报、行业产业情报、市场情报、竞争对手的技术进展或其他相关者的情报等。

无论是企业，还是政府主管部门，若想要切实把握颠覆性技术所带来的新机遇，就需要充分发挥竞争情报“耳目、尖兵、参谋”的作用，结合社会发展，从各类浩瀚的科技情报信息中提炼出有价值的竞争情报，有针对性地去分析竞争对手，并为选择技术路线提供有价值的建议。因此，在上海推进建设具有全球影响力的科技创新中心背景下，利用竞争情报更可以发现颠覆性技术、推进产业与经济发展，而这正是上图上情所近年来不断努力的方向。

2. 以理论研究支撑实践

竞争情报分析方法的推广与实践，离不开坚实的理论研究基础，而相关理论研究成果也需要市场来予以验证。结合机构实际，上图上情所不断调整其在竞争情报界的定位和作用——为竞争情报产业链搭建沟通平台。自 2003 年以来，通过组织国际会议、创办杂志、开展国际交流以及深入企业服务、在各项业务中融会贯通竞争情报意识和方法等，努力形成品牌与队伍的高地，形成竞争情报研究服务特色，例如编辑出版《竞争情报》杂志、帮助上海市的大型企业培训竞争情报人员、为建立竞争情报系统提供咨询、先后为在沪大型企业等多次提供情报服务。

20 世纪 90 年代后，竞争情报理念开始在国内生根发芽。在相关理论研究领域，缺少以竞争情报为重点的学术期刊，相关稚嫩讨论出现在一些传统的学术性情报学刊物上。有鉴于此，上图上情所决定创办一份专注于竞争情报的期刊，借此搭建一个竞争情报的交流平台，推进竞争情报产业链上各环节的整合，聚焦竞争情报理论方法、国家及地区竞争研究、企业竞争情报案例、竞争情报资源的开发利用、竞争情报中的 IT 技术以及随笔、考察等。

2004 年底，《竞争情报》创刊号问世。第一年是以其他刊物的增刊形式出版，第二年改为内部出版物的形式出版。十余年来，《竞争情报》杂志紧贴竞争情报的实际，把握时代发展的脉搏，以杂志的名义，以线上线下相结合的方式组织过几个在业界有影响的讨论，主题包括“竞争情报是皇帝的新衣？”“我看竞争情报前景”“情报学何去何从——由情报学毕业生‘求职秀’引发的思考”等。此外，还利用新兴的网络调查工具，以问卷形式调查中国竞争情报的发展现状，并形成报告，同时将调查结果以英文形式发表在国外知名的 *Competitive Intelligence Magazine* 上，扩大了国际影响力。截至 2014 年 12 月，累计出刊 40 期，刊出 300 余位作者的文章 400 多篇，字数达到 300 多万字（不含会讯、题录、通知等）。

2015 年，《竞争情报》杂志获得了正式的刊号（国内统一刊号为 CN31—2107/G3，国际标准刊号为 ISSN 2095—8870，邮发代号为 4—904）。为使期刊能上一个台阶，上图上情所整合国内外的业界专家，组建了全新的编委会，并上线了投审稿系统和网刊系统，并对期刊的封面内页进行重新设计，从而实现了期刊的华丽转生，出版周期也从之前的季刊变为目前的双月刊，并树立了以“交流研究成果，提高学术水平；推广方法工具，服务产业企业；普及情报思维，提升信息素养”的办刊宗旨，继续为读者提供最新的竞争情报资讯。杂志的读者对象主要为企业情报人员、营销人员、规划人员及其他管理层人员，咨询公司、贸易公司等的相关人员，政府部门及其他组织的相关人员，高校相关专业的教师学生，专业机构的研究人员，以及对竞争情报感兴趣的人士。

为了更有效地将理论研究与市场实践相结合，打通竞争情报产业链，除出刊外，上图上情所还推进竞争情报相关课题的研究，组织培训与沙龙活动等。先后开展了“国家竞争情报研究”和“中法竞争情报比较研究”等国家社科基金项目和上海市哲社项目的研究，开发了上海市劳动与社会保障局竞争情报分析员的培训课程设计。作为支持机构，编辑部从主题策划到嘉宾邀请，到参会人员招募，并全面配合上图上情所先后数次举办“竞争情报上海论坛”。多年来，《竞争情报》编辑部相关人员应邀在市内外各种培训场合讲授竞争情报知识，普及竞争情报知识。编辑部还牵线搭桥帮助企业开展竞争情报工作，举一个典型的例子，在中国商飞启动竞争情报项目过程中，编辑部不但多次派人去商飞做讲座，还介绍商飞的情报人员与宝钢、上汽等竞争情报先行单位的情报人员认识，推荐其去宝钢、上汽等上门取经；在商飞开发竞争情报系统的过程中，编辑部人员多次参与项目讨论和鉴定，提出不少有价值的建议。

这些工作和项目有效地提升了上图上情所在国内乃至国际竞争情报界的影响力，编辑部在2014年获中国竞争情报分会的“最佳竞争情报实践团队”称号，为竞争情报理论创新与实践推广做出了切实的贡献。

此外，上图上情所定期召开“竞争情报上海论坛”，邀请国内外专家学者和商业领袖前来介绍、研讨竞争情报领域的最新理论与实践方法。自2003年以来，“竞争情报上海论坛”已召开五届。创办至今，“竞争情报上海论坛”已成长为中国竞争情报界最国际化、最重要的专业交流平台之一。论坛一直关注技术创新、产业研究及竞争情报等主题，每届均遍邀国内外知名的政府相关领导、企业相关人士、竞争情报从业者、行业与市场研究人士以及学者出席。通过上图上情所和周边省市情报所的区位和业界地位优势，成为覆盖长三角、辐射全国的竞争情报界盛事，为政府及企业人士提供千载难逢的学习、提升、激发灵感和拓宽视野的机会。

第五节　文献专业服务的创新

现代文献专业服务不仅通过阅览和外借的方式向读者提供印刷型书刊资料，而且还提供文献缩微复制、参考咨询、编译报道、情报检索、情报服务、定题情报检索以及宣传文献情报知识的专题讲座、展览等服务。现代科学技术，特别是计算机技术、声像技术、通信技术、缩微技术等在文献专业服务中广泛应用，使文献服务方式和服务手段日益多样化，服务范围也日益扩大和发展，服务效率不断提高。随着人们信息价值观念的变化、科学技术的进步和文献资源共享的逐步实现，文献专业服务正沿着社会化和自动化方向迅速发展。目前，文献专业服务涵盖的领域广泛，如家谱查阅检索、光盘数据库检索、数字资源检索等文献检索服务；公共查询目录参考咨询、网上参考咨询服务、决策咨询等参考咨询服务；剪报、文献提供、翻译服务；数字化制作；报刊索引会议录；图书修复等。上海科学技术情报研究所与上海图书馆合并后，打破了系统及体制的界限，实现文献信息资源合理配置，优势互补。多年来，资源建设不断加强。截至2017年，上图上情所馆藏文献总量已达5 600万册（件）。与此同时，文献服务还开展了多项开拓型项目与工作。

一、夯实文献服务基础，完善文献资源保障体系

1. 优化馆藏文献结构，资源趋向多元化

1958 年，上海科技情报所成立后，形成了以专利文献为主的拥有国外期刊、标准、政府研究报告等多种文献形式的文献资料中心，成为上海科技人员开展科研、进行重点工程建设、技术攻关、技术引进、对外谈判、出国考察等需要了解有关国外科技情况时的重要信息源。与上图合并前，其文献馆藏达 3 000 余万件，以世界各国专利、工业标准和科技报告为收藏特色。与上图合并后，两者的文献信息资源形成优势互补，特种文献成为特色馆藏，图情合一的联合体成为国内文献资源结构丰富、特色显著的大型图书情报机构。到 2000 年底，有美、法、英、日、瑞、俄、中、欧洲、世界专利及中国台湾地区专利 2 900 多万件，德、法、英、俄、日、澳、美及部分机构、协会、行业的标准、国际电子协会标准、ISO 国际标准、中国国家标准、行业标准等 31 万余件，美国 PB 报告、AD 报告、NASA 报告、DE 报告 188 万余件，国内外产品样本资料 1.1 万余盒（册），国内外音像资料近 20 万盒（张）。2003 年，上图上情所对阅览室进行了整体布局调整，施行“三室合一”方案，将光盘阅览室、文献检索室的文献资料并入原专利标准科技报告阅览室，成立专利标准检索工具阅览室，部分特种文献搬迁至莘庄书库，在莘庄开辟特种文献预约阅览服务。2000 年以后，特种文献的采购量基本稳定在每年 2 万册（件）左右。

网络环境下，上图上情所资源建设围绕“中文求全，外文求精”“满足当前，兼顾长远，抓好基础，突出重点，注重特色，照顾一般”的原则，逐步加强对非书资料、缩微制品、视听资料、电子出版物、机读目录、数据库、网络资源及特种文献的采购工作。提高数字资源采购经费占总采购经费的比重，确保超过 30%，加大适应用户需求的移动终端资源的采集力度。形成缩微、纸本、单机、局域网、互联网“五位一体”的资源体系。

同时，上图上情所持续加大对网络数字资源、开放获取（OA）资源、科技创新研发资源、科技智库研究资源的采购与采集力度。截至 2017 年，共计获取开放资源库 300 余个，采购数字资源 176 个，其中 Web 资源 126 个、非

Web 资源 50 个；公共服务类资源 22 个、专业研究类资源 154 个。涵盖了目前国内用户重点关注的中外文数据库，包括万方数据、维普资讯、中国知网、EBSCO 的 ASC（Academic Search Complete）和 Emerald 的 Management Xtra 等，易阅通、新华 e 店和 Springer Link 等中外文电子书，万方学位论文和 ProQuest 博硕士论文（PQDD）等中外文学位、会议论文库，此外还有专业的专利、商情数据、设计等方面的各类中外文数字资源，在可提供服务的数字资源中，约有近七成资源开通了 VPN 远程访问。上图上情所高度关注“开放获取”的发展趋势，组织人力对 OA 期刊的属性、出版情况、长期保存及与印本的替代关系进行专门研究，为合理布局馆藏结构、优化资源配置、提升预算使用效率提供可靠、可行的参考依据。

上图上情所在服务大众阅读需要的同时，更加注重本地区专业读者的文献需求。在经费许可的前提下，既考虑文献品种的覆盖度，同时注重地方文献、特色文献的搜集。从发挥资金效益最大化的角度，尝试多样化的数字资源采购模式，包括：纸电捆绑采购、全库采购、选择性采购、出版社直采、按需采购、区域性买断等。例如，对于专业科技文献的采购，探索专业资源的 DDA 可控模式（Mediated DDA），既能节省采购成本，又能快速响应用户散发型文献需求。

上图上情所推出的面向科技工作者、小微企业、个人创业者的科技文献专业服务定位往往面临资源采购的商务模式、服务策略与技术支持的挑战。如曾遇到订购的 CA 产品用户超量、超范围受限使用的情况；在 Gartner 产品商务谈判初期，也遇到企业服务与个体用户服务方式的差异，但最终经过双方协商就使用方式、范围等达成合理条款。上图上情所在采购、服务环节建立相应机制，保障用户与资源厂商双方利益。

2. 加强数据资源管理，优化资源利用环境

随着计算机网络技术的发展，文献资源检索逐渐从卡片目录过渡到联机目录（online public access catalog），大大改变了传统的查找文献资源的方式，目录平台整合资源的揭示与服务，实现中外文献数据数字化，提供了多个检索途径，并且有效增加了资源记录之间的相互参照功能。用户通过互联网公共目录查询系统 iPac（Internet Public Access Catalog）就可以完成对上图上情所文

献资源的检索，获取所需资源的索取号及馆藏状态等信息。

基于改进信息获取体验，从受众实际需求和数字资源现状等方面分布实施资源发现系统。上图上情所《推进信息化建设 2013—2015 年行动计划》提出“并联上图上情所参考咨询、文献传递等已有服务内容，上线具有上图上情所特色的资源发现系统（一期）；面向科研、决策和企业用户整合数字资源，组建联盟重点服务市属高校、科研院所的研发工作，进一步明确各类数字资源的用户范围，扩大数字资源使用率，有针对性地向联盟内部的用户推广数字资源的使用，进而提供知识发现服务，推进学科情报服务”。上图上情所与数字资源厂商一起合作，利用信息现代化的技术，对电子图书、电子报纸、电子杂志、数据库、网上视频讲座等数字资源，按照统一标准，对文字、声音、图像、视频等各种信息进行数字化分析、加工和处理，并且将这些数字资源整合到一个资源发现与跨库检索平台“上图发现”，为读者阅读提供便利。上图上情所在资源采购时，也将该资源能否与发现系统对接作为重要评估指标。

鉴于部分专业文献资源体系、著录格式、服务介质的特殊性，为了方便广大科研人员检索查阅，上图上情所经过几年的数据库建设，形成了若干专题文献数据库的开发，如，“馆藏美国航空航天学会报告数据库”收录美国航空航天学会（AIAA）以报告形式出版的技术论文。上图上情所自 20 世纪 60 年代就开始系统订购和收藏 AIAA 报告全文，目前收藏量接近 10 万篇，提供 AIAA 报告的检索查询，并支持在局域网内浏览 2007 年起订购的电子版 AIAA 报告全文。

3. 促进资源共享，提升服务保障能力

（1）完善中心馆一卡通服务体系。上图上情所 2000 年 12 月启动了“上海中心图书馆一卡通”项目。上海市中心图书馆在发展过程中始终将联合作为基础理念，在不改变各参与馆的行政隶属、人事和财政关系的情况下，形成以上图上情所为总馆，全市各公共图书馆、大学图书馆和专业图书馆为分馆的地区文献资源共建共享体系。该体系注重各类型图书馆、情报机构的合作，在不同层次上发挥各自独特的作用。截至 2017 年底，上海市中心馆服务点已达 356 家，实现了市、区、街镇全覆盖。区与街镇服务点接待人数已超过 1 200 万人次，占接待总数的85%以上；各级各类分馆流通文献5 928万册（件），接近流通总量的89%。同时，服务质量与服务效率也备受用户好评。

（2）推进区域文献资源共建共享协作。近年来，国内各地区、各行业建设了多样化的文献信息保障服务系统，形成了网络化的文献信息共享服务平台。1994年，上海地区文献资源共享协作网正式成立。到2000年，上海已经具备了支撑建设信息资源共享网络所必需的信息基础结构，上海市文献资源共建共享协作网开始在互联网基础上建立上海市文献信息资源共建共享公共传输和信息服务平台。2000年，上海市文献资源共建共享协作网站正式开通，先后开发了上海市计算机联合编目系统、联合知识导航系统，并借鉴OCLC馆际互借服务系统等资源建立了网上馆际互借系统，初步实现了公共检索、专家咨询、馆际互借、文献传递和协调采购等功能。其中作为重要文献资源的《华东联合目录》数据库也实现了网络化，用户可以在网络上直接查询所需信息，并获得馆际互借服务。网络化推动资源共建共享工作走上了一个新的台阶。建立开放式联合目录系统，将各自独立的多个文献机构目录资源通过计算机自动化系统和网络联合起来，形成一个统一的联合目录数据库，使得所有与该数据库联网的机构均能共享库中的书目资源，并可开展异地联机编目；也使得用户在任何一个与数据库联网的终端或PC上均能查询到全部成员机构的文献资源信息。

（3）深化馆际互借构筑全球保障网络。2012年，上图上情所决定上传中文书目数据至OCLC平台供全球图书馆用户查询、借阅，2013年末上传200余万条中文书目数据。这些数据不仅增加了上图上情所的馆藏在世界范围内的可见性，还通过OCLC的WorldShare馆际互借服务与其他馆及其用户共享了我们的民族遗产和特性。截至2016年，共上传250多万条中文书目数据。上图上情所还制定了开放的借阅政策。所有参考外借资料都可以提供原书外借服务。自中文书目数据上传后，馆际互借业务量增长迅速，2014年度在OCLC的WorldShare馆际互借服务中，上图上情所首次进入亚太地区借出馆前20名，排名11位；2015年上升到第9位。根据OCLC统计，2016年，上图上情所首次进入亚太地区借入馆前20名，排名17位，也是唯一上榜的中国内地图书馆；在借出馆的前20位排名中，上升到第4位，也是中国内地排名最靠前的图书馆。

二、积极开展文献服务创新，健全多层次服务体系

上图上情所不断将当代新技术、新思想与文献服务结合在一起，以活化资源为指导思想，创新文献服务方式，增强资源揭示和整合，梳理资源类别和服务规范。创新新技术在文献服务领域的深入应用，探索覆盖移动端的知识发现服务，整合课题检索、文献标引、文献传递和翻译服务，以定制数据库的形式推出专题文献服务。近年来，上图上情所提出了多个国内先进的服务理念和服务方式，如：网上联合参考咨询、文献传递服务、e 卡通远程资源服务、“创之源”中小企业服务、创・新空间及产业图书馆服务等，将文献服务不断引向便利，引向全方位，引向知识服务，尤其在支持创新创业、服务产业发展等领域，取得显著成绩。

1. 参考咨询服务

上图上情所参考咨询工作的开展，经历了由简单到深化、由封闭到开放、由手工到现代化、由单一到多元等一系列的演变。1995 年上图上情所合并，编写和出版岗位培训教材《参考咨询工作》；建立参考咨询岗位职业资格准入制度；加大岗位培训和国外进修培训的力度，从制度上保证一线参考咨询人员境外学习和培训机会，提升从业人员信息素养。进一步确立参考咨询服务的核心业务地位，开展诸如指导利用图书馆、网络信息资源、咨询服务，开展信息素质教育、中小企业信息咨询服务等。不单独设立参考咨询部门，将阵地咨询、电话咨询、邮件咨询、网上咨询、微服务咨询等服务整合，采取参考咨询业务与其他阵地工作柔性结合的运作模式，实现一人多岗、一岗多能的管理。2017 年，上图上情所全年接待阵地咨询、电话咨询合计近 69 万人次。2001 年 6 月，上图上情所率先在国内推出网上联合参考咨询，以“网上联合知识导航站”平台对外服务。“网上联合知识导航站”创立之初，联合了上图上情所、上海交通大学图书馆、复旦大学图书馆、华东师范大学图书馆、同济大学图书馆、上海社科院图书馆、中科院上海文献情报中心等上海地区公共、科研、高校等图书馆及相关机构，由各参与机构信息检索或行业专家提供在线文献信息咨询服务。经过多年发展，截至 2018 年 7 月，导航站参考咨询工作人员

共 201 名，其中本单位 94 人，外单位 107 人。境外参与合作的图书馆 8 家。2007 年，项目获得国家文化部颁发的“第十四届群星（服务）奖”。2017 年，网上联合知识导航站年受理咨询量近 7 000 条（次），导航站网页点击量 11.5 万。

2. 文献传递服务

上图上情所于 2003 年成立文献提供中心，重组文献提供服务的业务流程。从较早的线下填写请求单过渡到网上提交申请，至 2011 年开发完成的 idoc 系统与文献传递系统的无缝链接后，实现了资源查询、网上申请、平台管理、网上支付的文献提供服务链，文献传递量逐年上升。2003 年，文献传递量不到 5 000篇。2008 年，原文传递量突破 2 万篇。上图上情所通过深入分析用户需求，开设微信号，为广大用户提供一个可 24 小时/天查询文献、阅读文献的微信文献服务平台。微信服务主要包括 3 个方面：移动学术检索服务（iDOC 微站提供文献检索）、咨询服务（在线咨询）和文献传递系统订单查询及文献下载服务。其中，iDOC 文献检索提供类似百度的搜索入口，可以一站式检索期刊、论文、中外标准等多个子数据库。该检索无缝链接网页版的文献传递系统，将用户需要的文献直接提交至文献传递系统。用户可以在手机微信登录用户系统，实现文献检索、文献提交、订单查询、文献下载等一站式服务。除文献传递系统订单查询及文献下载服务是面对系统注册用户之外，检索和咨询 2 项服务均是面对全体用户。通过在群雄逐鹿的竞争市场中不断进取，2017 年原文传递服务提供文献量超过 9 万件。

3. e 卡通电子资源远程服务

“e 卡通电子资源远程服务”是指持有上图上情所有效读者证的任何用户，在任何时候、任何地点，通过“e 卡通”平台，都可以查看获得授权的电子文献资源，享受和体验资源服务到家的便利与快捷。真正实现了为用户提供 7×24 小时资源内容服务，是无所不在服务理念的体现，缩小了服务与用户之间的地域分隔与时间阻隔。上图上情所切实加强“e 卡通”数字化服务，探索面向广域网的资源整合方式，保障知识产权授权下远程使用专业数据库的技术实施方案，围绕“e 卡通”展开面向专业研究的服务应用。2009 年，“e 卡通”电子资源远程服务荣获第三届文化部创新奖。

4. 支持产业及“双创”服务

2009 年 5 月，上图上情所推出“创之源”中小企业信息服务，探索面向创新、创意和创业的图情服务模式。2011 年 11 月，“上海中小企业公共服务平台”正式挂牌。2011 年和 2014 年连续被上海市经济和信息化委员会授予上海市中小企业公共服务示范平台。“创之源”中小企业服务平台主要提供免费办证、e 卡通服务、信息共享、参考咨询、讲座培训、文献传递、媒体监测、定题检索、科技查新、市场调研、专利侵权分析、文献翻译、企业数字图书馆等服务。配合市科委和都市型工业协会的需求，平台主动为企业、产业集聚区服务，将图情文献和服务送到企业、园区。截至 2017 年底，累计走入产业园区十余家，服务企业近 4 000 家，为企业员工免费办证，开展培训讲座，支持园区组建信息研究中心（室），帮助园区提升企业员工的信息素养。为增强科技情报对战略新兴产业的支持引领作用，为探索产业信息服务模式的创新转型，2013 年 5 月，上图上情所首推创客空间服务——“创·新空间”，通过展示新理念、新产品、新技术，聚焦创新、创意和创业，为创客及专业人士搭建主题服务的知识交流平台，同时也为普通民众提供了一个体验多媒体创意与新技术的智能空间。2014 年，“创·新空间”推出馆中馆“产业图书馆”项目，响应“双创”号召，致力于中小微企业服务，并与“创之源”中小企业服务平台结合，成为上图上情所“图情并茂”“图情合一”事业的落脚点。依托情报所产业研究专家队伍，加上擅长信息收集和服务的图书馆馆员，整合了一支服务于产业和企业的专业队伍，为行业协会、企业单位提供科技创新信息服务。

产业图书馆以文献阅读研究功能为基础，按用户需求对资源结构进行重整，新增协作交流和创新实践区。组织面向特定细分产业的企业沙龙活动，深化专题文献服务应用，面向细分产业开展专利标准文献使用、技术工具应用、竞争情报等培训和案例讲解，通过定制培训内容，帮助企业人员培养创新创业、知识产权、市场开发、市场供需、贸易壁垒、技术合作、技术研发、政策规章、企业管理等多维度的信息素养。自 2014 年 7 月以来，产业图书馆与上海都市型工业协会、上海科学技术情报学会、相关信息服务机构等合作举办各类产业沙龙、讲座培训等近百场，为企业界人士、创客等提供交流平台，参与人数逾 2 000 人次。同时，鼓励创客团队协同创作，孵化创意。如开设“设计师工作室”服务区，配置各类常用软/硬件工具，辅助用户创业创新实践。

在开展阵地服务的同时，借助新媒体及网络空间延伸服务范围，实现多元化的文献整合揭示。其一，产业图书馆网站（in.library.sh.cn）的建立即是依托互联网思维提升信息共享的创新尝试，主要围绕以下三点建设：提供科技信息服务、架设成果转化桥梁、展示科技创新成果。通过对项目和成果的科学评估、市场宣传、上下游渠道整合，基于上图上情所完善的知识情报信息服务，构建从创新成果到生产制造（应用）的桥梁，从而促进科技转化为生产力，力争打造自由度更高，评价体系更科学全面，资源与信息服务更深入，渠道整合更通畅的新模式下科技成果服务平台。截至2018年7月，网站累计设立专题资讯服务版块31个，发布信息1 705条，用户点击32 350次。“产业图书馆信息服务体系（互联网+主题图书馆）”荣获上海市科学技术情报学会2015年上海科学技术情报成果三等奖。其二，作为拓展专业信息服务的创新尝试，产业图书馆微信订阅号于2015年7月上线，由此形成产业图书馆实体、虚拟、新媒体空间三层信息服务架构。截至2018年7月，产业图书馆微信公众号以月均20条的速度累计发送推文近700条，内容涉及创意设计、科技前沿、产业资讯、情报视点、文献资源推荐等领域。

第四章
服务行业发展

上海科技情报所能够在国内情报界享有一定的声誉，离不开其长期致力于发展区域间的协调合作以及发挥地区内的行业引领作用。1979 年 3 月，挂靠于上海科技情报所的上海市科学技术情报学会正式成立，为推动全市的科技创新、产业发展起到了积极的促进作用。2010 年，上图上情所召集成立上海行业情报发展联盟，广泛联合地区行业情报机构、行业组织和相关单位，以“平等合作、共建共享、重在服务”为原则，为上海的科技、产业和文化发展提供信息和智力支持，使行业情报工作在社会经济发展中发挥更大的作用。

第一节　上海市科学技术情报学会

上海市科学技术情报学会始创于 1979 年 3 月，是依法成立、具有独立法人资格的上海市科技情报工作者的学术性群众团体，现挂靠于上图上情所。

1. 基本情况

上海市科学技术情报学会目前下设学术、组织科普、企业情报、信息技术、知识产权五大专业委员会。2010 年 9 月，在上海市科委、上海市科协的支持下，学会牵头成立上海行业情报联盟，联盟成员从最初的上海单位已经发展到全国各地单位的加盟，成为各行业情报相关单位的全国性联盟团体，在促进情报交流和合作方面产生了更大范围的影响。2014 年 7 月 18 日，在国家知识产权局、上海知识产权局、上海市科协的支持下，学会面向全国征召研究人员的专利情报研究中心正式成立，首批聚集了全国 47 位专利情报专家，初步呈现出以学会为中心、情报联盟和专利情报研究中心为两翼的“中心带动、两翼齐飞、互促发展、整体推进”的战略格局。2016年10月，学会选举产生了第九届理事会，确立了理事长1名，副理事长4名，秘书长1名，常务理事5名，理事23名。团体会员单位70余家，个人会员近1 600人。学会荣获了上海市科协授予的四星级学会荣誉，并连续多年被评为全国先进性学会。

2. 组织建设

近年来，随着各类交流活动的组织开展，学会吸引了越来越多的个人和单位加入。目前，学会的会员单位包括全国著名高校如复旦大学、上海交通大学、同济大学、华东理工大学、上海大学等；权威科研机构如中国科学院上海生命科学研究院、中国科学院上海有机化学研究所、中国科学院上海药物研究所、上海科学学研究所、上海极地研究中心等；大型企业如宝武钢铁股份有限公司、中国石化上海石油化工股份有限公司、上海电气集团股份有限公司、中国商用飞机有限责任公司、上海通用汽车有限公司等；知名数据库厂商如超星、律商联讯、Questel等覆盖各种类型的机构，丰富多样的社会单位，为学会开展各项活动注入了蓬勃的活力生机，也为推进产学研一体化的发展提供了广阔交流互动的平台。

3. 业务研究

(1) 专项课题。自2008年以来，学会逐步探索承接各类课题研究。2008年至2010年12月，学会联合上图上情所、上海市化工科学技术情报研究所、中国科学院上海生命科学信息中心、上海浦东科技信息中心等8家机构共同实施市科委下达的“行业情报服务网”建设项目，该项目的实施，是学会创建以来的一大创举，也在当时填补了国内多家情报机构联合开展行业情报服务研究的空白。2010年12月7日，学会承担的国家知识产权局委托的“专利信息服务规范有关问题研究”的重大软课题研究，顺利通过专家评审，并获得国家知识产权局的认可。该项目的成功完成，不但为全国各级知识产权管理部门的直属单位、知识产权中介服务机构、科技情报机构、图书馆、行业协会等提供了统一的专利信息服务规范，提高了其整体水平，而且有力扩大了学会情报高端研究与咨询的品牌影响力。此外，学会还先后承担了上海市信息化专家委员会“大数据产业化前景研究”课题、上海市经信委“上海超级计算中心体制机制创新研究”项目、上海市科委软科学基金“高技术服务业领域高新技术成果转化项目认定与评价方法研究”课题、上海市科学技术研究所协会“社会化科技评估机制研究”等专项课题研究。与此同时，学会从 2013 年开始公开招标发布以“战略新兴产业”为主题，涉及“3D 打印”“可穿戴设备”“近距离无线通信”“人工智能与智慧城市”等最新前沿技术领域的系列课题研究，旨在促进新兴技术的不断发展，增强科技情报对战略性新兴产业的支撑和引领作用，课题的发布得到了来自广大会员单位的积极响应与申报。

(2) 决策咨询。为发挥情报研究工作在推进决策科学化、民主化的作用，2010 年，学会开始积极筹备并申报上海市科学决策咨询项目。多年来，由学会主导或下属会员单位负责承担的项目多次获得来自市级层面的项目资助。2017 年 9 月，由肖沪卫同志领衔的《2015 国际大都市科技创新能力评价》报告荣获第十一届上海市决策咨询研究成果奖一等奖，由陈超同志领衔的《全球科技创新中心战略情报研究》著作荣获第十一届上海市决策咨询研究成果奖三等奖。上述报告和著作为上海加快落实建设卓越的全球创新城市和具有世界影响力的社会主义现代化国际大都市，提供了翔实有力的数据支撑和信息参考。学会（挂靠单位上情所）还为市人大提供“专递人大”决策咨询服务，包括图书资料服务、定期简报服务、临时和应急的信息咨询服务，服务对象为上海市人大常委会组成人员和常委会机关局级以上干部，旨在为上海民主与法治建设、人民代表大会制度的发展和完善以及市人大及其常委会的立法、监督等各项工作提供参考。每年，上情所的“上图专递”“上海科技简报”“科技与产业”等多篇内参得到了市委办公厅、市科委、市规土局、市邮政局等部门的批示和好评。

(3) 科技评价。为了促进科技研究成果实现更好地产业化发展，2014 年，学会向市科协申报并获批专门设立了科技评价组，建立了专家库，制定了科技评价工作方案及制度，2017 年通过复审之后，被上海市科学技术协会科技评价工作委员会连续两年认定为具有科技评价资质。近年来，学会与下属会员单位完成包括基于云平台的风电智能服务技术——风电健康管理知识产权评议（上海市知识产权局重大项目知识产权评议）、电动弯曲内窥镜产品研发知识产权分析评议（闵行区知识产权局知识产权评议重点项目）、生物医药热点技术领域知识产权评议——中药高通量筛选领域（上海市科委软课题重点计划项目）等一大批内容涉及电子信息、机械设备、生物医药、化工材料、食品生产等多个科技领域的项目，评估工作从项目技术水平、研发主体创新能力和技术应用情况三个方面进行综合分析及打分，并进行了地域性分析，为今后投资项目达产时的创新能力后评估打下了良好的基础，加快了这些项目的产学研转化进程，也为各级层面开展招商引资工作提供了具有较高实用价值的参考，受到委托机构政府部门的认可与积极肯定。

（4）著作编写。学会在开展大量课题研究的同时，组织下属会员单位中青年骨干成员参与学术专著的编写出版。2010 年，学会出版了《专利地图方法与应用》专著，约 110 万字，42 印张，约 600 页，全彩，是我国第一本带有原创性成果的关于专利地图的系统化专著，结合具体案例进行内容解析和报告示范，具有很强的操作性，基本涵盖了专利地图技术的发展现状、趋势、制作方法、软件工具、应用案例等，充分反映了当代国内外专利地图研究与应用的最新进展。2015 年出版的《专利战术情报方法与应用》专著则具有较强的操作性，涵盖了专利战术情报的发展现状、趋势、操作方法、数据库和应用案例等，充分揭示了当代国内外专利战术情报的最新进展，一经推出，反响热烈，订购踊跃。目前，《知识产权评议：方法与应用》正在紧锣密鼓地筹备撰写之中。该书在国内首次构建了知识产权评议的完整框架和方法体系，旨在反映当代国内外知识产权评议研究与运用的最新进展。《专利地图》《专利战术》等著作的撰写出版，打造了具有专利情报研究特色的品牌影响力，也进一步奠定了学会在全国该领域内先行者与领军者的地位。

（5）标准起草。为规范科技查新工作，提升科技查新质量，更好地服务于创新驱动发展战略，从 2011 年 10 月起，中国科学技术信息所联合国内相关科技情报机构，在 2000 年科学技术部《科技查新规范》的基础上启动研究制定国家标准《科技查新技术规范》（GB/T 32003—2015）。学会作为起草单位之一，全程参与了国家标准的研究制定工作。该标准在 2015 年 9 月 11 日由国家质量监督检验检疫总局、国家标准化管理委员会联合发布，于 2016 年 4 月 1 日起正式实施。此外，由学会牵头承担的上海市知识产权局《知识产权评议（专利分析）技术规范》课题研究于 2016 年 8 月通过专家验收，后续已被上海市知识产权局采纳到《上海市知识产权分析评议技术导则》研究制定工作中，并在多项国家级、省市级以及大企业集团的重大经济科技活动知识产权评议项目中进行了实践应用，为以上项目获取创新启示、侵权风险防控、专利布局、专利战略制定、专利运营等提供了重要的支撑作用。

（6）专业杂志。学会是《竞争情报》杂志的主要协办单位，该杂志创刊于 2004 年，2015 年成为公开发行的正式刊物。作为国内唯一一本主打竞争情报的杂志，定位于探讨交流竞争情报的理论与方法、共享“最佳实践”、展示最新情报产品和服务、普及竞争情报知识，杂志以“交流研究成果，提高学术水平；推广方法工具，服务产业企业；普及情报思维，提升信息素养”为办刊宗旨，为广大读者提供了最新的竞争情报资讯，并多次在学会活动上与行业内外人员分享交流办刊经验。杂志设立下列栏目：特写、理论方法探讨、情报行业纵观、CI 企业应用、CI 实战技巧、案例研究、技术竞争情报、知识产权战略与专利分析、CI 人物访谈、CI 产品与服务、CI 教育与培训、MIRU 视点、百家谭、新视野和各刊题录汇集等。杂志面向社会大众，主要服务于企业情报人员、营销人员、规划人员及其他管理层人员，咨询公司、贸易公司等的相关人员，政府部门及其他组织的相关人员，高校相关专业的教师学生，专业机构的研究人员，以及对竞争情报感兴趣的人士。

4. 学术交流

（1）国际往来。为促进竞争情报发挥引领创新作用，推进竞争情报的创新型研究，尤其是促进竞争情报在各种新兴业态的应用，服务创新，自 2011 年以来，学会每两年参与举办一次国际性学术会议——竞争情报上海论坛（SCIF）。该论坛是由学会联合挂靠单位上图上情所共同举办的、具有一定知名度的国际论坛，也是学会的品牌特色交流活动之一。四届论坛的主题依次为：“寻找新兴产业的机会——转型期的竞争情报”“世界前沿技术趋势与产业竞争情报”“创新、创业、创客与竞争情报”“颠覆性技术影响力”。论坛举办以来，邀请了一大批来自美国战略与竞争情报从业者协会（SCIP）、日本竞争情报学会、日本文部科学省科学技术·学术政策研究所、日本科学技术振兴机构（JST）、MIT Technology Review、MIT 媒体实验室、MIT 工业联盟以及微软、西门子、科睿唯安公司、Ideapoke 公司、Gartner 公司、奥罗拉公司、中科院自动化研究所、复旦大学、上海交通大学等国内外知名企业、研究机构的竞争情报专家、企业决策者和技术研究学者，就历届主题展开精彩演讲与热烈探讨。每届论坛均吸引了 300 余人的报名参与，且报名人数逐届递增。SCIF 历年论坛的成功举办，不但为国内外从业人员提供了交流互动的广阔平台，而且也为开拓国内外情报机构的合作搭建了坚实的桥梁。“引进来”的同时，学会也十分注重积极“走出去”，主动对外考察同类机构，探索构建交流互访机制。

（2）国内会议。国内交流方面，学会每年在全国各地开展多项学术研讨会，积极促进行业内外从事信息分析与情报研究工作人员的经验分享与交流。以“专利信息开发与运用推进会”“专利地图与知识地图前沿技术方法与运用情报沙龙”“情报新技术新工具开发利用”为特色的学术研讨会，通过邀请全国各地知名情报研究学者介绍专利分析方法的最新发展与应用，分享最新成果，有力推动了科技情报新工具的开发利用，促进了科技情报手段的现代化，使科技情报能够卓有成效地服务于社会经济发展。其中，每年七、八月份举办的“情报新技术新工具开发利用”专题研讨会吸引到全国各地近 200 人的热烈报名参与。

（3）科普活动。学会始终关注前沿新兴技术与社会民生的融合，利用情报资源优势，积极促进推动普及科普知识，服务广大社会百姓。每年 5 月的上海科技活动周，学会主办“科技情报与百姓生活”科普主题展，在上海图书馆及部分区县分馆和高校分馆巡回展出，反响热烈，广受欢迎。10 月的上海科技情报服务宣传周，学会主办全国性“科技情报与前沿技术”主题展，大力推广科技情报服务，全国各地多家单位如清华大学、上海交通大学、上海市科学学研究所、IBM、上海智臻网络科技有限公司等均有参展。活动现场丰富的实物展品、精彩的解说和逼真动感的体验也吸引到大量业内外人士纷纷到场观展。

5. 特色培训

学会每年举办科技查新方法与实务、专利地图与专利预警分析高级培训班、专利查新与侵权分析及专利检索方法高级培训班、进修学者班等，学员来自上海宝钢集团股份有限公司、上海电气集团股份有限公司、上海汽车集团股份有限公司、中国石油化工集团公司、上海市纺织科学研究院、中国科学技术信息研究所、中国广核集团有限公司、中国电子信息产业集团有限公司、华东理工大学、上海交通大学、上海海事大学等大型知名企业、高校、行业院所。通过深入浅出的系统化理论讲解，配以生动的实例说明，为来自各行各业的广大受训学员提供了扎实的理论辅导和具有较强操作性的实用指导，有效提升了学员的情报研究能力，加速了专利地图等情报新工具新方法的普及应用，培养了一大批战略分析实战型应用人才。

6. 奖项评选

为鼓励上海科技情报界涌现更多优秀工作者，为科技情报发展做出更大贡献，2012 年开始，学会采用设立两奖的方式表彰优秀成果和人才。2012 年 9 月，经国家科技部、上海市科委批准，学会正式设立“上海科学技术情报成果奖”。该奖是奖励上海科技情报领域优秀成果的重要载体，是上海科技领域情报成果的客观权威评审平台。2012 年 10 月，学会与长三角地区兄弟情报学会合作，颁发首届“长三角优秀科技情报工作者”奖，旨在表彰在服务科技创新、服务科学发展、服务转型升级中取得突出成绩的优秀科技情报工作者。2014 年 6 月，学会联合山东科技情报学会、江西省科技情报学会、江苏省科技情报学会、安徽省科技情报学会、浙江省科技情报学会、福建省科技情报学会等多家单位，推动了“华东地区科学技术情报成果奖”“华东地区科技情报先进工作者”奖项的设立。这些奖项的设立评选，为情报界的研究树立了优秀的标杆榜样，有力带动了区域情报研究工作的推进开展和个人能力的提升，也进一步扩大了学会在地区乃至全国的影响力。

第二节　上海行业情报联盟

进入 21 世纪，科技、文化和产业的发展离不开信息和智力的支撑，行业情报工作对于本地区的社会经济发展所起的作用越来越明显。

1. 联盟成立背景

上海正在大力推进科学发展，推进科创中心建设，自主创新、科技发展成为重要议题，上海迫切需要依靠各单位优势，加强情报的地区合作，提高整体竞争力。因此，上海地区的部分行业情报机构、行业组织、信息咨询企业等自愿发起组建上海行业情报发展联盟（Shanghai Industries Intelligence Developing Alliance，SIIDA），力图抓住机会，更加紧密地合作，充分运用开源情报，在“新情报时代”提供专业化、系统化、及时性、有效性的服务。联盟的开展是以信息技术为支撑，业务活动为主体，现代化项目管理为指导思想的一项全新的、复杂的系统化工程。

2. 联盟正式成立

2010年9月9日，上海行业情报发展联盟在上图上情所召开成立大会。时任中共上海市委常委、宣传部长杨振武，上海市科技党委书记陈克宏，上图上情所党委书记穆端正，上图上情所馆所长吴建中等参加会议。会议确定上海行业情报发展联盟的性质和宗旨。

（1）上海行业情报发展联盟的性质。上海行业情报发展联盟是由上海行业情报服务链中的相关单位自愿发起共同组成的非营利性联合体，是提升行业情报能力的战略联盟。

（2）上海行业情报发展联盟的宗旨。宗旨是广泛联合本地区行业情报机构、相关行业组织和其他相关单位，以“平等合作、共建共享、重在服务”为原则。加强会员单位的沟通与合作，及时交流情报服务经验和需求信息，为上海的科技、产业和文化的发展提供信息和智力支持，使行业情报工作在本地区的社会经济发展中发挥更大的作用。

（3）发起单位。上海行业情报发展联盟的发起单位为：中国船舶重工业集团公司第七〇四研究所、上海市医学科学技术情报研究所/上海市卫生发展研究中心、上海市农业科学院农业科技信息研究所、上海市纺织科学研究院、上海市轻工业科技情报研究所、上海核工程研究设计院、上海海事大学/上海海事大学科技情报研究所、复旦大学图书馆、上海电气集团股份有限公司中央研究院、上海市机电科技情报研究所、中国科学院上海有机化学研究所、上海之目信息技术有限公司、中国科学院上海生命科学信息中心、中国科学院上海科技查新咨询中心、宝山钢铁股份有限公司研究院情报中心、上海汽车集团股份有限公司技术中心技术经济部、中国人民解放军海军医学科技信息中心、中国科学院药物研究所图书情报室、上海市食品药品监督管理局科技情报研究所、上海市浦东科技信息中心、上海市化工科学技术情报研究所、中国科学院上海光学精密机械研究所信息管理中心、中国石油化工股份有限公司上海石油化工研究院久隆竞争情报中心、上海市公安局物证鉴定中心、上海市新材料协会、上海 WTO 事务咨询中心、中国商用飞机有限责任公司上海飞机设计研究院档案中心、上海国际时尚教育中心、上海社会科学院信息研究所、上图上情所。联盟召集单位由上图上情所承担。

3. 联盟战略的实施

联盟采用项目管理方法在计划落实、质量跟踪、成本管理和风险控制等方面进行管理，是保证联盟工作达到预期目标的有效手段。

上海行业情报发展联盟本身可视为项目，因此具备一般项目的特征，即在一定期限内，依托一定的资源，以实现一定的目标而进行的一系列活动。其产生的根源来自市场的需求，但由于手段和内容的不同，决定了该联盟项目管理具有一些特殊性。

采用项目管理的思想和方法来指导联盟的工作可归纳为 4 个阶段：概念阶段、开发阶段、实施阶段和收尾阶段。在每个过程中都设置任务要求，在每个阶段的结束点设置里程碑（即项目中的重大事件），从而达到管理和控制的最佳效果。

（1）联盟项目的特征。联盟项目有如下的特征。

第一，不确定性。由于该联盟建设是一个全新的项目，无旧例可循，因此在项目管理中要制订切实可行的计划，同时做到具体问题具体分析。尽管有项目计划，执行过程中仍会碰到各种各样意想不到的问题，且往往没有现成的处理方法，这就要求掌握整体过程和关键要素，灵活面对，妥善解决。

第二，专业性。联盟成员单位都有专业领域，要详细了解各单位的工作内容、工作特点等，把联盟工作与成员单位的工作紧密联系，真正做到“从成员单位出发，为成员单位着想”，保证项目的顺利实施。

第三，高度复杂性。由于联盟的人力资源主要是知识型人员，联盟设计的工作一般是智慧型工作，市场的需要常常是多边形状态，因此联盟项目建设的核心点是找到合作方共同感兴趣的内容，这些因素决定了联盟建设项目的复杂程度远远高于任何其他项目。

（2）联盟项目的实施方法。上海行业情报发展联盟通过以下方法实施。

第一，建立明确共同的目标。联盟目标定为：在优势互补、合作多赢的基础上与政府沟通交流，引导和组织实施科研开发，产业化工程项目，建立情报机构与政府、企业之间的双边、多边协作机制，形成各种创新要素的互动，使各方面力量优势集成，在不断提高微观活力的基础上形成总体创新优势。

第二，提高合作成效。首先构建信息管理和交流平台。为了实现上海行业情报发展联盟自身的纵向业务体系以及其他联盟成员和相关部门的横向业务联系，起到联盟成员机构情报信息互通、资源互补、共同促进的工作氛围和科学化管理，根据需要构建了上海行业情报发展联盟信息管理和交流平台，在科学规划的基础上进行整体架构，统筹兼顾，分步骤、分层次实施。信息管理和交流平台担负着联盟共享信息的中转功能，信息主要包括成员单位基本信息、项目信息、内参、建言献策和视听信息等。其次构建合作团队。上海行业情报发展联盟通过不断完善交流沟通、合作互动机制来服务于各成员单位，鼓励成员之间双边、多边的协作。最后构建合作项目池。开展项目合作研究，深化上海行业情报发展联盟服务内容，一直是联盟的发展目标，也是联盟成员单位的共同意志。

4. 实施效果

自成立以来，上海行业情报发展联盟工作取得了一定进展，在社会上产生了一定影响。上海行业情报发展联盟根据联盟章程要求，积极开展学术和工作交流，进行队伍建设和行业培训，充分发挥联系行业情报工作者的桥梁和纽带作用，明确提出为经济社会服务、为行业情报工作者服务、加强自身建设的工作定位和“搭建平台、共建共享”的工作思路，以及联合与协作的工作方式，完成了阶段性目标，促进了成员单位整体科技情报服务能力的提升。

（1）宣传普及行业情报工作，打造主题科普活动品牌。全国科技活动周暨上海科技节大约在每年的五月举办，借此机会，从 2011 年起，上海行业情报发展联盟发挥和整合联盟成员单位的人力资源、智力资源和信息资源的优势，围绕“科技情报与百姓生活”开展贴近百姓生活的科普活动（表 4.1）。

表 4.1　历年上海科技节期间情报联盟科普展主题表

时　　间	主　　　　题
2011 年 5 月	科技创造美好生活
2012 年 5 月	科技与生活同行，情报为生活导航
2013 年 5 月	追踪 PM2.5
2014 年 5 月	如何认识转基因
2015 年 5 月	如何了解环境空气质量
2016 年 5 月	时空涟漪——引力波
2017 年 5 月	走出摇篮
2018 年 5 月	情报发现的新范式——知识可视化

针对社会热点新闻和事件，情报联盟组织专家围绕热点进行深入浅出的解读。“科技创造美好生活”，涵盖新能源、新材料、低碳、减排以及抗生素合理使用等内容；“科技与生活同行，情报为生活导航”，针对影响我们生活的新闻，“可口可乐‘致癌’吗”“牛奶还能喝吗”“苏泊尔不锈钢锅质量门”等，从科技情报角度为公众解读，引导公众用科技情报的思路和方法了解事件，理性对待。“追踪 PM2.5”通过 PM2.5 简介、PM2.5 来源、PM2.5 与雾霾关系、健康危害、预防措施、检测与标准六个方面的介绍，把专家、学者们的前沿领域研究引向公众层面，解读 PM2.5 对健康的危害、PM2.5 重污染期间的个人防护等一系列问题。“如何了解环境空气质量”，通过公开信息的收集和分析，尽可能让公众比较全面、科学和理性地认知环境空气质量监测预警系统和污染防治措施。“如何认识转基因?”组织会员单位参观上海交通大学生物转基因科普教育基地。情报联盟力图引导公众在了解社会热点事件本身的同时，更加关注热点事件背后的科学原理，也让大家体验科技情报与百姓生活的息息相关。

关注老百姓密切相关的生活问题之余，情报联盟还注意提高老百姓的科技意识和科学素养。2016 年初，已经预言百年的引力波第一次被宣告成功探测，这一消息引起了社会各界的广泛关注，引力波这个词瞬间成为大家聚焦的热点。“时空涟漪——引力波”，从时间维度，通过经典引力、相对论引力、引力波三个主题，阐述引力波的过去与将来。从牛顿的万有引力到爱因斯坦的广义相对论，从引力波的预言到最终被观测证实，从认识引力到理解引力的本质，多个角度来展示人类认识引力的曲折艰难。“走出摇篮”从时间维度简要追溯了人类的航天之梦和先行一步的西方世界初步实现飞天梦想的经历，重点介绍中国自己的载人航天工程与探月工程，最后记录了人类对太阳系探索的重要事件并展望中国的深空探测计划。“情报发现的新范式——知识可视化”带领大家一起进入科技情报新工具和新方法的世界，领略不一样的知识世界图画。

（2）探索合作机制，宣传周活动聚焦前沿技术。科技创新，情报先行。为了促进新兴技术的不断发展，增强科技情报对战略性新兴产业的支撑和引领作用，上海行业情报发展联盟每年都联合上图上情所、上海市科学技术情报学会、上海新兴产业情报研究联盟等单位，联合举办上海科技情报服务宣传周。

表 4.2　历年上海科技情报服务宣传周“科技情报与前沿科技”展主题表

时　　间	主　　　　题
2011 年 10 月	上海行业情报发展联盟服务企业创新
2012 年 10 月	立体显示与 3D 打印
2013 年 10 月	智慧生活中的前沿技术
2014 年 10 月	健康物联网
2015 年 10 月	科技点亮生活：人工智能与智慧城市
2016 年 10 月	智能交通开启出行新时代
2017 年 10 月	虚拟现实悄然改变生活

2011 年首次举办宣传周的展览活动，展览主题是“上海行业情报发展联盟服务企业创新”，将会员单位的情报服务向社会、企业广泛宣传和推荐。彼时还处于联盟创建之初，联盟还未找到宣传周的方向。之后，经过不断探索和实践，联盟终于找准了宣传周的定位，那就是：“聚焦前沿技术”，以具有公益性和科技情报双重特色的主题展览活动为主要表现形式，互动性强、娱乐性高，吸引大批专业人员和普通群众前来观展。

每年的宣传周都包括图文并茂的前沿技术展板展示和一个特别打造的体验

展示中心。2012 年的“立体显示与 3D 打印”，展示了骨盆、颅骨、机器零部件等各种三维打印模型，并且搭建了一间黑屋子展示真三维显示，让人联想到高效、精准的应用领域。2013 年的“智慧生活中的前沿技术”涵盖可穿戴设备、电子纸、无线充电、近距离无线通信、高速通信等内容，如全球领先运动品牌 Oakley（欧克利）展出了具有划时代意义的高科技顶级雪镜 Airwave，滑雪者能获得可视的跳跃数据分析、全方位地图精确定位信息和导航信息，甚至可以定位和追踪同组其他滑雪者。2014 年的“健康物联网”精选移动健康终端、健康大数据管理、健康智能家居、智能服务机器人四个领域，从健康数据的采集设备、管理方式，健康生活的家居环境及服务设备等角度，展示健康物联网的前沿技术及产品。2015 年的“科技点亮生活：人工智能与智慧城市”精选生物识别、高级智能机器人、无人驾驶、无人机、区域人流智慧分析与预警、深度学习六个领域，展示新一代人工智能的新产品。2016 年的“智能交通开启出行新时代”汇集了智能交通系统的相关前沿技术产品，如船舶自动识别系统 AIS 信息服务平台、首架国产大型客机 C919 模型、10 号线无人驾驶列车模型等。2017 年的“虚拟现实悄然改变生活”中，采摘石斛 HTC VR 3D 互动系统、农业主题数字互动体验馆等都让观众细细品味着虚拟与现实的不同，从中实际感受到了什么是虚拟现实技术。

展览活动得到上海市科协的大力支持，展览结束后，继续在高校、其他相关机构等进行巡展，形成信息资源全社会共享的氛围。

（3）以新兴产业合作研究为起点，促进情报研究能力提升。联盟自成立以来，一直把开展“战略性新兴产业”研究作为工作内容之一，凸显情报“跟踪前沿科技，发现新兴产业”的特色功能。依托各会员单位，探索把情报研究、展示等工作与技术竞争情报体系的构建关联起来。

每年 3 月前后，联盟组织专家召开会议，确定当年战略性新兴产业的研究主题，之后在网上公开招标。收到申请书后，联盟再次组织专家召开评审会，对申请书进行评议和审定，评分规则包括“研究主题和重点”“承担本项目的基础条件”“以往承担课题完成情况”等几方面，通过专家打分确定资助的课题名单。之后，共同开展合作研究，形成专业化、系统化、及时性的情报多用户深度研究报告，并在论坛上发布。

表 4.3　历年战略性新兴产业研究

时　间	报　告　标　题	完　成　单　位
2012 年	三维打印在智慧医疗中的应用	上海交通大学
	国际立体电视技术发展现状	上海大学
	国际三维打印技术发展现状	北京大学
	国际虚拟现实技术发展现状	上海理工大学
	国际电子书产业发展现状	华东师范大学
	立体显示在智慧城市中的应用	上海大学
2013 年	国内外可穿戴式设备发展态势及专利分析	中国科学院上海高等研究院信息情报中心
	国内外电子书发展态势及专利分析	上海理工大学
	国内外网络电视发展态势及专利分析	上海大学
	国内外近距离无线通信发展态势及专利分析	江苏省科学技术情报研究所
	国内外无线充电发展态势及专利分析	奇瑞汽车前瞻技术科学院
	国内外高速通信技术发展态势及专利分析	浙江省科技信息研究院
2014 年	助老助残机器人研究进展	上海交通大学
	移动健康终端发展现状与趋势	上海申腾信息技术有限公司
	国内外智能家居发展现状与趋势	上海理工大学
	国内外健康大数据发展现状与趋势	上海大学
	智慧养老服务机器人发展现状与趋势	上海市科学学研究所
2015 年	无人机国内外发展态势及前沿技术动向研究	上海交通大学
	区域人流智慧分析与预警国内外发展态势及前沿技术动向研究	同济大学
	高级智能机器人国内外发展态势及前沿技术动向研究	上海海事大学
	无人驾驶国内外发展态势及前沿技术动向研究	上海大学
	生物识别国内外发展态势及前沿技术动向研究	华东师范大学
	人工智能“深度学习”国内外发展态势及前沿技术动向研究	上海市科学学研究所

续 表

时 间	报 告 标 题	完 成 单 位
2016 年	轨道智能交通国内外发展态势及前沿技术动向研究	上海市机电科技情报研究所、上海轨道交通设备发展有限公司
	航空智能交通国内外发展态势及前沿技术动向研究	上海航空工业（集团）有限公司（中国商飞基础能力中心）
	公路智能交通国内外发展态势及前沿技术动向研究	上海大学
	水路立体智能交通国内外发展态势及前沿技术动向研究	上海海事大学科学技术情报研究所
	车联网国内外发展态势及前沿技术动向研究	上海工程技术大学
	智能船舶国内外发展态势及前沿技术动向研究	中国船舶重工集团公司第七〇四研究所
2017 年	虚拟现实在设计制造产业中的发展态势及前沿应用	北京市科学技术情报研究所
	虚拟现实在教育领域中的发展态势及前沿应用	同济大学
	虚拟现实在交通物流领域中的发展态势及前沿应用研究	上海海事大学
	虚拟现实在娱乐产业中的发展态势及前沿应用	上海大学
	虚拟现实在农业领域中的发展态势及前沿应用	上海市农业科学院
	虚拟现实在药物设计领域中的发展态势及前沿应用	中国科学院上海药物研究所

除了战略性新兴产业研究外，上海行业情报发展联盟还开展其他重点课题研究，如“知识产权评议”“智能制造”“创新能力评价”“无人驾驶技术”“科技评价方法”等。开展合作研究不但形成合力而且极大地提高了情报联盟成员的研究能力，推进联盟成员合作共进，利益共享，提高资源利用率，培养了一批技术领域内的情报专家；还为高校、科研院所、企业的学术交流创造了良好的契机，有利于促进产学研一体化。

（4）依托情报学会，推进培训工作不断深入。为了进一步促进联盟会员整体科技情报服务能力的提升，推动情报工作向广度和深度发展，联盟与上海市科学技术情报学会共同策划，并委托上海市科学技术情报学会每年举办约10次情报技术专业能力培训，提升广大会员单位成员的业务能力和专业素养，促进大家的交流合作。

培训涉及联盟中会员单位工作的各个方面，有促进学术研究的，如专利地图培训、知识产权评议培训、专利分析培训、科技查新与创新培训、专利查新与侵权分析培训、工博会相关学术讲座；有关于情报工具和方法的，如情报新工具新方法培训、情报方法与应用培训；有关于如何评职称的，职称评审辅导培训等。

第三部分

上海科技情报所成立60年以来，已经产生和积累了一大批具有重大社会影响和实际应用价值的情报研究成果。这些成果中，凝聚了几代人的智慧、经验和创新，充分体现了他们在科技情报领域的专业研究能力与丰富创造力。以下是围绕历年来上海科学技术情报研究所在服务创新、服务决策和服务社会等方面，所精选的一系列重点研究与实践案例，从不同角度介绍了相关工作的背景、过程、意义，以及有关研究的理论、方法、认识和成效。

第五章
情报万花筒

一、关于“上海高技术开发区研究”课题的一些回忆

由于为时已久，我手头已没有“上海高技术开发区”的有关研究报告或任何其他资料，唯一留下的只有我本人的获奖证书，文字如下：

科技进步奖励证书

“上海高技术开发区研究”获得上海市科技进步二等奖

编号：882073006

序号：6（指本人排序第 6）

日期：1988 年 5 月

授予单位：上海市人民政府

签发人：上海市科学技术进步奖评审委员会

这个课题是我研究生毕业后从事的第一个重要研究课题，对其中有些事情还是有所记忆，有些后来还写成文章发表了。以下根据一些记忆碎片罗列如下，或许会有一些价值。

1. 这是一个应用目标和服务目标非常明确的情报研究课题

科技情报研究的课题大多以研究分析国际科技动向为主要内容，虽然按惯例也会在研究中提出我们的对策，这些对策基本上是基于国际上“先进经验”。而“上海高技术开发区研究”课题虽然也从研究国外案例做起，但如标题所明

示，从一开始就是明确为上海市通过园区这一路径发展高技术产业服务的。

该项目是情报所牵头的合作项目，情报所参加人员主要是研究室综合组，组长朱南如也是课题组组长。他是毕业于圣约翰大学的离休干部，不仅外语好而且知识面比较广，也很注重发挥组内年轻研究人员的积极性，放手让他们发挥作用，下面将以本人为例具体说明。其他参加人员可能还有任永祥等，记不确切了。合作单位包括上海交通大学等几所本市高校，但这几所高校在课题研究中的作用我现在很难回忆起来，但另一合作单位上海市漕河泾新兴技术开发区发展总公司的支持令我印象深刻，该公司时任总经理非常重视并且参与了课题组的调研，公司派出张永年作为主要成员之一参与课题组，排名可能是第 4 或第 5。现在来看漕河泾新技术开发区作为一个主要用户单位参加课题组可能存在利益捆绑问题，当时确实没有这个考虑，而实际上课题组的研究基本上还是独立进行，谈不上被某家公司“利益绑架”。而他们的参加对于我们的研究免于空对空，更加落实到上海市的具体情况有很大帮助。在结题评审时专家认为研究报告中的许多实质性建议被市政府采纳，得到了实施，对 20 世纪 80 年代通过园区发展高科技产业起到一定推动作用，这是项目获得市科技进步二等奖的重要原因。

2. 精心搜集资料

我当时负责完成其中关于国外高技术园区发展状况的分报告，搜集资料是主要的难题。该课题立项研究之时国内尚未能够运用互联网，当时出国还不普遍，课题组无此计划。搜集资料主要依靠纸本的信息来源，包括期刊图书和一些报告，尽管情报所在国内是一个收集国外期刊图书和报告的主要基地（订购外刊的数量一度超过中国科技情报所，属国内最多），但仍然难以满足课题研究的需要。一方面，关于美国硅谷等地的信息比较多，且有不少重复；另一方面，我们需要研究的对象却几乎找不到资料。信息搜集中有的情况甚至可以说是“山重水复疑无路、柳暗花明又一村”。

韩国大德园区的资料就是这样一个例子。我们当时就已经开始关注人称“四小龙”之一的韩国在发展高科技方面的决心和作为。听说韩国在大德市建设了一个高技术工业园区，只是不仅国内媒体没有任何资料涉及具体内容，馆藏的国外资料上也查不到，只是偶然获悉有一个关于高技术工业园区的国际会议在韩国召开，而且中国也派人参加了。我推测这个会上应该会有这个园区的信息介绍，于是千方百计寻找参加这个会议的中国代表，最后终于通过熟人找到这位在建筑科学研究院工作的参加者，约他在研究院外见了面，他交给我一份那个会议上韩国大德园区发展的韩文介绍。尽管这个案例在整个研究报告中分量并不很重，但毕竟可能是国内第一次公开发表的比较详细具体的材料，这样新鲜的材料往往会增加研究结论的可信度。

如果说这样的案例并不具有普遍性，那么借助第三方来搜集资料则是一条“可复制”的体会，它对我以后从事科技情报工作也有重要意义。

在情报所收藏的国外期刊中有一种叫《JETRO 技术情报》，它是日本贸易振兴会（JETRO）出版的一种专门反映国外（不包括日本）技术动向的月刊。二战后依靠贸易立国的日本建立了这个贸易促进机构，1958 年通过立法正式成为特殊法人，最先是向海外推介日本产品，对内指导出口企业。信息收集是其第一要务。到 1985 年，JETRO 除在东京和大阪各有一个本部外，已在国内有 28 家办事处，并在海外设有 77 个网点。日本经济起飞后开始注重技术立国，这些海外网点自然也成为搜集国际技术发展和技术市场动向的据点。我一开始是从这本《JETRO 技术情报》上看到它系统性地报道一系列国家的技术动向，包括不少高技术园区的发展动向。例如在介绍硅谷和剑桥这些著名园区时，JETRO 的“海外驻在员”的第一手报道更加具体细致，记得有园区房屋租金那样的细节，更加有价值的是覆盖了媒体和一般期刊资料很少注意到的高技术园区，后来知道这是日本通产省特意组织的各国高技术园区调查，所以只要是这个调查覆盖的对象，其报道的质量就比较好。

这是我参与课题研究获得的一个重要体会，以后又根据其他经验加以提炼改进，在科技情报研究中借助第三方资料成为我收集信息的最经常使用而且非常有效的手段，取得了一定的效果。

图 5.1 是我总结的“战略性趋势信息路线图”中的“桥梁文献”就是指如《JETRO 技术情报》那类的“第三方”资料，只是为了持续性和普适性，将其拓展到广泛意义上的各种载体。

3. 研究方法方面的探索和尝试

在我读研究生阶段曾经认真地学习过关于技术预测和信息分析的方法。在毕业参加工作后开展第一个研究项目时，我曾设想能不能将自己以往学习到的

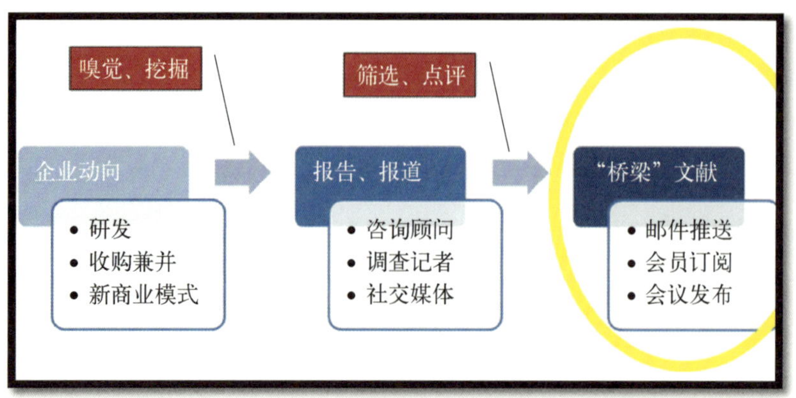

图 5.1　战略性趋势信息路线图

方法运用于课题研究实践。我所撰写的分报告是关于世界主要国家现有高科技园区的发展状况，为此我搜集了一系列高技术开发区的案例。在该报告中，尝试采用了国外用于技术预测的“形态分析（morphological analysis）”方法和“决策树（decision tree）”的思想，从这些个案中找出模式。

图 5.2 就是报告中关于从各种元素中提炼出模式的实际做法，其中黑色线是硅谷模式，而浅绿色线代表了孵化器模式。

直接目标	物理形态	支撑机构	资金渠道	主要活动	主要产出
展示宣传	单一建筑	大学	政府采购	研究开发	新知识
提升国家技术水平	边界清晰的区域	地方政府	常规融资	研发+中试	试验成果和样品
振兴地方经济	新型城市	中央政府	风险资本	批量生产	批量产品
培育新企业	无固定边界的地宽	金融机构	国际资本	创业	新建企业
无（自然形成）			政府直接投资		

图 5.2　高技术开发区模式分析框架

这种分析框架的用途是，虽然提炼出的具有实际对象的模式是众所周知的，本身并不是什么新发现，但有了这个分析框架我们就可以看到，如果改变其中某些元素，就可能为形成新的模式提供了某种选择的途径。因为中国未必需要照搬别人的模式，而是基于自己的国情出现独特的成功模式。

研究方法的探索还有一个例子是文献计量方法（bibliometrics）。该方法在学术界研究科研规律，比如个别科学家影响力、发现研究的热点、某具体领域研究的“热度”或各国研究竞争力的变化等等，已经有很长的历史；但没有看到过有将其运用于科技情报分析的例子。由于这次研究恰好找到《JETRO 技术情报》所提供的样本，有一定的数量，可以做不太精确的定量分析（文献计量方法很多都只能达到半定量的程度）。

文献计量分析发现了日本 JETRO 对欧美等国高技术发展的跟踪主要是关注其高技术园区，而对欧美高技术园区收集的信息中，主要内容是其风险资本等（图 5.3），这样的观点是其他方法所无法获知的，由此具有较大的价值。

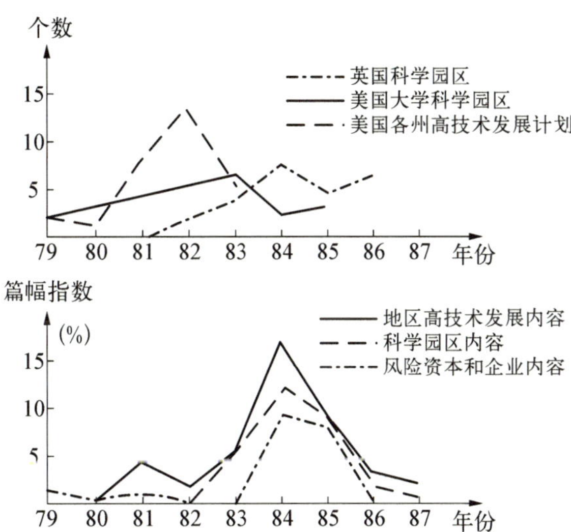

说明：篇幅指数为对应内容报告篇数/全年报告篇数

图 5.3　世界高技术区的发展及 JETRO 的报道模式

在课题完成后我和张左之合作，继续对《JETRO 技术情报》进行分析，超越了仅仅研究其高技术园区的内容，而是从中发现其如何跟踪国际科技动向的行为，这些内容后来发表在如下国内外情报领域顶级刊物上：

对 JETRO 海外技术情报活动的剖析.《情报学报》，1989 年 8 月（8 卷 4 期）：281—291；

Anatomy of Jetro's Overseas Technology Monitoring: Bibliometrical and Content Analysis. Scientometrics, 19 (1-2), July 1990

（缪其浩）

二、《第三次浪潮》来华及其上海故事

“人们跑来告诉我，他们记得曾经骑车十几公里去观看‘第三次浪潮’电视片”。

托夫勒：2006 年接受《人民日报》英文版采访时的讲话①

上海科技情报所 8 楼的办公室多年前曾是上海科技情报所大礼堂的一部分。这个大礼堂经常为专业人员播放国内外的科技影片，通常观众不少，但一般不会很热闹。但 33 年前曾有一段时间，我记得这里却是天天门庭若市，直到最近还会有那时的观众向我提起到情报所看片的“轶事”。那次播放的片子题为“第三次浪潮”，它已经不是传统意义上的科技片，而是反映未来趋势以及它将怎样影响世界的影片，今天这类信息已经太多甚至可能有点滥了，而在那时却还非常罕见。

这部片子的原版，是未来学者阿尔文·托夫勒带来的。尽管他于 2016 年 6 月 27 日以 87 岁高龄去世，中外媒体还是没有忘记他对“未来学”从偏门变成显学所做的贡献。作为一位文科背景的记者，他对信息技术许多方面后来几十年发展做出的准确预测令人惊讶，这可能与他曾经为 IBM 等信息技术巨头做过多项研究有关；然而，他又并非狭义上的“技术预测”专家，其主要贡献在于预见并提醒社会，新技术将可能带来各方面的革命性变化。

媒体上所有回忆文字必提的是那几本畅销的名著。其成名作是《未来冲击》，而传播更广的则可能是 1980 年出版的《第三次浪潮》。尽管现在类似的论述和专著可以说连篇累牍，这本书在今天仍然有很大的影响。例如，就在托夫勒去世前不久，曾是美国最大互联网公司“美国在线（AOL）”的创始人之一的凯斯，就将他一本新书取名为《第三次浪潮》，表示这是向托夫勒致敬（图 5.4）。而更为不同寻常的是，托夫勒又与中国有过一段特别的缘分，2006 年 8 月 3 日的人民日报将其列入近几个世纪来对中国影响最大的 50

① 转引自《环球时报》英文版 2016 年 6 月 30 日。

人之一。

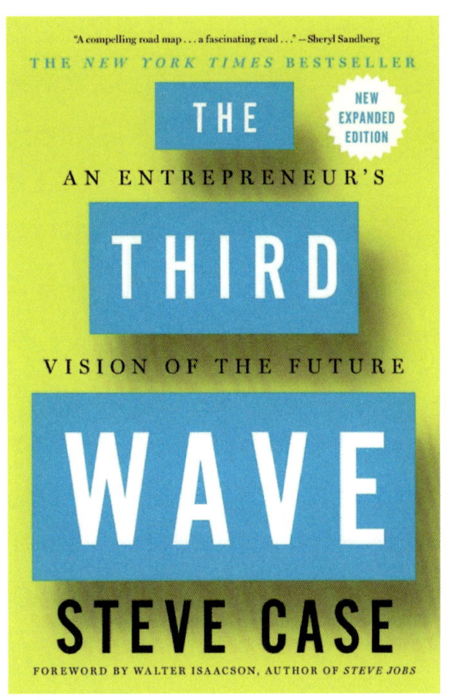

图 5.4 Steve Case: The Third Wave，Simon & Shuster，2016 年 5 月

然而，在他 1983 年初首次访华前，中国可能很少有人知道第三次浪潮，即使嗅觉灵敏的《读书》杂志 1981 年第 11—12 期刊登了董乐山编译的《托夫勒的“三次浪潮”论》，影响也不大。而他也只是在自己的《第三次浪潮》出版两年多才想到访华。但是有些事真是来得早不如来得巧。

1983 年 1 月 2 日，托夫勒夫妇应中国未来研究会邀请首次访问中国，在中国社会科学院做了关于这个“浪潮”的学术报告。托夫勒在华期间，先后会见他的包括广播电视部部长吴冷西、中国社会科学院顾问宦乡、全国政协副主席兼中国科协主席周培源等重要人物，在上海访问时还受到时任市长汪道涵的接见。是什么原因让这位有点“偏门”的学者得到如此的接待规格？

1983 年时，“文革”已经结束数年，虽然“小岗村”撕开了计划经济的一道口子，市场化改革仍然困难重重；处理了四人帮及其爪牙、许多干部“官复原职”，恢复“文革”前的轻车熟路符合“最小阻力原理”，所以局面一旦大致稳定，改革的动力就明显不足了。而与经济社会和政治改革的复杂程度相比，发展科学技术是最没有争议的，被誉为科学春天信号的“全国科学大会”就在 1978 年 3 月召开，9 个月以后才有对改革开放具有历史性影响的十一届三中全会。1980 年 12 月，党中央批准国家科委召开全国科学技术工作会议，会议提出新的科学技术发展方针，首先就是科学技术与经济、社会协调发展，把促进经济发展作为首要任务；1982 年 9 月的中共十二大提出，依靠科学技术进步实现战略目标。我们可以看到一条通过科学技术来推动全面的改革和发展的“路线图”。所以，中国科技界甚至更高领导层关注世界新技术发展及其带来的可能机会和冲击。我感觉正是想借助这样一种社会有较多共识的外部推动力。而托夫勒和他的《第三次浪潮》此时此刻正好成为送上门来的机会，我觉得这是这位未来学者在国内引起如此重视的原因。

2006 年接受《人民日报》英文版采访时，托夫勒提到的“‘第三次浪潮’电视片”，我有很大的把握说那并不是他的原版作品，而是上海科技情报所整理编辑的中文版。因为原版不仅是英文的，而且包含个别很不适宜的画面，来华后，仅在几次小范围的专业交流活动上播放过。后来广泛传播的那个版本是上海编辑制作的，这就是我想说的托夫勒访华中的上海故事。

20 世纪 80 年代是上海科技界思想非常活跃的年代，软科学可以说就是在那个时候崛起的，在国内占据重要地位。当过国家第一机械工业部情报所领导的老市长汪道涵对世界科技经济新动向的关注早为人津津乐道。上海市科委那时有个预测处，布局全市的科技政策研究，还包含了产业和经济研究的课题研究。上情所持续性的动向跟踪就是在预测处领导下进行的。继北京之后，上海成立了未来学会，上海市科学学研究所也在 1980 年建立，幕后英雄是后来当过市委组织部长的所长周克，而前台则涌现出冯之浚、刘吉那样的软科学领域明星人物。

托夫勒来上海除汪市长接见外，上海市未来学会组织了一场报告会，情报所研究室马远良和简报室苏光楣参加报告会后意犹未尽。长期为领导科技决策服务养成的敏感让他们意识到这个题材值得进一步挖掘。经过领导批准后，通过未来学会邀请托夫勒到情报所举行一次深度的交流和研讨。在那个时期，上海市科委的对外交流中心就挂在情报所名下，在外商来沪举办商品和技术展览期间组织“技术座谈”是标准程序，即使“文革”期间也没有完全中断。具体主要是由情报所人员操办，所以他们有丰富的经验。与北京的活动许多大人物出场不同，这次座谈前，情报所张秀副所长只是来握了握手表示欢迎就离场了，留下一场相当专业的小型座谈（图 5.5）。

座谈场所虽简陋，说“专业”却一点不夸张。其一，参加人员多为资深研究人员，多年跟踪国际科技和产业发展动向。上海科技情报所购买外国科技资料的资金有好多年是全国第一的，“文革”时期因属于“内部单位”资料免于遭劫。情报所除收集学术文献外，还包括相当多的技术和行业资料，后来还可

说明：照片左侧为托夫勒夫妇；右侧中间服装颜色略淡者为马远良，他后来是上海科学技术情报研究所所长。（照片由马远良提供）

图 5.5　上海科学技术情报研究所座谈会

以远程访问一些数据库。所以我们对第三次浪潮所处的时代背景，其中的高科技和新兴产业是有所了解的，在座谈前我们还设法搞到了一本原版《第三次浪潮》，进行了一些预习；其二，现场安排了翻译，实际上她很空闲，因为参加者基本上能与托夫勒直接交流，干情报这行应该清楚，“魔鬼”常常就在跨语言的细节中。

我当时在情报所就读研究生刚满一年，有幸坐在第二排参加了座谈。年纪不小“辈分”却低，但也有发声音的机会。我发言提到有本《后工业社会的到来》，问托夫勒它和第三次浪潮是什么关系，这个问题让他很兴奋，引出了很长一段回应，最后还问我是不是在美国读过书，其实那时我还没有任何出国经历。我记得托夫勒提到“浪潮”这个词来源于美国历史上西部淘金热时期的一个说法，也是 3 个 W——West Ward Wave；还有个细节是托夫勒的太太海蒂在座谈中非常活跃，可称得上“夫唱妻随”，因为那本《第三次浪潮》实际是两人的合作产品。据一位参加座谈的老同志回忆，托夫勒当时说过，上海的这次座谈是在中国搞得最好的，从我现场感受到的气氛来看，这个判断是靠谱的。

前面提到过的影视片就是此次座谈的重要成果之一。托夫勒同意我们以他带来的片子为原本制作一部中文片子，不收任何费用，只是要求不对外公开放映。我们为什么要制作中文版？一来托夫勒的影视片原是面对西方读者的，对大多数刚刚经历“文革”、与外部世界接触甚少的中国受众来说并不易懂，其中不完全是语言问题，有些表达方式中国受众不习惯；其次，或许是更加重要的，我们需要在尊重原作者基本观点和大量宝贵素材的前提下，尽可能用我们的叙事方式来讲述第三次浪潮，让它不仅起到开眼界的作用，而且能够启迪我们自己怎么做的思考。在技术上，情报所本来就有个科技影视制作部门，外语人才也没有问题。事实证明这个建议是正确的，中文版制成后立刻受到广大科技工作者的欢迎，仅在上海就放映了176场，观看者多达23万人次[①]，观众已经远不止科技人员，还包括政府官员和其他机构人员。刘振元副市长在听取情报所汇报后安排该片到康平路市委办公厅为市领导放映，后来该片还传到了北京和兄弟省市，影响遍及全国。

然而，对高层决策发挥更大影响的倒并不是这些浮在面上的东西。在座谈以前，情报所简报室就已连续编写内部简报，是以我们自己的观点来描述第三次浪潮，并且提出了对策建议。简报得到了中央和上海市有关领导的肯定。影视片播放后，情报所几位资深研究人员纷纷受邀到一些专业机构做报告，不仅是介绍第三次浪潮，而且结合自己的跟踪研究，让人们进一步认识新技术正在如何改变着世界，更加重要的是启迪了我们自己应该做什么的思考。现在来看，这些工作实际上也为不久以后中国科技发展的一个重大事件做了舆论的准备。

1983年10月28日，时任中共中央总书记胡耀邦批示，肯定了追求新的现代化科学知识，并且把这些新知识同如何改变我国现状联系起来的做法。11月1日，马洪组织了对策研究小组，发起了全国大讨论，而《第三次浪潮》

① 数字引自《情报的记忆》（上海科学技术文献出版社2008年10月）一书中沈彩虹所著“点燃新技术革命之火”文章（第127页）。

《后工业化社会的到来》等则成为大讨论中的重要参考材料，各种中译本印数达数百万册。大讨论直接参与者多达2 000余人。对策研究成果累累，包括8个专题的各种研究报告，以及汇报提纲和对策建议等重要文件。863高科技研究发展计划就是对策研究的直接结果，现在我们熟知的新兴技术产业几个重大领域也是在当时聚焦。

上海在大讨论和对策研究中也起到了关键作用，上海是除北京外中央唯一指定建立研究小组的。1983年12月成立的“新技术革命和上海战略对策”研究课题组由冯之浚任总组长，马远良、夏禹龙①等四人任副总组长，其大量成果为上海市以后的科技经济发展打下了基础，也为国家战略的形成做了贡献。后来国家科委领导来上海，专门到情报所看望了简报室的同志，称赞他们“办了一件好事，不仅影响了上海市的某些战略决策，还在一定程度上影响了国家的战略决策”。顺便提一下，我的硕士论文研究课题有幸列入了市科委对策研究的重大项目，虽然没有经费，但有机会为此做了些微工作。

与几十年来我国科技事业发展的波澜壮阔相比，这里记录的只能算一朵浪花而已，但是其中有关科技情报人员体现出的可贵的责任意识和主动精神，领导们尊重知识、尊重知识分子，以及敢于担当、不怕犯错误的可敬态度应该永远被铭记。

本文写作前访问或电话采访了参与当时活动的老同志，包括马远良、朱南如、苏光楣和沈彩虹等，深受感动，深表谢意！

（缪其浩）

三、开拓竞争情报新领域

1956年开始建立的中国科技情报体系在相当程度上是计划经济情况下按照当时的苏联模式构建的。到1984年，全国科技工作会议提出“科技情报工作要向经济领域延伸，把工作重点转移到经济建设上来”，特别是1985年国家

① 冯之浚、夏禹龙、张念椿和刘吉被并称上海市科学学研究所“四条汉子”，是全国软科学界早期的领军人物。

颁布科技体制改革的决定，科技情报界开始积极的改革，相继提出了开展有偿服务，加强经营观点、增加为经济建设服务的比重等改革新思想，逐步走上了改革探索的道路。同时，学界开始重新探寻中文“情报”一词的含义，从世界各国/地区的实践中寻找对它的诠释。

1992年初，邓小平南巡讲话发表。讲话总结了十多年改革开放的经验教训，在一系列重大的理论和实践问题上，提出了新思路，有了新突破。在同年10月召开的党的“十四大”上，江泽民同志在政治报告中主要依据南巡讲话，从9个方面概括了建设有中国特色社会主义理论的主要内容。中国开始由计划经济向市场经济转变。同年，召开第八次全国科技信息工作会议，出台了《国家科委关于进一步加快和深化科技信息体制改革的意见》和《国家科委关于加快发展科技信息服务业的规划纲要和政策要点》。

在此期间，科技情报界也开始寻求“国际接轨”。如果说先前我们国家的科技情报是效法苏联，此时开始关注欧美日等先进国家和地区。上海科技情报所自20世纪80年代末开始这方面的探索，寻求市场经济中商业情报的作用。1989年，缪其浩、张左之合作分别用中英文发表了《对JETRO海外技术情报活动的剖析》，对日本的竞争情报做了实证研究。由此开启了上海科技情报所在竞争情报领域的理论研究和实践应用。

1. 起步

1991年，上海科技情报所组织召开了“国际营销、技术与工业创新——企业与研究所之间世界性合作”国际会议，全球著名情报专家德迪约和法国等国的相关专家应邀来沪作报告。筹备期间，缪其浩等拜会了上海财经大学教授梅汝和先生，梅先生推介了他的译作《营销管理》，那是根据菲利普·科特勒原著第5版翻译的①。于是，情报所里有那么一批人开始研读《营销管理》一书。1992年，在缪其浩的推荐下，张左之编译了《美国竞争情报专业人员协会介绍》一文，并刊登在《情报科学工作》1993年第1期上。同期，缪其浩

① 1984年，汪道涵市长到美国西北大学访问时发现了菲利普·科特勒的《营销管理》，敏锐的感觉告诉他这是一本难得的好书，应该把它引入到中国来。回国后，他立即让梅汝和先生成立专项工作组展开翻译工作。当时，刚刚进入中国首个中译本的印刷量是2300册，用三年时间售完（与后来每出一新版高达10万册印量形成巨大反差）。

图 5.6　1991 年 10 月 29 日“国际营销、技术与工业创新——企业与研究所之间世界性合作”国际研讨会，我所研究人员陶翔（右）与德迪约（左）合影

发表了《中川十郎教授竞争情报报告会内容简介：竞争情报的基本概念和内容简述》。两篇文章最先让国内读者了解了美国和日本的竞争情报的发展。

结合营销理论和竞争性情报，上海科技情报所竞争情报团队开始关注与之有密切关系的市场调查。经过一段时间的准备，开始面向社会开办了“市场情报与市场开发讲习班”，以顺应中国由计划经济向市场经济的转变。课程分几个模块，有上海财经大学的陈信康老师主讲“营销概念与市场战略”，上海科技情报所的张左之主讲“市场调查的内容与研究方法”，方保伟主讲“市场调查表的设计与文献调查及二次情报源的利用”，缪其浩主讲“竞争性情报的调查和分析”，上海轻工科技情报研究所的何芹生主讲“企业的市场情报需求及其对经营的影响”。这样设计的课程框架在当时是超前的，属于开先河，对普及竞争情报起到了积极的作用。1994 年，在香山举行的第一届竞争情报年会“企业战略与竞争情报”上，上海科技情报所集体展示了研究成果。缪其浩的“竞争情报——国外的发展动向及其对我国的影响”、张左之的“Benchmarking：竞争情报的一种重要手段”和完平的“试论企业竞争情报系统的建立”发言在会上引起轰动。多年后，会议组织者、中国竞争情报的开拓者之一包昌火先生在接受《竞争情报》访谈时总结道：“我是（第一届竞争情报年会）会议的实际筹备者，会议的成功举办一是靠上海科技情报所，他们提供了几篇高质量的论文；二是靠北京科技情报所，他们主要负责领导机关的邀请。”接着，上海科技情报所研究人员再接再厉，由缪其浩领衔主编、军事医学科学出版社出版的《市场竞争和竞争情报》，全面介绍世界竞争情报的最新发展，参加编写的人员有上海科技情报所的缪其浩、完平、张左之、方保卫、杨卫东、沈振英等。这是中国竞争情报界的经典著作之一，其中的内容直到现在还经常被引用。

1992 年开始，缪其浩、张左之、完平和方保伟等酝酿着要组建一个实体来开展竞争情报实践。几个人经常聚在一起，讨论在新形势下情报人的优势在哪里，并试图在原有情报研究方法和技能的基础上，通过拓展知识和能力来开创新业务。在学习营销理论的同时，借来港台版和英文市场调查书籍拼命补课，还以普通消费者的身份去参加一些消费者座谈会、问卷调查；大家跃跃欲试，并决定选择市场调查作为实践竞争情报的突破口。这最后促成了市场调查研究部（以下简称“市场部”或“汇视 MIRU”）的成立。

2. 从市场调查研究部到竞争情报部

1992 年 7 月，柯达公司人员的到访对市场部的成立起了催化的作用。那次会谈一结束，缪其浩等合计着要抓紧申请成立一个实体来正式对外启动这方面的业务，并准备宣传册、名片等。同时，对柯达公司的基本情况和产品业务以及开展这方面调查可能用到的方法手段等作了进一步的研究。

柯达公司和市场部的故事

1992 年 7 月的某日，业务处打来电话，说有一位小姐找上门来询问有关市场调查的事。缪其浩等几个便前往去接待那位小姐。经了解，她是世界影像巨头柯达公司中国代表处的，姓王。柯达公司准备拓展中国市场，其亚太公司委托王小姐在上海物色能做市场调查的机构。她翻查电话黄页发现了上海科技情报所，判断情报所也许可以做这方面的业务，便登门拜访。缪其浩等向她介绍了情报所的概况及其资源优势，同时用有关市场细分、市场定位、市场调查等方面的概念与她探讨了柯达公司的市场进入问题。当时属中国市场经济的初期，各种相关的文献资料比较缺乏，人们这方面的知识水平相对比较低；而情报所有近水楼台的优势，情报人有着敏锐的嗅觉和领悟性。因此，第一次会面，情报人给王小姐留下了较好的印象。

数周后，王小姐带着她的同事再次造访情报所，对这方面的业务能力作深入的考察。

大公司的决策流程使柯达公司真正委托项目已是半年后的事了。

1992年9月，在上海科技情报所领导的支持下，市场部正式成立。除原先参与筹备的缪其浩、张左之和完平外，另从所里其他部门调来两位进所时间不长的新同志。市场部正式开始对外承接业务。

市场部成立后，需要明确它的市场定位，在此基础上寻找潜在的客户对象，营销自己。

科特勒所著《营销管理》对市场部经营思想的形成帮助很大，市场部核心层从中学得了市场细分、市场定位等思想方法。当时，市场调查在中国兴起不久。1989年，中国第一家市场调查公司广州现代市场调查公司在广州。到1992年，上海也出现了一些市场调查公司，包括由上海广告公司所属市场调查部演化而成的上海现代市场调查公司、上海社会科学院所属的东方市场调查公司等，还有一些总部在广东的市场调查公司在沪设立的分支机构。市场调查业务一般可分为消费品调查和工业品调查，而那些公司机构主要都是做消费品调查，工业品调查几乎还是空白。此外，那些机构的人员构成主要是学经济、营销、社会学等文科背景等，熟悉工业品存在一定障碍。而分析上海科技情报所的情况，一是有大量的科技文献资料；二是研究人员中有多种理工科的专业背景；三是与各产业界有着广泛的联系。据此，市场部将工业品调查作为其主营。同时，考虑到中国刚开始从计划经济向市场经济过渡，国内的绝大部分企业还没有做市场调查的意愿；相反，中国逐渐对外开放，许多外资对中国市场开始发生兴趣，对中国市场了解的需求将会增加。由此，市场部将在华海外公司和机构作为主要的目标客户。

MIRU 标记（logo）和商标的诞生

市场部在筹划阶段就有过比较周全的思考。市场部将服务于市场经济，就必须按市场经济规律办事；市场部旨在针对海外客户打开市场，就必须按国际惯例行事。按照市场部的全称“市场调查研究部”确定了英文名字：marketing intelligence research unit，简称 MIRU。同时，依照 CI（公司标识）的理念，市场部一拨人开始选择部门的基本色，并考虑部门的 logo。

柯达公司代表的到来促使市场部核心层决定抓紧准备部门宣传册，并设法将它尽快印出来，以应对可能很快出现的洽谈需要。

经人介绍，缪其浩等赶到浦东界龙村找了一个设计排版力量较强的中日合资印刷公司。该公司的设计接待人员在听了市场部的情况介绍后说，MIRU 的发音与日语中“眼睛”相同，而市场部从事的情报调查工作本身具有耳目的作用，是否可以眼睛的造型来构思 Logo？前去的市场部人员表示认同，很快一个实心圆加一根粗眉的暗绿色 Logo 被勾画出来了。

有意思的是，这 10 多年来，市场部的主要客户是日本机构和公司。颇具特色的眼睛造型、MIRU 的发音，经常会引起日本人士的注意。有关 MIRU Logo 诞生的故事给客户留下了较深的印象，加上市场部良好的服务，MIRU 在日语圈内形成了不错的口碑。

随着业务的发展和知识产权意识的加强，为了保护市场部的服务品牌和提升市场部的形象，市场部决定申请服务商标。为了在服务海外客户的同时拓展国内客户，市场部需要一个与 MIRU 相对应的中文品牌名。于是，市场部在本部门及整个信息咨询与研究中心（市场部的上级部门）中广泛征求 MIRU 的中文名字，并在汇总各方的提名的基础上，由大家投票表决。最后确定中文名字“汇视”。

于是，市场部首先从所内的联系开始营销活动。将宣传册发给认识的同事，告知情报所有了一项新的业务——市场调查。希望同事们代为留意，有这方面的需求可以介绍来洽谈，一旦成功，将给予一定的报酬。以后一段时间，有不少同事引见来这样的洽谈客户。所领导在对外交流中也有意识地介绍这个新部门及其新业务。同时，市场部还聘请所里的老同志乔魁学老师担任顾问，在他熟悉的在沪日资企业中推广市场部的市场调查业务。这样，以市场调查为核心的竞争情报业务就逐渐开展起来了。

截至2017年底，累计完成调查研究项目达数千个，客户超过200个，主要服务对象包括日本，美国，法国，中国内地、中国香港、中国台湾等国家和地区的知名企业、法人财团、咨询公司及政府机构等。

进入21世纪，作为非营利机构的上图上情所[①]下属的一个部门，市场部对其定位进行重新思考。

中国加入WTO后，竞争加剧，竞争情报再掀高潮。更多的企业认识到竞争情报将是它们在未来竞争中取胜的武器之一，也有不少机构从中发现了商机，开始介入这个领域。一些商业性机构介入到培训班研讨会业务中，并且开始与产业相结合，与信息分析、危机管理等主题相结合，与推广竞争情报系统相结合。一些IT公司采用竞争情报循环模式（情报规划、情报收集整合、情报分析、情报传播和情报管理）和关键情报课题、关键情报问题等概念推出了各种计算机辅助的竞争情报系统（CACIS），试图通过IT技术来减轻竞争情报人员的工作，提高工作效率。

作为最先在国内研究推广竞争情报的机构，上图上情所在分析竞争情报业务发展的基础上，结合本单位的实际情况，调整其在竞争情报界的定位和作用——为竞争情报产业链搭建沟通平台。为此，市场部改名为竞争情报部，并以汇视MIRU为品牌和服务商标。

从2005年起，每年在上图上情所内部设立专门项目，培养竞争情报核心能力。内容包括编辑出版《竞争情报》杂志，帮助上海市的大型企业培训竞争情报人员，为建立竞争情报系统提供咨询，已先后为上海华谊集团公司、上海

① 1995年12月，上海科学技术情报研究所与上海图书馆合并。

宝钢集团有限公司、上海电气集团有限公司、上海久隆企业管理咨询有限公司等提供竞争情报服务。

3. 国际交流

在开拓竞争情报新领域的过程中，上图上情所注重进行国际交流，而国际交流的重头是组织召开一系列国际会议。2003 年 9 月，上图上情所首次组织召开了“竞争情报上海论坛”（SCIF[①]），当年的主题为“信息技术与竞争情报：企业全球化竞争中的竞争力量”。论坛邀请了美国、法国、加拿大、日本和中国本土的竞争情报专家，向来自全国各地的参会者介绍了竞争情报的最新发展，内容涉及竞争情报的最佳实践、全球贸易与竞争情报、技术竞争情报和竞争情报体制与人员的培训等。之后，上图上情所分别于 2011 年、2013 年、2015 年和 2017 年又举办了四次竞争情报上海论坛（SCIF），主题分别为“寻找新兴产业的机会——转型期的竞争情报”“世界前沿技术趋势与产业竞争情报”“创新、创业、创客与竞争情报”和“颠覆性技术影响力”。2011 年的论坛期间论坛举办了中法竞争情报比较研讨会（分论坛）；2013 年的论坛是与麻省理工学院（MIT）下属《技术评论》（*Technology Review*，简称 TR）中文版联合举办的，会上 TR 首次在中国发布了 TR 年度十大技术；2015 年论坛上，日本森纪念财团在中国首发《全球实力城市指数（GPCI）》，上海科学技术情报研究所联合汤森路透共同发布了《2015 国际大都市科技创新能力评价》报告；2017 年，来自科睿唯安、Gartner 和上海科学技术情报研究所的多份报告在论坛进行首发或首次宣讲，会上同时举行了科睿唯安与上图上情所、日本竞争情报学会与上海科学技术情报学会的战略合作签约仪式。

除此之外，上图上情所的研究人员还经常参加国外召开的竞争情报会议。早在 1995 年，缪其浩先生就参加了在美国举行的 SCIP 年会并受邀做大会报告。2005 年起，每年派员参加 SCIP 年会或在欧洲举行的竞争情报相关会议。多年来，上图上情所还利用各种机会邀请来沪的国外竞争情报专家来做报告或讲座。由于在推进竞争情报在中国发展方面做出的贡献，2009 年，缪其浩先生荣获 SCIP 颁发的主席杰出成就奖（President's Award for Excellence）（图 5.7）。

---

① Shanghai Competitive Intelligence Forum。

图 5.7　获奖

4.《竞争情报》期刊

为了进一步扩大竞争情报的影响，21 世纪初，上图上情所开始酝酿创办一本专注于竞争情报的期刊。2004 年底，《竞争情报》试刊号面世。国内一些传统的学术性情报学刊物中涉及竞争情报内容，但较多的是一些理论方法的探讨，关注整个竞争情报产业链的几乎没有。《竞争情报》定位是一份专注于竞争情报的期刊，旨在为业界提供这样一个平台：研究人员探讨交流竞争情报的理论与方法，企业和其他组织共享“最佳实践”（Best practice），咨询公司表达其对行业/市场的分析判断，关系厂商推介其最新产品和服务以及普及竞争情报知识。以内刊形式办刊 10 年后，在上海科技情报学会成员单位提供刊号的大力支持下，2015 年起，《竞争情报》开始正式公开发行。在新媒体时代，在出版纸质刊物的同时，编辑部先后开通了博客、微博和微信公众号，强化与读者和作者的沟通交流。此外，编辑部还将《竞争情报》期刊上的优秀文章汇集成册，先后出版了论文集《竞争之道 情报先行——〈竞争情报〉（论文集 2004—2007）》《智慧时

代 情报为王——〈竞争情报〉论文集(2008—2010)》《创新情报 引领发展——〈竞争情报〉论文集(2011—2013)》。编辑部长期努力换来了业界的肯定,在2014年10月召开的中国竞争情报事业20年暨第20届中国竞争情报年会上,《竞争情报》编辑部被评为"最佳竞争情报实践团队"。

5. 项目研究

自20世纪90年代开始,上海科技情报所进行了一系列竞争情报相关的项目研究,在业界产生了相当的影响。典型的项目包括:上海科学院的软课题项目"上海外向型企业营销环境监视系统的建立"和上海市科委的启明星项目"建立上海轿车行业竞争环境监视系统研究"。进入21世纪,上图上情所开展了"国家竞争情报研究"和"中法竞争情报比较"的课题研究,并分别出版了书籍《国家竞争情报——是什么、为什么、如何做》和《国家的经济技术情报:中国和法国的实践和比较》。此外,上图上情所团队还出版了书籍《探索者言:缪其浩情报著作自选集》和《竞争环境监视》等。

综上所述,在以竞争情报理论方法贯穿行业分析、市场调查,以行业分析、市场调查的实践丰富竞争情报研究的发展模式下,上图上情所的竞争情报工作必将会上一个新的台阶。

(张左之)

四、参与全市科技规划制订的40年

上海科技情报所1958年建所不久,就在1960年上海市委、市政府召开的上海市科学技术工作会议上,参与草拟了《上海市1960年科技工作提要》和《1960—1967年的科技发展纲要》。改革开放后,在1981年至1985年期间,上海科技情报所为政府部门提供了200多项以新技术、新兴产业为主的科技研究报告和国内外发展水平等资料,那时已明确把战略决策服务列入全所工作重点。

我1964年进所(图5.8),在所领导的关心和支持下,长期从事情报研究、决策咨询,参与了上海市"六五""七五""八五"和"九五"科技发展规划的制定,内容主要涉及能源和信息技术领域,其中比较突出的有20世纪七八十

说明：摄于 1964 年 10 月外滩。前排自左到右依次为蒋贻源、黄银成、刘秉权、邹乔敏、洪健军；后排自左到右依次为黄福荃、马鸿初、徐翔飞、黄跃惠、朱家骅、车会生、秦世俊、陈宗篁、杨某某、夏林旺、高学贤、吴仲芳（照片由洪健军提供）。

图 5.8　1964 年进所的 17 位大学生合影

年代的太阳能、节能和能源，90 年代的信息通信领域等。

20 世纪 70 年代，世界上爆发了两次能源危机，一次在 1973 年，另一次在 1978 年，这两次世界能源危机对国内的影响很大，激发了国内对能源和新能源问题的重视和研究。那时我也写了不少文章，特别是就太阳能的热存储问题作了研究，写了一篇很长的国内外发展综述，因为这是一个最新发展领域，可能是国内第一次作如此系统的论述，我的论文入选，本人也参加了 1979 年全国第一届太阳能学会年会。

20 世纪 80 年代，能源问题越来越重要，我工作的重点也转向了能源和节能等涉及面更广泛的领域。比较突出的有在 1987 年完成的“核能立法”项目，这是国家科委布置的一个重大决策咨询项目。这时，全国人大正在开展国家“原子能立法”的准备工作，我撰写的《国外核能立法概况》报告被国家核安全局推荐入选作为国家“原子能立法”的参考文件（图 5.9）。80 年代中期，我参加了上海市经委、科委组织的全市能源发展规划的制定，执笔撰写了几次上海能源和新能源方面的发展规划稿，其中，1989 年的《上海中长期能源发展规划》获上海市第一届“决策咨询研究成果奖”提名奖。另外一篇关于节能方面的文章，被选载在国务院科技发展领导小组的一份内部简报上。

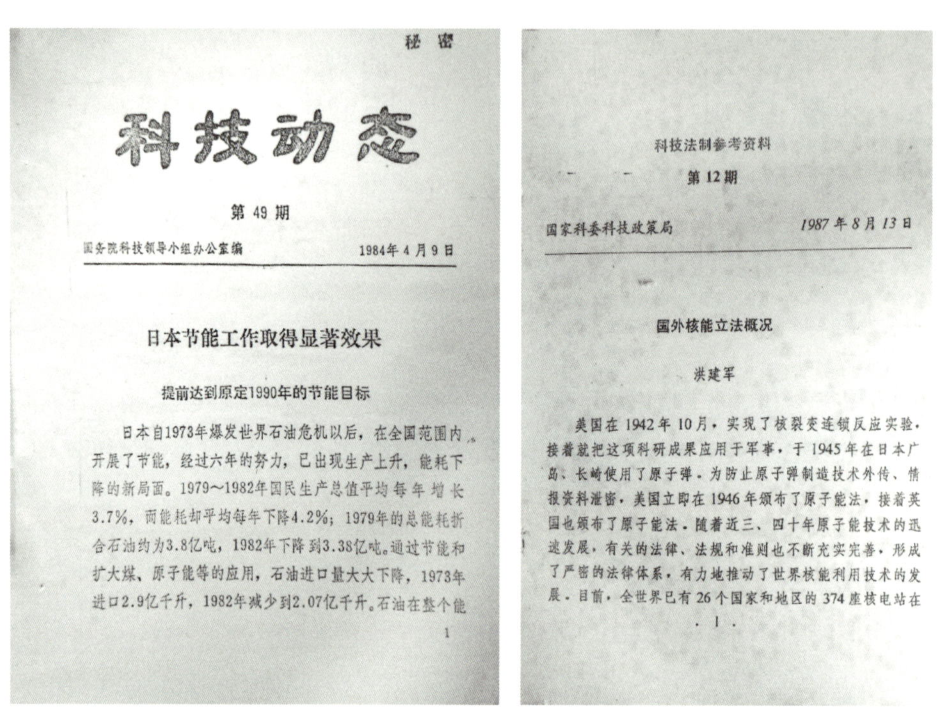

秘密

科技动态

第 49 期

国务院科技领导小组办公室编　　1984年 4 月 9 日

日本节能工作取得显著效果

提前达到原定1990年的节能目标

日本自1973年爆发世界石油危机以后，在全国范围内开展了节能，经过六年的努力，已出现生产上升，能耗下降的新局面。1979～1982年国民生产总值平均每年增长3.7%，而能耗却平均每年下降4.2%；1979年的总能耗折合石油约为3.8亿吨，1982年下降到3.38亿吨。通过节能和扩大煤、原子能等的应用，石油进口量大大下降，1973年进口2.9亿千升，1982年减少到2.07亿千升。石油在整个能

1

科技法制参考资料

第 12 期

国家科委科技政策局　　1987 年 8 月 13 日

国外核能立法概况

洪建军

美国在 1942 年 10 月，实现了核裂变连锁反应实验，接着就把这项科研成果应用于军事，于 1945 年在日本广岛、长崎使用了原子弹。为防止原子弹制造技术外传、情报资料泄密，美国立即在 1946 年颁布了原子能法，接着英国也颁布了原子能法。随着近三、四十年原子能技术的迅速发展，有关的法律、法规和准则也不断充实完善，形成了严密的法律体系，有力地推动了世界核能利用技术的发展。目前，全世界已有 26 个国家和地区的 374 座核电站在

· 1 ·

图 5.9　《科技动态》和《科技法制参考资料》

我感觉科技规划工作做得最好的还是在 20 世纪 90 年代，那时我们情报所的各项工作都走上了正轨，其中，我有三件事做得比较突出。

第一件事情，就是根据上海市科委领导的要求，在情报所内组建了一个由我负责的小组，编写一份内部简报，专门向市领导和市科委反映当代世界高科技发展动向，并提出明确发展建议。由于选题针对性强，每期一个专题，发展建议适度超前、可操作，受到市科委的重视，多位市领导作了批示。在我们简报的促进和领导部门的重视下，一批重大科技项目得到了市政府的重点支持，并优先立项，这些项目也因此迅速启动并逐步发展成为一个新产业，如氟利昂工质替代、液晶平板显示、高清晰数字电视、石墨烯、可降解塑料、工业设计、机电一体化、模糊技术、微型机器人等。由于效果明显，这份内部简报获

得上海市科技进步三等奖。与此同时，另一个我作为课题负责人之一并做了大量工作的大型课题“科技发展跟踪研究”，获得上海市科技进步二等奖。

第二件事情，就是在 1994 年参与上海市“九五”科技规划的制定，为“信息港”这一重大信息化工程的立项和启动，做了有开创意义的工作（图 5.10）。

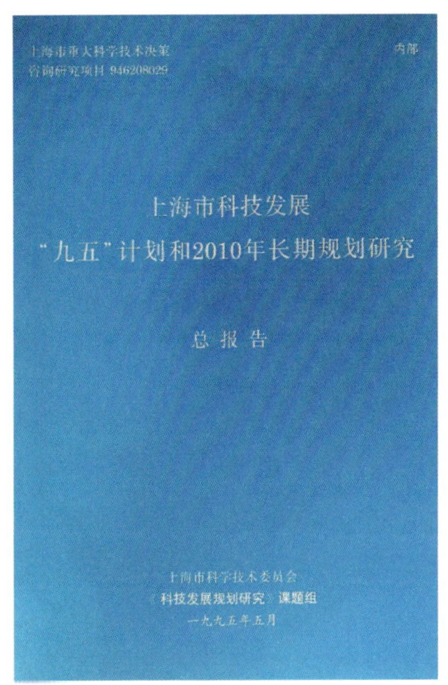

上海市重大科学技术决策
咨询研究项目 946208029
内部

上海市科技发展
“九五”计划和2010年长期规划研究

总 报 告

上海市科学技术委员会
《科技发展规划研究》课题组
一九九五年五月

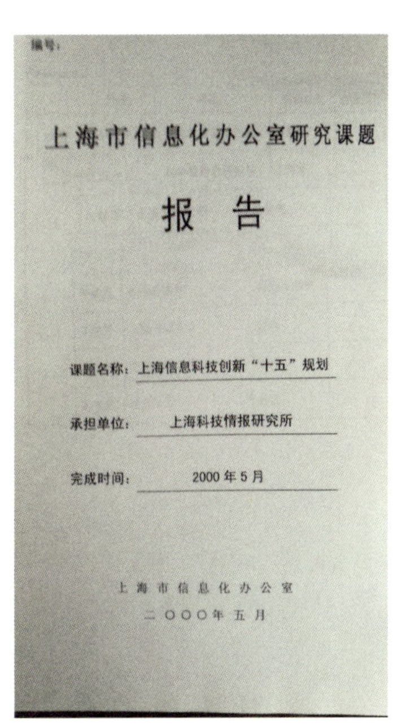

编号：

上海市信息化办公室研究课题

报 告

课题名称：上海信息科技创新“十五”规划

承担单位：上海科技情报研究所

完成时间：2000 年 5 月

上海市信息化办公室
二〇〇〇年五月

图 5.10　“九五”科技规划与“信息港”研究课题

上海市科技发展规划每五年制订一次，过去是每到制定五年规划的关头，组织大批科学家和技术专家，组织各种层次的讨论。这次“九五”科技规划的制定，市科委采取了与以往不同的策略，即采取“顶层设计”思路，组织精干的专家小组，先提出总体框架，再补充具体规划项目。这样做的话对规划组成员的要求当然就比较高，但效果很明显。当时我们提出的几个纲领性计划，如“信息港”“先进制造”“绿色技术”等，就很有创意，在全国均是首次提出，至今也没有过时，仍在实施过程中。

我作为规划起草小组的主要成员对当时美国政府刚提出的“信息高速公路”构想产生了浓厚兴趣。在充分调研的基础上，我日夜奋战，用了一个月的时间，提交了《关于建设上海“信息高速公路”的规划设想》。初稿打印上报的第二天就得到了时任市长的批示和肯定，指出这项计划可立即率先启动，并同意报告的建议，把上海“信息高速公路”定名为“信息港”，列入上海市“九五”城市发展总体规划的主要内容之一。

在我们提出这一战略计划后，上海电信局、广电局、复旦大学、上海交通大学等许多单位先后加入到这一规划的完善、细化过程中来。两年以后的1996年6月，上海“信息港”办公室正式成立。上海“信息港”，全市信息化从此走上有领导、有组织的发展道路（图5.11）。

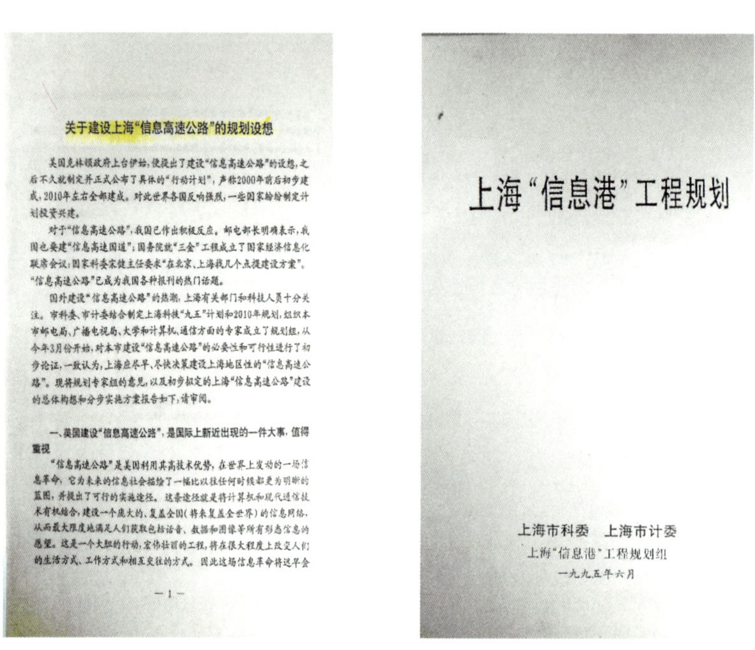

关于建设上海“信息高速公路”的规划设想

美国克林顿政府上台伊始，便提出了建设“信息高速公路”的设想，之后不久就制定并正式公布了具体的“行动计划”，声称2000年前后初步建成，2010年左右全部建成。对此世界各国反响强烈，一些国家纷纷制定计划投资兴建。

对于“信息高速公路”，我国已作出积极反应。邮电部长明确表示，我国也要建“信息高速国道”；国务院就“三金”工程成立了国家经济信息化联席会议；国家科委宋健主任要求“在北京、上海找几个点提建设方案”。“信息高速公路”已成为我国各种报刊的热门话题。

国外建设“信息高速公路”的热潮，上海有关部门和科技人员十分关注。市科委、市计委结合制定上海科技“九五”计划和2010年规划，组织本市邮电局、广播电视局、大学和计算机、通信方面的专家成立了规划组，从今年3月份开始，对本市建设“信息高速公路”的必要性和可行性进行了初步论证，一致认为，上海应尽早、尽快决策建设上海地区性的“信息高速公路”。现将规划专家组的意见，以及初步拟定的上海“信息高速公路”建设的总体构想和分步实施方案报告如下，请审阅。

一、美国建设“信息高速公路”，是国际上新近出现的一件大事，值得重视

“信息高速公路”是美国利用其高技术优势，在世界上发动的一场信息革命，它为未来的信息社会描绘了一幅比以往任何时候都更为明晰的蓝图，并提出了可行的实施途径。这条途径就是将计算机和现代通信技术有机结合，建设一个庞大的、覆盖全国（将来覆盖全世界）的信息网络，从而最大限度地满足人们获取包括话音、数据和图像等所有形态信息的愿望。这是一个大胆的行动，宏伟壮丽的工程，将在很大程度上改变人们的生活方式、工作方式和相互交往的方式。因此这场信息革命将迟早会

— 1 —

上海“信息港”工程规划

上海市科委　上海市计委

上海“信息港”工程规划组

一九九五年六月

图5.11　“信息港”相关简报及规划

上海建设“信息港”的计划通过媒体在全国引起巨大反响，许多省市来人来电了解情况，纷纷仿效上海的做法开始了本省、本市的信息化建设。国家科技部对上海建设地区性的“信息高速公路”表示赞赏，也在多次全国会议上推荐上海的信息化计划。

上海科技情报所作为项目负责单位，在“九五”科技规划及在“信息港”工程计划中的开创性工作，后来获得上海市科技进步三等奖。此后，由于浦东新区作为上海“信息港”计划的试点，浦东新区领导也委托我们开展浦东新区信息化工程计划和实施方案的研究制定。为此，我们到新加坡进行了考察，把

新加坡建设智慧城市的经验率先运用到浦东的设计方案中，《上海信息港浦东新区信息化工程研究》这项成果，1997 年获得了上海市人民政府颁发的“决策咨询研究成果奖”二等奖（图 5.12）。搞决策咨询研究的人都知道，“决策咨询研究成果奖”是上海市从事这一领域工作的最高奖项，在颁奖大会上，当我上台从市领导手中接过奖状、奖金时，我很高兴，也感到自豪。

说明：证书照片由上情所洪健军提供

图 5.12 获奖证书

在上海信息化建设方面，我在上海“信息港”办公室成立后，还继续在软件产业、信息安全、信息科技、超级计算中心筹建等发展规划的制定及实施过程中做了大量工作，其中由市委研究室牵头，本人参与的“关于优先发展信息产业”的政策建议报告获市政府“决策咨询研究成果奖”一等奖。

第三件事情，就是在 1998—1999 年期间，我作为专家组成员，直接参与了全市 Y2K 问题（即计算机 2000 年问题）的解决（图 5.13）。计算机 2000 年问题是当时世界各国共同面临的跨世纪难题，我国政府非常重视，上海市也动员了大量的人力、物力来解决这一问题。这件事当时我们做得轰轰烈烈，媒体

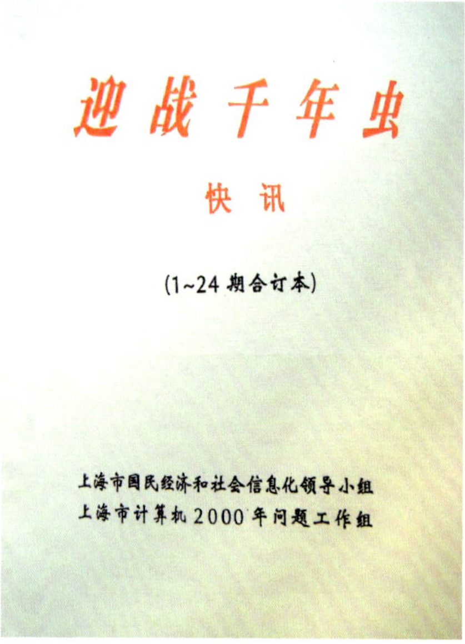

迎战千年虫

快讯

(1~24期合订本)

上海市国民经济和社会信息化领导小组
上海市计算机2000年问题工作组

图 5.13 “迎战千年虫”快讯

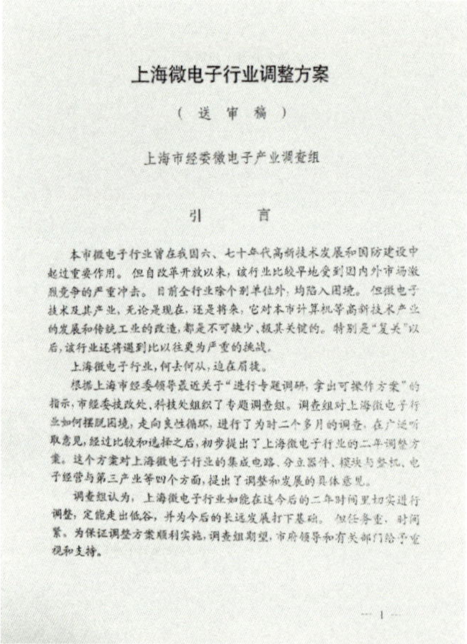

上海微电子行业调整方案

(送审稿)

上海市经委微电子产业调查组

引言

本市微电子行业曾在我国六、七十年代高新技术发展和国防建设中起过重要作用。但自改革开放以来，该行业比较早地受到国内外市场激烈竞争的严重冲击。目前全行业除个别单位外，均陷入困境。但微电子技术及其产业，无论是现在，还是将来，它对本市计算机等高新技术产业的发展和传统工业的改造，都是不可缺少、极其关键的。特别是“复关”以后，该行业还将遇到比以往更为严重的挑战。

上海微电子行业，何去何从，迫在眉捷。

根据上海市经委领导最近关于“进行专题调研，拿出可操作方案”的指示，市经委技改处、科技处组织了专题调查组。调查组对上海微电子行业如何摆脱困境，走向良性循环，进行了为时二个多月的调查，在广泛听取意见，经过比较和选择之后，初步提出了上海微电子行业的二年调整方案。这个方案对上海微电子行业的集成电路、分立器件、模块与整机、电子经营与第三产业等四个方面，提出了调整和发展的具体意见。

调查组认为，上海微电子行业如能在这今后的二年时间里切实进行调整，定能走出低谷，并为今后的长远发展打下基础。但任务重，时间紧。为保证调整方案顺利实施，调查组期望，市府领导和有关部门给予重视和支持。

— 1 —

图 5.14 上海微电子行业调整方案

多次报道。由于全市 Y2K 问题的圆满解决，该项目获上海市科技进步一等奖，我个人还在所内获得表扬和嘉奖。

为政府有关部门制订各类科技发展规划进行前期研究，以及直接参加各类科技规划的制定在我们情报研究室的工作中占相当的比重，从我本人参加的科技规划工作情况来看，涉及的政府部门既有市政府计委、科委、经委、发展研究中心下达和招标的，也有区政府，如浦东新区、徐汇区、卢湾区等有关部门委托的；涉及的内容众多和广泛，有综合的，如“上海市科技发展‘九五’计划及 2010 年长期规划”“上海工业‘九五’科技发展规划”“上海工业十大共性技术计划”等，也有专题的，如太阳能、信息化、能源、微电子（图 5.14）、机电一体化产品、平板显示器、工业共性技术等的发展计划。

上海科技情报所这 60 年来，经历了“文化大革命”的冲击和改革开放后市场经济大潮的影响，我们单位的机构未散，工作没断，人员没走，而且业务开展得有声有色，人才辈出，成果累累，是一件非常了不起的事情。我所在的情报研究室这支情报研究团队更是如此，人数最多的时候有一百多人，开展的情报业务涉及全市的主要行业。大家只要回想一下就可以知道，那时上海市的所有重大工程，特别是上海那些刚启动的重大科技项目，都有我们情报所研究室的人参加，早期的如核电站建设、上海牌汽车研制、大型轮船制造、宝钢和金山石化总厂建设、大规模集成电路开发、大飞机引进、新型内燃机、太阳能、数控机床开发、激光、远红外等等，近年的项目有计算机、软件、通信、光纤、信息化、能源、工业新材料、生物工程、纳米技术、平板显示等等，我们在这些项目中，做策划、搞规划、写可行性报告，或直接参加项目研制，做翻译、查资料、写报告等，协助和支持基层单位的新产品、新技术攻关和开发，参入的人员之多、工作量之巨，现在已无法来统计。所以，我认为，我们科技情报的决策咨询研究工作在我国和上海市的科技创新中的地位和作用应高度评价。我们的工作实绩表明，我们情报研究室已是我国和上海市在科技发展领域的重要智库，是推动上海科技进步的一支重要力量。我想，作这样的一个评价，是一点也不为过的。

通过对我 40 年工作的回顾，我深感科技情报研究要做出成就，有两个条件是必须具备的：一是要有一个让科技情报人员发挥聪明才智的舞台。市政符制定科技规划，为情报所提供了发展空间，为科技情报研究发挥作用提供了机遇。当然，发展空间需要科技人员去开拓，但更需要高层领导在体制、机制上有所协调，创造条件；二是科技情报人员要有良好的基本素质，在需要时，能抓得住机遇，队伍拉得出、用得上。在如今开放的环境下，除了科技知识本身外，还应有良好的外语素质，在经济管理金融方面也应有所造诣，争取在更宽阔的领域有用武之地。

（洪健军）

五、从科技情报到文化情报

上海科学技术情报研究所走过的 60 年历程，从“科技情报”的起步，到“图情一体”的转变，再到“文化情报”的开拓，拾级而上的道路上，是面对新机制与新机遇，一次次的新思考与新突破。思考的是如何从传统的科技情报向文化领域跨越，突破的是情报支撑服务文化事业和文化产业发展的边界。

1. 图情合一催生“文化情报”——情报核心功能的延伸

图情一体化改革是国内图书情报界长期关心的热点话题，20 世纪 90 年代起，中国科学院系统、社会科学院系统和国内部分大学都相继实施了图情一体化改革。但是，这些改革都是在一个科研或教育机构内部的两个部门之间进行的合并和重组，不涉及体制改革。上海图书馆是上海文化系统的公共图书馆，属于社会公益性的文化事业单位；上海科技情报所是科技系统的研究所，属于主要为科研和科技决策服务的事业性研究机构。两者在体制上的差异很大，内部运作机制和业务流程也不一样。合并之后，新的上图上情所既面临两个机构的“合并后整合（Post-Merger Integration）”的错综复杂难题，有加快建设和开放上海图书馆新馆的急任务（1996 年 10 月上图新馆要全面建成并试开放），还有信息化建设、组织文化建设等硬任务，更有图情并茂的新目标，任重而道远。特别是上图上情所纳入了宣传文化系统之后，如何真正实现优势互补、继续发展科技情报的核心业务这样的关键性问题成了图情界共同关注的焦点。

上图上情所的干部员工迅速开始了图情一体化建设的探索实践，其中最重要的抓手就是发挥科技情报研究服务决策的方法、经验等优势，尝试开拓面向宣传文化系统、服务上海文化发展的情报咨询与研究工作。于是，上图上情所从原来上海科技情报所主要以理工专业为背景的情报研究队伍中挑了一支“先遣队”开始进入文化研究领地，我们从为宣传部领导提供信息简报服务起步，进而扩大到为上海高层领导提供综合性战略决策信息服务，再聚焦文化发展决策信息与情报服务，后来公开媒体上开始有我们的声音了，再后来有人进入上海乃至全国的文化研究圈子了，于是一个新的文化情报研究团队逐渐成形。今天，在上海科技情报所建所 60 周年之际，上图上情所内有一支也许是全中国最特别的科技情报咨询研究队伍：60 多位研究人员，理工农医文史哲——各类专业样样有，本科、硕士、博士、博士后、双学位——学历层次也是多元化，平均年龄约 40 岁，情报研究服务领域基本覆盖了科技、产业与文化。

如果说图情一体化创造了新机遇，那么上海科技情报所长期的情报研究优势与能力是基础，而上图上情所领导班子对“情报观”的深刻理解，以及“图情并重，图情并茂”战略的坚持，是我们能够在继续发展科技情报咨询与研究业务的同时，实现从科技情报向文化情报跨越的重要前提。

2. 文化情报立足决策咨询——情报发现能力的整合

“文化情报”的概念并不是上图上情所的先见之明，而是情报研究服务在图情一体化进程中的渐进发展之果。1998 年，上图上情所启动了一个内部课题“图书馆为领导机构提供信息咨询服务机制研究”，主要对美、加、日等国的国家图书馆为国家政府、议会立法等提供决策咨询服务进行了对标研究，也梳理了当时上图上情所的决策咨询服务现状，同时初步调研了当时上海领导机构的信息需求状况。这个调研直接催生了第二年在当时的上图上情所信息咨询与研究中心内部的一个“实验性新业务”：充分利用互联网为宣传部领导提供信息简报服务。当时的上图上情所主要领导和主管领导亲自参与组织策划，不仅为这个新简报命名，每一期简报也都是由领导最后审定。经过一段时间的试验，1999 年底，上图上情所下决心成立一个新的业务中心，利用图情合一优势，发挥科技情报的咨询与研究特色，全力开拓立足宣传文化系统、面向上海高层决策的情报服务决策的新领域。这个新的部门在当时宣传部主要领导的亲自关心下有了一个响亮的名字“战略信息中心”，于 2000 年春节前成立，虽然只有 5 个员工，且全部来自原来的科技情报咨询研究队伍，却是当时上图上情所第十三个处级部门，也是当时最小的一个业务中心。上图上情所给予的政策也是最宽松和特殊的：没有人员编制的限制，只有最新网络等设备的配置；没有创收的压力，只有加快发展的动力。在新中心成立半年不到的时候，我们的“试验产品”获得了“准产证”——可以向上海更多领域和层面的领导提供我们的简报服务。我们首先明确了这第一个情报产品的定位，突出文化全面兼顾，只做编辑不做原创，客观整合原汁原味，平衡密度、浓度、速度。我们正式推出的第一期简报就是关于亚洲文化大都市建设的竞争态势的信息。仅仅出刊 20 期，我们就获得了更多的信心。当简报推出 20 期后，我们对所有领导进行了问卷调查，居然有包括市委常委在内的部分领导反馈了意见！虽然除了打钩，他们几乎没有留下一言半语，但是我们已经满怀信心了，因为领导们居然从每天收到的数不清的内参、动态和简报中发现并注意到了我们的产品。于是，我们加倍努力，用情报人的敏锐和情报检索的基本功到互联网上去发现更多有价值的信息。不久，领导们开始有更积极主动的反馈了：需要某期摘录内容的详细原文、希望提供关于某期主题的更多背景资料等等。2000 年 11 月底，刚刚成立不到一年的战略信息中心接到市委宣传部的紧急任务：希望在一周左右的时间内提供有关国际“多媒体集团”发展现状与趋势的资料。领导和我们一起“头脑风暴”，分析需求，理解意图，一边检索一边讨论，一边研究一边学习，终于在12月初完成了《关于世界新型媒体集团的发展现状、趋势分析及建议》的资料汇编，对“多媒体”“大媒体”“新媒体”以及“跨媒体集团”等概念作了梳理，市委领导看了很满意，并作了充分肯定，他们对同时委托研究的其他单位说“你们不用再搜了，情报所已经把这个问题讲清楚了”。后来，市委研究室、上海有关媒体集团都来索取这份资料。我们不敢说这份匆匆忙忙整理的资料能够对高层决策有多大帮助，但对我们的影响还是不小的，至少从那以后，领导下达的类似任务越来越多了，我们还经常被邀请参加有关的传媒产业发展的调查研究工作，也因此直接促使我们加快了进入具体相关的文化领域进行学习研究的步伐。

我们的实践告诉我们，依靠科技情报的核心能力——情报发现能力，完全可以做好决策信息服务。在今天这样的信息化和网络化时代，只要我们能够整合自身扎实的与时俱进的情报检索能力、敏锐的情报意识以及良好的外语能力、中文文字能力，图情工作者完全有能力在茫茫的信息海洋中为决策者发现有价值的情报——这就是情报的本质与核心，情报支持决策，这就是“耳目、尖兵和参谋”的实质。

3. 文化情报服务文化发展——情报研究实力的提升

上海科技情报所能够实现从科技情报到文化情报的延伸发展，离不开世纪之交国内外文化发展的大背景。从国内看，2000年10月党的十五届五中全会通过的《中共中央关于制定国民经济和社会发展第十个五年计划的建议》中首次提出“文化产业”这一概念，2002年，党的十六大报告再次明确了以文化事业和文化产业“两分法”为标志的文化体制改革总思路，也再次强调了文化在综合国力竞争中的突出地位和作用。从全球看，1998年联合国教科文组织（UNESCO）在其《文化政策促进发展行动计划》中就曾断言：“文化的繁荣是发展的最高目标。”而更多国家、地方政府在世纪之交都重新思考并制定了新世纪的文化发展战略和政策，这些文件有一个共性，即以响应全球化的挑战、强化文化认同、促进社会融和、提高公民创意、振兴区域经济为内涵，反映出全球化视野中的文化发展新趋势。特别是那些城市化程度较高的地区，如许多大都市、大中城市都在世纪之交对各自在新世纪中的发展战略作系统深入的思考时，不约而同地把文化战略作为整体发展战略的核心。文化和文化产业大发展已成为城市化进程中一个必然的大趋势，而且信息产业、文化产业、创意产业等融合汇聚发展的特点不断凸显。这也使我们长期关注高新技术产业发展的科技情报工作者有了新的用武之地和稍稍领先半步去感知的机会。

正是在这样的世纪大背景中，我们的情报研究人员开始从信息技术与产业的岸边“试水”文化产业的汪洋大海。

4. 我们的学者型领导们身先士卒

2000年初，时任上图上情所副馆所长缪其浩研究员在上海《文汇报》“科技文摘”版面首发《内容，一个大产业》一文，也许这是上海乃至国内主流媒体首次全面系统介绍了信息产业、文化创意产业融合发展大趋势的产物“内容产业”，不仅在学术界、产业界引起巨大反响，而且引起上海政府高层领导的关注。

其后，相继担任了上图上情所副馆所长和馆所长的陈超研究员，以对文化情报的多年体察和研究，继续带领团队，将文化情报研究工作从广度和深度上再做拓展。课题研究、著书立作、以简报为载体的战略咨询服务等全面开花，且好评连连。我们参与了市级、区级的“十一五”“十二五”和“十二五”文化规划的制定，在上海市委宣传部、文广局、市政协等领导机构对文化发展战略、文化设施规划与建设、国际大都市文化评估指标等一系列的研究中承担了大量工作，在上海报业集团的合并重组过程中给予战略研究的支持。持续不断地深耕文化情报研究工作，我们不仅在文化系统中颇具知名度，简报还多次受到中央领导和上海市领导的批示，使得我们更坚定了文化情报研究的方向。

上海科技情报所的情报研究团队在领导的示范引领下，在文化研究的大海中劈波斩浪，大展身手。从引进理念到剖析案例，从概念诠释到政策解读，从对标研究到实证分析，从传媒业到演艺业，从网络游戏到城市文化，我们充分利用科技情报研究的特长与优势，在文化研究的新领域内发挥情报的功能，服务于上海乃至全国的文化发展与创新，20余年来结出了累累硕果（表5.1）。

表 5.1　近年来上图上情所文化情报研究成果

成　果　名　称	研究者	发表方式	发表时间和媒体
内容：一个大产业	缪其浩	首发	《文汇报》2000 年 1 月 15 日第 10 版“科技文摘”
体验经济扑面而来	陈超、沈彩虹、杨荣斌	首发	《文汇报》“科技文摘”2001－08－01
构建“文化景气”指标体系	祝碧衡、沈彩虹、周玉红	首发	《文汇报》“文汇时评”2002－09－19
文化：创新发展的核心动力——韩国文化产业振兴经济的启示	缪其浩 陈超	首发	《人民日报》2002－12－12 第 15 版
创意产业：新经济腾飞的翅膀，都市型产业的灵魂	祝碧衡杨荣斌、陈超	首发	《文汇报》“科技文摘”2002－12－16
文化产业的破壁	缪其浩 陈超	转载	《中外文化交流》2003－2－15 第 2 期
从经济破产到文化拯救——韩国文化产业在经济发展中的作用及借鉴意义	缪其浩 陈　超	转载	《中国文化报》2003－3－12 第 2 版
创意产业：为经济腾飞插上翅膀	祝碧衡、杨荣斌、陈超	转载	《中国文化报》2003－4－2 第 2 版
21 世纪对文化和文化产业的重新认识	缪其浩 陈　超	收录	《中国文化产业评论》（上海人民出版社，2003－09）
文化景气——关于文化评价指标体系的探讨	戴勇斌、都汉钧	收录	《文化发展与国际大都市建设：2003 年上海文化发展蓝皮书》（上海社会科学院出版社，2002）
新视界：国际演艺业文化运营研究报告	陈超等	编著	上海文化出版社，2005－11
世界城市文化发展趋向——以纽约、伦敦、新加坡、香港为例	杨荣斌、陈超	收录	[文化蓝皮书]《中国文化产业发展报告（2004）》（社会科学文献出版社，2004－01）
如何发展创意产业	祝碧衡、杨荣斌、陈超	转载	《江苏经济报》2006－02－25 第 B04 版
世界大都市的文化特征及发展路径	陈超、祝碧衡、周玉红	首发	《上海文化发展报告（2009）：文化大都市建设的理论与实践》（社科文献出版社，2009－03）

续　表

成　果　名　称	研究者	发表方式	发表时间和媒体
加强文化产业决策中的情报服务	祝碧衡	首发	《图书情报工作》2011（S1）
城市文化研究：国际对标与上海思考	陈超、周玉红、杨荣斌	编著	上海科学技术文献出版社，2013-08
巴黎数字角：以竞争力集群实现创意产业大发展	蒋慧	首发	《华东科技》2013（6）
国际大都市科技文化创新融合的经验研究	祝碧衡、蒋慧等	首发	《中国科技信息》2014（1）
上海加快文化科技创新融合的对策研究	祝碧衡、蒋慧、沙青青	首发	《经济研究导刊》2014（4）
中国电影产业发展模式创新研究	陈广玉、薛菁华、沙青青		上海科学技术文献出版社，2016-04
上海文化创意与科技创新融合发展研究报告	陈广玉、黄婧、沙青青	编著	上海科学技术文献出版社，2017-11
文化创意产业20年	钟婷、施雯等	编著	上海科学技术文献出版社，2018-01

我们围绕文化事业和文化产业开展的情报研究工作，不仅直接服务于文化管理和发展的高层决策，而且充分利用公开媒体、会议论坛等服务于整个社会，还进入文化研究的学术圈，学习借鉴传统的文化研究思想方法。我们与《文汇报》的《科技文摘》栏目成了稳定的"战略合作"伙伴，我们参与了中国社科院的中国文化产业蓝皮书和上海社科院的文化蓝皮书的编撰，我们也承接了各种哲社、决策咨询研究课题与项目。因此，我们情报研究的能力得到了拓展，情报研究的实力得到了加强。更重要的是，我们用科技情报工作者特有的敏锐和科学理性，常常能够在"第一时间"发现较新的理念和实践，并把它们梳理归纳后提供给"有需要的人们"——决策者、研究者和从业者。

附录：上图上情所承接并完成的有关文化事业与产业研究的部分课题项目。

（1）2002年，与上海市经委高新办合作完成"上海休闲娱乐软件产业发展战略研究"课题。

（2）2002年，承接并完成了上海市哲学社会科学规划年度课题"国外文化事业和文化产业动态跟踪和分析研究”。

(3) 2003 年，完成上海市府发展研究中心的“上海市数字内容产业规划”课题研究。

(4) 2004 年 9 月，完成的“‘透视游戏业’系列研究”在上海市第七届哲学社会科学优秀成果（2002—2003）评选中，获得内部探讨优秀成果奖。

(5) 2004 年，由缪其浩副馆所长牵头，联合上海市有关专家，以信息咨询与研究中心成员主要参与，相继完成了上海市信息委立项的“金鸟巢是怎样筑成的——对网络游戏产业在上海成功因素的深度分析”和“金鸟巢筑成之后——对网络游戏产业在上海进一步发展的建议”课题研究报告。

(6) 2005 年，由时任信息咨询与研究中心主任陈超领衔承接了上海市政府发展研究中心公开招标的当年度上海市政府政策咨询研究重点课题之一“发展先进文化与加强上海‘软实力’问题研究”。

(7) 2008 年 12 月，承接上海市静安区政协项目“现代戏剧产业国际对标研究”。

(8) 2010 年 2 月，承接上海市静安区文化局项目“静安文化发展‘十二五’规划”。

(9) 2011 年，承接黄浦区宣传部项目“环人民广场文化演艺集聚区发展战略研究”。

(10) 2012 年，承接上海市科技发展基金软科学研究项目“加快文化科技创新融合，助推上海转型升级”。

(11) 2013 年，承接“上海市促进文化创意产业发展财政扶持资金”课题——“国内文创产业发展扶持政策比较研究”。

(12) 2014 年 11 月，承接了上海市静安区文化局公开招标的项目“静安区‘十三五’文化发展规划研究”。

(13) 2016 年，参与了联合国、国际展览局、住房和城乡建设部联合编撰的《上海手册——21 世纪城市可持续发展指南·2016》(中文版、英文版)。

(14) 2016—2018 年，每年承接“上海市促进文化创意产业发展财政扶持资金”课题——“上海文化创意产业发展报告”。

（陈超、钟婷）

六、《上图专递》的诞生

上海科技情报所与上海图书馆合并后，行政隶属关系由原市科委划归为市委宣传部。上图上情所领导在与市委宣传部领导的接触过程中，逐渐洞察了决策咨询服务的重要性和迫切性。在不断地思考、谋划和探索过程中，有一份简报，从诞生、成长到扩大，见证了上图上情所 20 多年来一步一个脚印的决策咨询服务不平凡的发展历程。

1. 务虚形成三点共识

1998 年，上图上情所启动了一个内部课题“图书馆为领导机构提供信息咨询服务机制研究”，主要对美、加、日等国的国家图书馆为国家政府、议会立法等提供决策咨询服务进行了对标研究，也梳理了当时上图上情所的决策咨询服务现状，同时初步调研了当时上海领导机构的信息需求状况。这个调研直接催生了第二年在当时信息咨询与研究中心内部的一个“实验性新业务”：充分利用互联网为宣传部领导提供信息简报服务。当时的上图上情所主要领导和主管领导亲自参与组织策划，开了大大小小多个务虚会，逐渐取得了如下一些重要共识。

（1）必须尽快开展以互联网信息源为主的面向市级领导的决策咨询服务，这既是发展大环境的需要，也是上图上情所作为市级科技情报机构责无旁贷的工作。

（2）成立一个新的业务中心——战略信息中心，旨在利用上图上情所图情合一的优势，发挥科技情报的咨询与研究特色，全力开拓立足宣传文化系统、面向上海高层决策的情报服务新领域。

（3）创办一份新简报。既是考虑到《上海科技简报》因创刊多年而累积的宝贵工作经验需要传承和发扬，也希望以此为抓手带动与提升整个情报咨询研究工作。

2. 一炮打响的《上图专递》

经共同思考与协同谋划，萌发了创办一份在市级领导层面展现情报工作与信息服务产品的刊物的想法。1999 年初，在当时上图上情所领导的指示下，刊物进入筹划阶段。首先是命名工作，经过几次专门讨论，领导拍板采用了“上图专递”这一名称。紧接着明确了这第一个情报产品的定位，即突出文化全面兼顾，只做编辑不做原创，客观整合原汁原味，平衡密度、浓度、速度。很快地，当年 4 月试行刊出，接着于当年 11 月开始办理正式办刊手续。

2000 年 5 月，第一期《上图专递》出炉，主题为“面对亚太地区文化城市建设热，上海怎么办?”。到 7 月，已出刊 20 期。为了解这份新简报是否“想领导所想”“急领导所急”，战略信息中心对所有领导进行了问卷调查。出乎意料的是，居然有包括市委常委在内的部分领导反馈了意见！这让大家满怀信心，因为领导们从每天收到的数不清的简报、动态和简报中发现并注意到了我们的产品。“定位准确，那就再接再厉”是大家当时的最大感慨。于是，我们加倍努力，用情报人的敏锐和情报检索的基本功到互联网上去发现更多有价值的信息。

3. 树立《上图专递》品牌

《上图专递》的出发可谓顺利无比，但领导和同志们丝毫不敢懈怠，一是自知仍属决策咨询服务的新手，二是能预料到有眼界、有担当的上海领导层定会对决策咨询服务有更高的要求。在《上图专递》走上正轨后，扩大了发送范围，数量上也有了快速增长，内容上也逐渐显示了图情综合的特色与优势，吸引了不少决策部门的注意，《上图专递》逐渐显露出了品牌价值。

2001 年开始，上图上情所分步骤、有计划地塑造《上图专递》简报品牌，正式打造《上图专递》的品牌价值。一是以“上图专递系列简报”为统一标识，设计了统一的视觉风格（封面、封套等），确定了较为固定的出版周期和密集的出版量；二是在既有的《上海科技简报》《上图专递》基础上，又接连创立多份新简报；三是着重打造“内容”品牌。

新简报的不断创立，也是应了政府部门对情报信息的需求量大增。这些简报包括：

2002 年，创立《科技与产业》，放眼各国际大都市与大都市圈，围绕城市经济、科技、文化、社会发展的具体内容展开，对其发展脉络、发展现状、未来发展路径等持续进行跟踪研究。

2003 年，创立《世博情报》，以配合 7 年后举办的上海世博会。

2004 年，和上海市人大常委会研究室合作推出《专递人大》周刊。

2004 年，创立《媒体测评》，以每季度一期报告和不定期的专题报告两种形式，向上海市委市政府的领导提供舆情研究信息。

“内容”是简报的灵魂，也是品牌建设的关键所在。形成一个完整的“上图专递”系列简报后，上图上情所开始重点围绕国际大都市的文化建设与科技产业发展展开研究，从而吸引了决策部门的注意，初步确立了“上图专递”的品牌和上图上情所战略信息服务在市委市府高层决策部门的地位，当时分管宣传文化的市委领导曾多次来看望慰问相关工作人员。

目前，已经形成了《上图专递》《科技与产业》和《上海科技简报》等共7种“上图专递”系列简报产品，基本覆盖了周、旬、月不同编辑周期。除了服务市委市府相当数量的决策层，还形成了面向主要决策部门的个性化服务模式。

这些年来，上图上情所不仅保持了核心产品《上图专递》的内容特色，还以“上图专递”为简报服务品牌，逐步深化高层次服务和拓展个性化服务，锁定决策部门注意力，并取得一定效果。更为可喜的是，这些旨在服务于上海市高层领导的系列简报，还数次获得中央领导的批示，体现了上海这座国际大都市的全局视野和研究担当。

（钟　婷）

七、上海世博会汽车馆背后的情报故事

2010年4月11日，由上汽集团和通用汽车联手打造的2010年上海世博会汽车馆正式向国内外媒体露出真容。该馆是2010年上海世博会的企业展馆之一，位于浦西世博园区E片区、占地6 000平方米，其主题为“可持续发展的动力移动系统”。展馆旋动的圆形造型寓意着汽车工业缓缓上升的发展趋势，展馆的外表面幕墙则由4 000多块锥面铝板构成，这些弧度不同的铝板借鉴了汽车制造工艺进行加工安装，还能够变幻出不同的脸谱。这座世博会内的企业主题馆，以2030年的“明日世界”为主题，重点描绘了车联网、自动驾驶、电气化、零拥堵的未来汽车世界新气象。

为了让参观者对2030年的车和智能交通系统有更直观和真切的感受，汽车馆设置了充满未来感及科技感的前展、主展和后展，展现20年后的车与智

能交通生活。汽车馆展演中最令人期待的主展区域，在蜿蜒的媒体长廊后出现在参观者面前——2010 上海世博会首屈一指的沉浸式动感影院。在这里，高 6.5 米、长 38 米、144°的巨型可升降弧屏、上汽集团自主研发的“零延迟”动感座椅。电影结束后，巨型弧屏荧幕将迅速降落，4 个剧场将奇妙地幻化成环形的舞台。中央舞台在悦耳的音乐声中渐渐升起。在蓝色的光带中，电影中的概念车将出现在舞台中央。观众将可 360°全方位欣赏上汽集团的概念车。

整个世博会期间，汽车馆共接待游客人次达 215 万。由于汽车馆采取的是剧场式的展演方式，每小时可容纳近 1 000 名观众，所以从世博会开幕以来，汽车馆几乎每天都是满负荷运营。此外，汽车馆在各大门户网站的世博场馆票选中也多有斩获。在腾讯网“世博风云榜”中，汽车馆荣登企业馆榜首，并荣获浦西片区最佳智能展馆第一名、最佳特色展品第一名以及最佳展馆电影第一名；而在搜狐网“最具现实意义及科技含量的场馆”票选中，汽车馆更是被评为本届世博会科技含量最高的场馆；最值得一提的是，在 MSN 网“最喜爱的世博展馆”的综合排名中，汽车馆名列第三，仅次于中国国家馆和沙特阿拉伯国家馆。在新浪网的“游客点评世博展馆科技”的评比中，汽车馆也获得了“最新奇的未来交通”称号。

上汽通用汽车馆成功的背后，也有上图上情所的一份功劳。2006 年底，上汽-通用成为 2010 年上海世博会全球合作伙伴。从那时起，上汽集团着手开展支持上海世博会和建设上汽通用企业馆等多项重大工作。对当时的上汽来说，这是一项颇为艰巨的任务。中国第一次举办世博会，毫无以前的经验可以借鉴；如此大规模的盛事，难度可想而知。实际上，从汽车馆项目正式上马前，上图上情所就开始为上汽集团提供一系列的情报服务支持。在前后三年的时间内，为上汽集团提供世博研究和决策参考服务，为上汽集团参与上海世博会及企业馆的筹备做出了重要贡献，获得了其高度评价。

2006 年底，上汽集团与上图上情所成为 2010 年上海世博会全球合作伙伴后，后面三年内，上图上情所向上汽集团提供世博专题报告 19 期、情报信息半月报 59 期、特稿 42 期，为上汽集团参与上海世博会及企业馆的筹备做出了重要贡献；提供的情报服务涵盖主题馆设计施工、展示项目策划、后勤服务保障、日常运营等各个方面，也介入上汽集团世博主题馆的策划工作，根据其需要，提供全程跟踪、定制化的情报服务，开创了决策参考服务的新模式。

2007 年 7 月，上图上情所世博研究团队为公司提供了第一份研究报告，对日本 2005 年爱知世博会丰田企业馆参与世博的情况做了详细全面的介绍，一下子让上汽方面相关负责人员眼前一亮，认为非常及时有用，对上汽相关筹备工作提供极有价值的“世博情报”。有了这个良好的开头，双方的合作日渐紧密。除了召开定期的情报信息报告会外，也会不定期进行专题类、特稿类研究。在上汽集团确定参展主题的阶段，上图上情所为上汽搜集过往世博会主题的相关信息，为其展现了历届世博会成功精彩的画面，为其总结分析背后的成功因素，使得建设主题具有坚实的基础；在西班牙 2008 年萨拉戈萨世博会期间，上图上情所带给上汽最新的世博展示成就和动态，为其确定展演方式和细节提供了翔实而准确的参考资料，有很好的决策参考意义；当上汽世博主题馆投入建设，各项展示工作进入具体实施阶段时，上图上情所作为上汽的重要智库，在很多方面都提出了有益的参考建议，很好地辅助了相关工作的顺利开展。

在合作过程中，上图上情所充分发挥文献资源与研究优势，为企业发展提供智力支持。在筹备阶段，协助上汽集团尽快熟悉世博会这个陌生领域，提供丰富多样的信息咨询服务，满足其在各个阶段、各个环节的情报需求。而上图上情所创新的情报服务也获得了上汽集团的高度肯定，认为“上图上情所既有大量的世博文献资源，还专门组织了一支研究团队为公司提供世博研究服务。上图上情所信息咨询与研究中心世博研究团队认真出色的幕后服务，也是其成功参与世博的重要基础环节”。

（沙青青）

八、助推上海游戏产业发展

2002 年，正值我国网络游戏产业从起步到崛起的转折时期，上海网络游戏产业的发展初露势头，上图上情所的研究人员敏锐地捕捉到了这一动向并嗅出了其中的情报意味，果断着眼于网络游戏业，从零开始，用两年左右的时间进行跟踪研究，及时用简报、专报和研究报告等多种方式，向上海各级决策层提供情报服务，反响热烈并获得多方赞誉，促进了政府、产业和学术圈等社会各界的良性互动，对上海的网游产业健康发展注入了些许情报的"助推剂"。

2002年7月，在时任副馆所长缪其浩的指导下，由时任战略信息中心主任陈超牵头，通过《上海科技简报》发表了一系列文章，形成了"透视游戏业"专题，成为上海乃至国内最早关注游戏产业并取得相关成果的研究机构之一。自此，一系列的成果接踵而出，上图上情所的声音不断被听见、被传播、被肯定。

2002年7月29日，当年第8期《上海科技简报》上发表了《游戏，一个大产业》，并被国内核心刊物《科技成果纵横》转载。

2002年9月2日，当年第10期《上海科技简报》发表了《游戏——数字时代的文化阵地》，《文汇报》记者手持上海市委宣传部等决策部门领导的批示来上图上情所采访，并于2002年10月31日在《文汇报》刊登《电脑游戏业亟待正视》；上海市经委有关领导又批示给了高新技术办公室。随后，上图上情所与市经委高新办联合举办了"上海游戏产业发展战略"研讨会，市委宣传部、市科委、市经委、市信息办等的相关决策部门、专家学者、企业老总参加了会议，成为上海第一次专门讨论游戏产业发展的高规格、全方位的研讨会。会上，研究人员做了游戏产业发展的研究汇报。《文汇报》《新民晚报》《青年报》均对此进行了报道。此后，陈超等同志还就游戏业情况向市委宣传部部长做了专门汇报。

2002年底，上图上情所战略信息中心与市经委高新办合作进行名为"上海休闲娱乐软件产业发展战略研究"课题的研究，全文约2.8万字。报告完成后，获得有关机构决策部门、行业专家、业界人士的好评；市发改委、市信息委、市决策咨询委等机构都提出参考报告、参与专题研究等指示。

2003年6月27日，当年第10期《上海科技简报》发表"透视游戏业"之六《领航？领航！如何领航？——政府探索引领休闲娱乐游戏行业发展之路》，得到市府领导的批示。

2003年以后，战略信息中心在此方面的探索走向深入：与上海市长宁区多媒体产业园区紧密合作，参与园区发展规划，提供产业论坛咨询服务；参与国内有关展览会前期咨询策划；加入市信息服务业行业协会网络游戏专业委员会，参与战略决策、定期出版《网络游戏新视野》会刊，以加强业界沟通，提供信息参考；完成市府发展研究中心的“上海市数字内容产业规划”课题研究；参与了信息委产业处多次汇报的写作，并参与有关政策的制定。

2004年，由时任副馆所长缪其浩牵头，联合上海市有关专家，以信息咨询与研究中心成员为主要参与者，相继完成了市信息委立项的“金鸟巢是怎样筑成的——对网络游戏产业在上海成功因素的深度分析”和“金鸟巢筑成之后——对网络游戏产业在上海进一步发展的建议”课题研究报告。该报告完成后，得到市府领导、市信息委有关决策部门的肯定和批示。6月初，市信息委专家委领导就此项目专程到上图上情所进行深入探讨。同月，经信息咨询与研究中心策划并邀请，盛大网络总裁兼CEO陈天桥来到上图上情所，共同探讨未来网络游戏产业健康、快速、有序发展及公共图书馆在其中如何更好发挥作用等问题。

为期2年的网络游戏产业研究，通过追踪国际最新动向、关注国内同业发展、联系上海产业实际这3个基本方面的准确把握，有关成果多次引起了市决策部门的重视，并衍生出多篇研究报告，多个研讨会。2004年9月，“‘透视游戏业’系列研究”在上海市第七届哲学社会科学优秀成果（2002—2003）评选中，获得内部探讨优秀成果奖。

在与市委市府有关文化及产业部门、游戏界建立良好的合作关系的同时，上图上情所确立了自身在上海游戏产业研究领域的权威地位。令情报人自豪的是，这一回，实实在在地借助情报的力量推动了上海市网络游戏产业的发展。

（钟　婷）

九、一部在市委务虚会上播放的视频短片

1. 一部短片引来不一样的关注

2014年5月，中共中央总书记习近平在上海考察时，要求上海“努力在推进科技创新、实施创新驱动发展战略方面走在全国前头、走到世界前列，加快向具有全球影响力的科技创新中心进军”。紧接着，上海密切跟进，多管齐下对该课题进行广泛调研。

2014年12月中旬，中共上海市委召开了“深入实施创新驱动发展战略学

习讨论会”，会议开场播放的一个名为“全球科技创新中心发展动态与启示”的 15 分钟视频短片，获得了上海市各级领导的高度赞扬。与会的一些领导还特地要求“拷贝”报告及视频，带回去继续学习。“上海观察”“东方网”等主要媒体对此给予了重点报道，新闻稿说：“这次务虚会上，第一个专题的发言开始前，还专门播放了一个片子，主要介绍了世界各国城市建设科技创新中心的情况，逐一对比大家比较熟悉的美国纽约、硅谷，英国伦敦，以及德国、韩国等城市。片子的针对性很强，各个中心城市的比较优势、发展路径一目了然，据说一些与会者还要求主办方提供‘拷贝’服务，带回去让未能出席的同志也能好好学习研究。”

该视频的研究与制作的主要团队正是上图上情所的信息咨询与研究中心。这个 15 分钟的视频背后，是上图上情所领导、中心领导、研究骨干合力在半个月时间里，精心谋划、十几次讨论与修改、通宵达旦赶制视频的努力和付出。

2. 高规格临时研究小组

2014 年 12 月初，时任馆所长吴建中正在北京开会，忽然接到上海市委办公厅领导电话，领受了一项紧急又光荣的任务，即在 12 月中旬中共上海市委召开的学习讨论会上，需要一份有关发达国家及国际大都市科技创新的报告，还需要一段相关视频，供与会领导参阅和观看。

吴建中馆长明白，上图上情所长期为上海市党政高层领导提供战略决策咨询服务，信息咨询与研究中心的情报研究工作在市级领导层面收获了广泛的信赖与肯定，上级领导在做出一些战略性决策前，会寻求上图上情所的信息支持。因此，这项任务交到上图上情所手中，既是上级部门的指示，也是一份期待。吴馆长即刻电话部署并启动了该项工作，即交由信息咨询与研究中心进行课题研究并完成报告，再借助信息处理中心的技术力量，共同完成视频的制作。

吴馆长改签了飞机行程，当晚飞回上海，直奔上图上情所。晚上 9 点的会议室里，当吴馆长手握信息咨询与研究中心以 3 小时的闪电速度赶制出的报告提纲，听到“我们一接到您电话，就迅速召集研究骨干，搭出了这个研究框架”时，既震惊又欣慰。震惊的是，研究人员的学识积累之深和反应速度之快；欣慰的是，这项紧急任务已经悄无声息地启动了。

第二天，吴馆长正式召集了研究力量，组建了一个临时研究小组，堪称上图上情所研究史上的最高规格。由馆所长吴建中亲自挂帅并担任组长，时任副馆所长陈超任副组长，两个业务中心的领导与几名研究员共约 10 人组成核心成员。研究小组虽然是临时组建，但工作效率奇高。一是为了这 15 天的准时“交付期”；二是考虑到两位馆所长密集的工作日程。于是，一边是研究员们一遍遍地修改研究报告，另一边是几位领导不断让办公室调整日程安排，尽可能抽空参与报告的讨论。大家都打趣道，“我们这个研究小组很擅长打‘游击战’：今天刚在信息咨询与研究中心的会议室里讨论过；明天可能转战食堂就餐区，吴馆长和陈馆长刚结束一个会议就匆匆赶来，与大家边吃饭边议稿；后天可能又集体出现在馆长办公室里，因为吴馆长临时多出 1 个小时的空档期，就会召集大家赶过去再来一次头脑风暴”。

就这样，这个高规格却颇有点行踪不定的研究小组，经过十几番的分头研究—集中讨论—再分头研究—再集中讨论，将研究报告一个字一个字地打磨成了精品。

3. 15 分钟短片背后的 15 个日夜

要在短短半个月内完成一份沉甸甸的报告，并首次采用视频化的展示手段，不啻为一项高难度挑战。

接到任务的当天，信息咨询与研究中心的领导和研究人员就迅速拿出了报告提纲。向来打有准备之战的研究团队，之所以如此神速，全赖对“科技创新中心”研究之底气。研究人员来自两个不同部门，却都是对“科技创新中心”有深入研究的资深研究员，有的专门跟踪发达国家的科技创新动态，有的则长期分析国际大都市的科技创新情况。大家共同探讨、互相启发、不断碰撞，开启了接下来 15 个日夜的研究征程。

第一稿，从全球科技创新格局的描摹开始，确定了美国、欧盟若干国家为主要的“国家级”研究对象，确定了硅谷、纽约为主要的“区域级”研究对象，并进行案例型研究。

第二稿，新增几个研究对象，包括从“快速追随者”到“领跑者”战略转型的韩国，欧洲最耀眼的科技创新中心——伦敦，以及冉冉升起的科技创新之城柏林。

第三稿，总结出各国科技创新战略发展趋势，国际大都市建设科技创新中心的共同特点等关键内容。

…………

第十八稿，针对“上海建设具有全球影响力科技创新中心的启示和建议”部分，做最后的斟酌和修改。

定稿那一天，研究小组成员悉数在场，看着投影仪上的文稿一页页的滚动，无不感慨这过去半个月的研究生涯堪比半年。每天吃饭睡觉，满脑子是科技创新、应用驱动、跨界融合等各种词汇；每天伏案工作，从查阅各国创新战略，到科创类指数的甄别与比较，再到城市科技创新的实践与总结，处处求真，时时求稳。

在一轮轮修改研究报告的同时，视频制作工作也在同步进行着。

由于市委的要求是在务虚会上播放一部短片，要在短短 15 分钟时间里，把全球科技创新的基本态势介绍清楚，以利于领导同志们就“科技创新”议题展开进一步的讨论。对于擅长文字工作，而对影像呈现基本一无所知的研究人员来说，真的是遇到了大难题。好在，上图上情所领导调集了一个视频制作的专业团队——信息处理中心的视频制作骨干，与信心咨询与研究中心的研究团队实时对接。

两个团队齐头并进，15 个日夜里马不停蹄，期间的碰头交流，再各自埋头研究和制作，再碰头交流，循环往复，每一段的文字内容，最终都要通过生动的图像和声音予以展示。每一帧的画面，又是研究的浓缩和观点的表达。大家严谨治学的态度，一丝不苟的精神，在整个研究报告和视频制作的过程中，都互有体悟，也在互相激励和精诚协作中，对于决策咨询服务的新内容和新要求有了新的理解。

4. 大考后的总结

将研究报告和视频短片递交给市委办公厅时，大家仍是惴惴不安的。很快地，我们收到了办公厅领导在观看样片后的迅速反馈，得知该片内部播放后，反响很好。

大考很快到来。

2014 年 12 月 15—16 日，中共上海市委举行“深入实施创新驱动发展战略学习讨论会”。4 个半天里，领导们会就围绕加快向具有全球影响力的科技创新中心进军的主题开展热烈的学习讨论。出席会议的范围涵盖了市委、市人大、市政府、市政协以及全市各部委办局、各区县、部分高校科研院所和企业。会议第一个专题的发言开始前，即播放了我们制作的片子，收获了一众好评，也出现了本文开头所说的“一些与会者还要求主办方提供‘拷贝’服务，带回去让未能出席的同志也能好好学习研究。”

历时半个月的特殊应急任务终于圆满结束。作为决策层幕后的智库机构，我们虽然没有收获掌声，但获得了历练。而且，此次的形式创新，即用视频来展示研究成果，是种全新的尝试，也启迪我们更多地思考未来决策咨询服务的多种表达方式。

（钟　婷）

十、“第三次工业革命”的大讨论

缘起

早在 2009 年 2 月 19 日，上图上情所就与《文汇报》合作在上海图书馆举办过一次主题为“新一轮的科技革命是否初现端倪?”的专家讨论会，意在思考应对当时全球经济危机的长远对策。那天杨福家院士、赵国屏院士、诸大建教授和上图上情所缪其浩研究员、成长于上情所的专利知识产权专家须一平进行了“头脑风暴”。2012 年，由美国“次贷危机”引发的全球金融危机已经过去了 4 年，其影响依然存在，全球经济增长乏力，各主要经济体都在努力寻求经济增长的新动力。经济学的增长理论告诉我们，经济增长的动力主要有三个：劳动、资本和全要素生产率的提高，其中全要素生产率的提高主要依赖科学技术的进步。长期以来，上图上情所配置了大部分研究力量对前沿新兴技术及其产业的发展进行跟踪研究，对科学技术作为“第一推动力”的作用深切认同。在这一时间节点上，我们意识到，发达经济体对于新兴技术领域竞争力的争夺将是当今世界的重要议题。

通过广泛、深入的文献检索，我们有几点认识：一是经济增长长周期（40～60 年）的低谷期常常与新一轮科技革命的孕育期相伴随；二是各发达经济体为迎接新一轮的科技革命，开始重新重视制造业的发展，其中美国的“再工业化”战略最具代表性，这一战略也成为发达经济体纾困的重要手段之一；三是我国经过30多年的改革开放，制造业得到较快的发展，尤其是劳动密集型制造业的规模举世瞩目，使得我国成为全球“制造大国”，但是，由于我国制造业总体而言处于各自产业链的底端，其价值创造能力较弱，且与“中国制造”相伴的是高能耗、高污染，因此其发展不具可持续性，制造业的转型升级势在必行。

有鉴于此，且恰逢上海市决策咨询委员会在2012年3月就相关的咨询研究课题进行公开招标，上图上情所及时组织了相应的研究小组，发挥我们在科技与产业情报研究方面的优势，认真撰写研究计划，积极申请，并获得了“发达国家高端制造业发展动向及对上海的影响与对策研究”的项目立项。

经过

上图上情所承担决策咨询项目并付诸实施，整个过程已经形成了较为规范的程式，大致包括综合性文献调研、初步研究框架的形成、问题的分解、形成初步研究成果、研究的深入与完善。其间涉及开题、中期汇报、专家咨询和结题汇报。成果的呈现形式则除了最终报告之外，还会针对相应的研究新发现，撰写专报或简报，以更及时地服务政策决策。引发“第三次工业革命”大讨论即是源自课题研究中的一份专报。

我们的项目在正式立项后即制订了更为详细的研究框架，并在上海市决策咨询委员会组织的第一次专家会议上做了汇报。在汇报的过程中，我们介绍了美国、欧盟对高端制造业发展战略的重视，并较为详细地分析了当今世界制造业，尤其是高端制造的发展现状与趋势。在谈及高端制造业的发展现状时，我们引用了当时新近出版的英国《经济学人》(*Economist*)杂志(2012年4月21日)的专题报道“第三次工业革命(The Third Industrial Revolution)”中的案例，特别是其中的3D打印(增材制造)，由此说明制造业正往数字化的方向发展——软件更加智能，机器人更加巧手，网络服务更加便捷。听到这些案例，上海决策咨询委员会的领导和专家都觉得耳目一新，希望我们对这一专题报道进行编译，做一份专报，以利于市领导决策参考。

领此任务后，我们从上海图书馆外文期刊阅览室找到原刊，仔细研读，综合这一辑专题中的 7 篇报道，编辑了一期简报《第三次工业革命》，并通过上海决策咨询委员会于 2012 年 5 月 24 日以专报（第 5 期）的形式上报市领导，当天即得到时任市委书记俞正声同志的批示：此文应在报上发表。5 月 28 日，《解放日报》《文汇报》刊登了该专报文字，同时在头版登了标题并做简介（图 5.15、5.16）。由此，在各界掀起了针对“第三次工业革命”的大讨论。

解放日报
JIEFANG DAILY
2012年5月28日 星期一
解放日报报业集团出版

产业区集聚高端制造成自主创新“摇篮”，南汇新城配套日趋完
临港地区展现上海经

创新驱动 转型发展

英国《经济学人》论述当今数字化革命
第三次工业革命 改变制造业格局

构建新体系 转型当率先
专家解读市第十次党代会精神

文匯報
2012年5月28日 星期一

创新创业·“千人计划”专家的上海故事
胡志宇教授正致力于研究一种“颠覆常识的火”，他相信这将“改变人
大幅度降低燃烧时的热能消耗，提高能源利用效率——
“纳米燃烧”映照宏大

第三次工业革命

上海市选举产生党

图 5.15　两报头版导读上情所简报

也许是巧合，就在我们的《第三次工业革命》简报全文刊发在上海主流媒体上的当天下午，第十七届中共中央政治局正在进行第 33 次集体学习，主题是“坚持走中国特色新型工业化道路和推进经济结构战略性调整”。就在同时，5 月 28 日—29 日欧盟委员会也在召开着眼长远增长的峰会，主题为“增长欧洲领跑第三次工业革命”，而杰里米·里夫金先生也参与了此次峰会。

5 月 29 日，《东方早报》的副刊《上海经济评论》刊登了一个访谈和 3 篇专题文章。访谈的对象是英国《经济学人》特别报道《第三次工业革命》的作者保罗·麦基里（Paul Markillie）。麦基里介绍了他作这一特别报道的缘起，对中国在全球制造业中的发展机遇做了简要的判断，并建言上海发展新兴制造业需要培养和吸引更多优秀人才。其他 3 篇文章则涉及工业革命的历史、相应

10 解放日报　新论·广告　2012年5月28日　星期一

第三次工业革命

编者按

近期出版的英国《经济学人》杂志（2012年4月21日）专题论述了当今全球范围内工业领域正在经历的第三次革命（the third industrial revolution），即数字化革命。一系列新技术的发明和运用，让数字化革命正在我们身边发生——软件更加智能，机器人更加巧手，网络服务更加便捷。与以往历次工业革命一样，第三次工业革命也会对制造业的发展带来巨大影响，它将改变制造商品的方式，并改变就业的格局。第三次工业革命意义何在？其对制造业发展会产生什么影响？现将此文编译后略作删减加以刊登，以飨读者。

在沙漠中央工作的工程师发现自己缺少某件工具，他不必再让人从离他最近的城市送来，只要简单地下载工具设计图，然后把工具“打印”出来即可。“添加型制造”只是引领未来制造业的众多突破之一

随着直接从事制造行业的人数的减少，劳动力成本在整个生产成本中的比例也将随之下降。这将鼓励制造商将一部分制造行业迁回发达国家

生产方式像个轮子一样兜了个圈又回到了原点，从大规模生产方式又转到了更加个性化的生产方式。未来的工厂将更关注个性化定制

这场革命不仅将影响到如何制造产品，还将影响到在哪里制造产品。在未来人们要想从事制造业，需要掌握更多的技能

（市决策咨询委员会“发达国家再制造业发展动向及对上海的影响与对策研究”课题组 编译）

图 5.16　《解放日报》全文刊载上情所简报

的理论思辨，以及对上海“新型工业化”的探讨。

此后一段时期内，对“第三次工业革命”的讨论进一步深入，《文汇报》的副刊《文汇学人》在6月5日刊出了一组专题文章，指出了“再工业化”对新旧技术革命交替的重要性，分析了在第三次工业革命中中国引领亚洲的方略等。

通过上海媒体对“第三次工业革命”的介绍与讨论，美国沃顿商学院（Wharton School）教授、未来学学者及社会批评家杰里米·里夫金（Jeremy Rifkin）在2011年9月出版的新书《第三次工业革命：分布式电力如何改变能源、经济与世界》也进入关注“第三次工业革命”各界人士的视野，其中文版在2012年6月推出即成为全国炙手可热的畅销书。有关“第三次工业革命”的讨论延续了近一年时间，全国诸多媒体对此组织了相应的讨论，引起了各界对我国制造业升级、经济增长模式的转换、技术创新、新兴产业发展

的促进政策等重要议题作了广泛而深入的思考。

启示

回顾上图上情所一份专报引发针对“第三次工业革命”的讨论，我们觉得这是科技情报工作者在技术与产业情报的研究中应尽的义务。在沪上乃至国内媒体热烈讨论这一话题的时候，上图上情所仍然继续跟踪这一主题，并利用我们的品牌简报《上图专递》，连续三期“解码第三次工业革命”对工业革命、上海制造业（工业）的发展等问题做了全面的情报分析与梳理，得到了市委市府领导的好评。

当然，在这次专题情报服务中，我们也发现了自己弱项所在。出于情报意识，我们对某些新兴技术与产业的发展动态和趋势，有较为敏锐的触觉，能够及时地发现热点与亮点，比如对 3D 打印技术、创意产业，以及“第三次工业革命”等动态的关注与反应，往往要超前于其他决策咨询机构。但是，我们尚缺乏将问题的探讨进一步深入的能力，往往是我们把火点起来了，即告退隐，后续的燃料却是由其他机构的学者来提供。也许可以说这本来就是科技情报工作的性质所致，他们主要职责就是发现热点问题，点燃“这把火”后就再去发现另外的热点。但是，随着信息技术的不断发展，信息获取的门槛越来越低，科技情报机构的资源优势日渐消失，如何培植自己的新优势、如何提升自己的情报服务能力，就是我们必须考虑的问题。

通过这次专题情报服务，我们深切感受到，作为新时代的科技情报工作者，在社会分工不断细化、新兴专业领域急剧增多的情况下，必须不断拓展自己的知识视野，掌握新的情报分析方法和分析工具，提高情报服务的效率与质量。同时，也需要在“专”与“精”方面有所提高，不能仅仅满足于“点火”，也要有“续燃”的能力。

（陈　晖）

十一、《上海宣言》与《上海手册》

2002 年上海申办世博会成功之后，有一个谜团困扰了人们很久。

“谜面”来自一幅历史悠久的油画，出自于英国著名画家亨利·赛伦斯的手笔，他在 1851 年首届世界博览会结束后不久，用画笔再现了开幕典礼上的盛况。只见维多利亚女王居中而立，左右两侧是前来出席博览会的各国宾客。令我们吃惊的是，盛典上竟有一位身着大清国朝服的中国人的身影。

是谁，早早地为中国与世博会之间结下难解的缘分？

上图上情所对此做了一番文献考证，发现这位中国人叫希生，是乘坐“耆英”号货轮于 1846 年 12 月从广州出发的，途经好望角，到过纽约，最后来到伦敦。他所带的众多中国工艺品吸引了大批当地人前来参观。

正是图情人耗费大量时间搜集了各种世博会信息，最终从 1851 年 5 月 22 日的《匹茨菲尔德太阳报》中找到了答案；后又从英国作家狄更斯在《王室记事》中对希生的描述得到了文字上的佐证，肯定了中国人与第一届世博会的缘分。

这一番基于图情工作者的开源情报能力而进行的精彩搜寻，也锁定了上图上情所与上海世博会之间的缘分。且延续至今。

1. 最大公约数

上图上情所于 2003 年 1 月正式成立“上海世博会信息中心”，不仅提供了大量世博信息，组织了百场世博讲座，编撰了十多种世博图书，更重要的是，还参与到上海世博会主题演绎的过程之中，参与到场馆和论坛策划的过程之中，甚至参与到《上海宣言》和《上海手册》的研究与撰写过程之中。

2010 年 10 月 31 日下午 5 时，时任上海市常务副市长、中国 2010 年上海世博会执委会常务副主任杨雄，在上海世博会高峰论坛上，代表来自全球各地的参展方和所有参与者，宣读了凝练又厚重的《上海宣言》。

1 600 字，23 句话。

这是一份对上海世博会纷繁多元的展示、演出、论坛的高度提炼，是对“城市，让生活更美好”主题的系统梳理。这是历史上第一份由联合国、国际展览局和世博会主办国共同起草，并获得所有参展方认同的倡导性声明和国际文件。这是上海世博会为世界留下的一份丰厚精神遗产。1 600 字，花了漫长的时间，存下 10 多个版本，集中了数百位专家的智慧，一直备受联合国、国际展览局和中国政府高层领导人关注。

有幸的是，图情工作者们也为这份世纪性的《上海宣言》贡献了绵薄之力。

当时，上海世博局成立宣言起草专家小组，每位专家都是相关领域的权威人士，且身后都聚集着为数可观的专业团队。而时任上图上情所馆所长吴建中就属此列，并且在最后阶段，他成了终稿的 4 位主执笔者之一。

幸运的是，当年的我作为新晋图情人，本着学习之心，亲眼见证了《上海宣言》的起草过程。当时的吴建中馆所长、陈超副馆所长和读者服务中心曾原副主任，作为一个专家团队，在会议室头脑风暴多次，几易其稿，且每一次改稿都是投在大屏幕上，逐字推敲、反复斟酌。

我们所递交的版本与上海国际问题研究院的版本合并，再后来，这一合并的版本又与同济大学的版本合并，形成了两个送审版本。最后按上海世博局的要求，与国际展览局、联合国经济社会部以及外交部的专家一起讨论了数次，将两个版本合并，完成了最后的起草工作。

对整个团队来说，《上海宣言》的撰写，并不仅仅是一项文字工作，而且体现着图情工作的特色。正如吴建中馆所长在整个起草过程中所强调的，“宣言应当是最大公约数”。这一方面意味着，《上海宣言》应当凝结全球智慧，体现各方的合作与让步；另一方面对图情工作者来说，我们在起草、调整过程中，不断学习、提高，立足更高的格局和视野，尽可能多而全面地了解当下全球城市的发展现状与需求——譬如西方发达国家更多关注的是城市如何提供公共服务、强调社会各阶层、各种群体间的和谐；非洲国家则存在城市化早熟现象，他们更关注农村的保留和城乡和谐。

视角不同、解决方案不一，这是必然的，但是根本价值观是一致的，而情报思维可以帮助我们梳理，觅得最具有共性的表述。

上海世博会闭幕了，《上海宣言》却开启了城市时代的崭新未来；我们的世博情报工作，则仿佛刚提笔写下一页新的序章。

2. 最佳实践区

世博会圆满落幕的一年后，2011 年 11 月 7 日，时任联合国副秘书长沙祖康、国际展览局秘书长文森特·冈萨雷斯·洛塞泰斯、上海市市长韩正，共同为一本名叫《上海手册——21 世纪城市可持续发展指南》的书作了序。书的第十章“大型活动与城市转型发展”专门把上海世博会的成功举办作为一个优秀实践案例进行了剖析和解读，且特别提到了上图上情所在其中所做出的贡献。

《上海手册》是如何来的呢?

为了使上海世博会的精神遗产得以保存和流传，联合国、国际展览局和世博会组委会共同呼吁：认真总结上海世博会展览展示、论坛和城市最佳实践区的思想成果，汇集各国城市发展的宝贵经验和人类探索城市发展的共同智慧，在全球范围内进行推广，为城市管理者提供城市建设和管理的经验。

城市最佳实践区是2010年上海世博会的创新，也是切题之举，集中展示了世界各国在现代化和城市化进程中，处理环境、历史、市民关系时的应对智慧。而为了在世博会后延续城市最佳实践区的展示方式，修编《上海手册》的想法应运而生了。

从某种意义上说，《上海手册》正是文字版的“城市最佳实践区”，旨在为全球的城市治理者提供一份桌上指南，用案例形式，解读不同的城市在应对城市化挑战的过程中所采用的切实可行的解决方案。

在联合国经社部、国际展览局和世博会执委会三方的共同推动下，《上海手册》第一版的修编工作于2011年步入正轨。如前文所述，上图上情所不仅被写入了书中，也受邀成为修编团队之一，具体负责在联合国专家撰写初稿的基础上修改完善手册第八章“信息通信技术与智慧城市建设”和第九章“开放共享的多元文化社会”，由当时的吴建中和陈超两位馆所长带领杨荣斌、曾原、陈骞、叶晓芊等共同完成了起草。据执笔者回忆，“‘智慧城市’在当时还是较新的概念，但在开展《上海手册》研究之前，上图上情所已在为上海市经信委和上海市科委编写的简报中多次提及相关的理念与实践。”在此基础上，研究团队走访了业内专家，对信息通信技术之于智慧城市建设方面的全球共性问题与挑战展开了调研，再以问题为导向，以情报的方法寻找到了相应的最佳案例。

2013年12月，第68届联合国大会通过决议，正式将每年的10月31日设为“世界城市日”。为做好协调工作，上海成立了“上海世界城市日事务协调中心”。该中心作为常设机构，在国内外组织开展与“世界城市日”相关的宣传推广活动，同时还要负责五年一度的《上海手册》的更新与出版。

于是，时隔五年，我们再一次受邀，与复旦、同济、上海财大、上海社科院、上海国际问题研究院、上海城市规划设计研究院等本市重要科研院校和智库的相关领域的知名专家学者，一同进入新一轮庞大的修编团队。吴建中、陈超两位馆所长与杨荣斌主任再次挂帅，负责“文化传承与创意城市”章节的编写。因为长期跟踪城市文化发展的缘故，我再次有幸，参与了这个强大的执笔团队。记忆最深的是，在接到任务的第一时间，两位馆所长便组织整个团队开展策划会，共同探讨行文框架和遴选案例的方向，几经商议，确定以“在快速城市化发展中，如何开展文化遗产保护、发展文化创意产业、促进多元文化”这样的逻辑主线贯穿全文。在确立方向之后，我们以图情方法对得到国际社会认可的城市案例库进行了尽可能全面地检索，并基于可推广、有创新性、区域平衡性等原则筛选出了一组能体现文化之于城市可持续发展的助力方面的优秀案例。

令人振奋的是，这份手册的英文版在 2016 年 10 月召开的第三届联合国住房和可持续城市发展会议（“人居三”大会）上举行了首发仪式，并作为重要文献资料提交第 71 届联大以供评估。对此，“人居三”秘书处执行主任克洛斯特别赞扬了《上海手册》为全球城市化进程提供了最佳实践范例。

从“最大公约数”到“最佳实践区”，我们每完成一项情报研究，似乎总在遵循着这样一条逻辑：起初，我们运用情报思维，不断探索信息的边界；继而，在海量的信息之中，准确找到那些亮眼的宝石。

再次感慨有幸成为一名图情人——城市让生活变得更美好，对于这份美好，我们作为记录者、观察者、研究者，不仅身在其中，也有了可贵的机会为之薄尽绵力。

（施　雯）

十二、上海市前沿技术发展研究中心软科学基地建设

2012 年 6 月 29 日，上海市科技委员会在其官方网站上发布了新一轮的上海科技发展基金软科学项目立项清单，此次发布的项目除了和以往一样的有主体项目和自选项目外，多了一类项目——研究基地，上图上情所的前沿技术发展中心成为首批四家之一。

软科学研究基地是上海市科技委员会首次以支持团队研究的方式，而非以

往以支持项目的方式，主要目的是为了进一步推动上海软科学发展，选择若干具有较为丰富的软科学研究经验、拥有稳定且结构合理的人才队伍、在具体领域具有较强研究实力、能够高质量完成各类调研以及相关研究任务的研究团队，搭建围绕本市科技、经济、社会发展的重大和前瞻性问题，支撑政府决策的软科学研究平台，研究基地建设周期为 5 年。2012 年，上海市科委通过前期调研及专家评审，首批认定 4 家基地——上海交通大学知识竞争力与区域发展研究中心、华东师范大学跨国公司创新研究中心、上海社会科学院创新型城市发展战略研究中心，以及上图上情所的前沿技术发展中心。其后，2013 年 7 月，新增认定复旦大学科技创新与公共管理研究中心等 4 家软科学研究基地，2014 年又新增认定同济大学产业创新生态系统研究中心一家，截至 2018 年 7 月，上海市科委共认定 9 家软科学研究基地。

上图上情所的前沿技术发展研究中心软科学研究基地于 2012 年 11 月 25 日正式揭牌，时任国家科技部副秘书长郑国安、时任上海市科技党委书记陈克宏、时任上图上情所馆所长吴建中共同为基地揭牌（图 5.17），时任中国科学技术信息研究所所长贺德方代表中信所对基地的揭牌表示了祝贺。同期，围绕前沿技术发展研究中心软科学基地建设方案进行了研讨，基地负责人、时任副馆所长陈超代表基地汇报了基地建设规划方案，时任上海市科学技术委员会巡视员徐美华、上海科学院钮晓鸣院长、时任上海社会科学院信息研究所所长王世伟，以及上海市科学学研究所、上海社会科学院、中国科学院上海生命科学信息中心和上海市科委办公室、基础研究处、发展计划处、条件财务处等相关专家和领导参加了研讨（图 5.17）。

图 5.17　基地揭牌和研讨

按照上海市科委和上图上情所的设想，前沿技术发展研究中心基地主要发挥上图上情所长期在跟踪国际科技创新的优势和积累，围绕上海市科技、经济、社会发展的重大和前瞻性问题为方向，建立起国际科技创新前沿、新兴产业最新动向和发展趋势的研判体系，建立起及时反映重点发达国家科技创新体制、政策最新动向的监测体系，并形成一支能够有效支撑政府科学决策、及时响应政府情报需求的专业研究队伍。

基地自成立以来，围绕跟踪国际科技创新最新前沿、研究发达国家最新科技产业政策，把握科技创新发展的主要特征和重要趋势的基地建设目标，通过项目带动，逐步锻炼出一支结构合理、研究经验丰富，并且能够有效支撑政府科学决策、及时响应政府情报需求的专业情报研究队伍。根据专业分工、长期跟踪的要求，基地形成了前沿技术和新兴产业研究、发达国家科技政策、专利信息分析三支专业化研究团队。其中，前沿技术和新兴产业研究团队又分为信息技术领域、新材料、新能源、生物医药、智能装备 5 个领域研究小组，每个领域都有若干研究人员。发达国家科技政策研究团队又按美国、欧盟、英国、德国、日本、韩国等国别由专人跟踪。专利信息分析团队在专利信息分析、专利地图分析等领域经过五年锻炼已处在国内前列，拥有了 3 名全国专利信息领军人才、2 名全国专利信息师资人才、4 名全国专利信息实务人才，有 4 人拥有专利代理人资格证书。五年来，承担和参与基地研究项目的研究人员共有 36 名，其中有 8 名正高、18 名副高，高级职称比重达到了 72%。在这 5 年中，由于基地项目带动，有 15 人次承接到了国家发改委研究项目、上海科技发展基金、上海市决策咨询研究课题等国家和市级项目。同时，通过基地的培养，有 5 名副高研究人员顺利晋升到正高，14 名中级研究人员晋升到副高，同时也引进 3 名新成员。

基地聚焦上海科技重点发展方向、战略性新兴产业、高新技术重点领域，通过跟踪国际科技创新最新前沿、研究发达国家最新科技产业政策，初步建立了国际前沿技术和新兴产业的研判体系、发达国家科技产业政策监测体系两个体系，完成了包括 3D 打印、微电网、储能电池、脑科学等 31 份前沿技术和新兴产业发展态势研究报告，和无线充电、人工智能、自动驾驶等领域 29 份前沿技术专利分析报告，以及《美国联邦大数据研发战略计划》《日本第五期科技基本计划解读》《引领第四次工业革命的德国“工业 4.0”》等 40 份发达国家和地区科技产业分析报告。同时，为了支撑“十三五”期间上海科技创新重点领域选择和上海建设具有全球影响力的科创中心建设，完成了《“十三五”前沿技术分析判断》和《国际大都市科技创新能力评价》两份专题研究。基地完成的 100 份专题报告中，被市科委《科技发展研究》录用 30 期、市科委《工作调研》录用 3 期。同时，基地利用 5 年的研究积累，撰写并出版了 3 本专著:《世界新兴产业发展报告》(上海科技文献出版社，2015)、《从“园区时代”到“城市时代”——全球科技创新中心战略情报研究》(上海科技文献出版社，2016)、《专利战术情报方法与应用》(上海科技文献出版社，2015)，并在《图书情报工作》《情报杂志》《情报理论与实践》等核心期刊发表了 7 篇文章，以及其他相关期刊 26 篇文章。同时，基地研究人员和加拿大西安大略大学（western ontario university）教授 Liwen Vaughan 合作在 Aslib Proceedings、JASIST 等知名杂志发表有关情报研究方法等文章 3 篇。基地研究成果连续 4 年被评审专家和市科委认定为优秀。

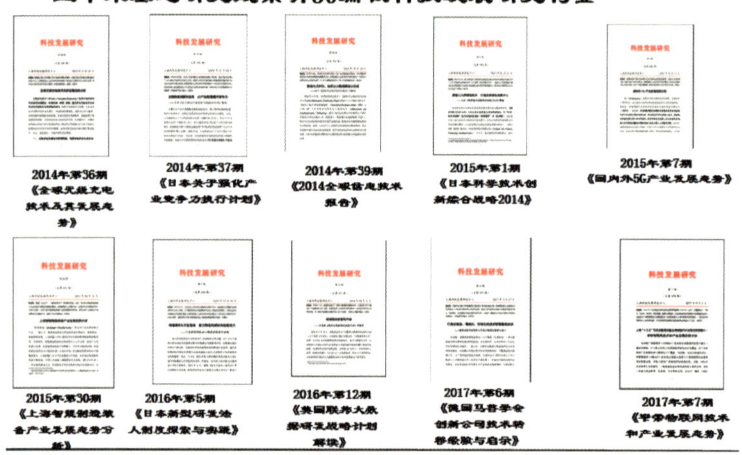

图 5.18　五年来基地研究成果有 30 篇被科技发展研究刊登

基地研究人员在完成科委的研究任务基础上，积极承担多项国家和上海市研究项目，如承担完成了国家发改委委托的“信息消费研究”“国内健康服务业测算研究”，得到国家发改委的肯定；承担了两个市级“十三五”专项规划研究编制——《上海促进电子信息制造业发展“十三五”规划》《上海促进软件和信息服务业发展“十三五”规划》，两个规划描绘了“十三五”期间上海

图 5.19　基地研究成果出版了 3 本专著

电子信息制造业、软件和信息服务业发展的蓝图和路径，得到了市经信委肯定，两个规划已于 2017 年 1 月 16 日和 2 月 10 日正式向社会发布；承担完成了上海科技发展基金软科学项目 5 项，如“战略性新兴产业重点领域发展趋势研究——以大数据产业为例”等；承担了上海软件和集成电路专项资金项目 4 项，如“信息技术新兴产业发展趋势研究”等；承担上海决咨委和市府发展研究中心项目 1 项。

五年来，基地积极发挥在科技前沿和科技政策方面长期跟踪的优势，为政府相关部门提供情报支撑和决策依据，取得了很好的效果。2014 年，基地充分发挥了对国际科技创新前沿跟踪研判的优势，制作了反映全球科创中心发展最新动向的视频资料，视频在 2014 年 12 月中共上海市委举行“深入实施创新驱动发展战略学习讨论会”上播放（图 5.20），得到了参加专题讨论会各级领导的好评。为了对上海科创中心建设提供更好的情报支撑，基地 2015 年度研究计划中增加了对国际大都市科创中心能力的评价研究项目，于 2015 年 10 月完成《国际大都市科技创新能力评价》报告，并在上图上情所举办的 2015 年竞争情报上海论坛上进行了发布，得到了社会广泛的关注。同时，报告通过专报形式上报给市有关领导，专报 11 月 5 日获得了市委主要领导的批示。2016 年 4 月，正当上海相关部门研究上海科技创新中心建设的相关指标时，基地接受市委办公厅委托，对国际上有关科创中心的评价指标进行分析研究，并撰写完成了《借鉴“纽约创新指数”和“硅谷创新指标”建立上海科技创新评价指标体系》专报，专报于 4 月 30 日得到了市府主要领导批示。

图 5.20 《上海观察》2014 年 12 月 18 日刊登文章《中共上海市委召开“深入实施创新驱动发展战略学习讨论会”》称“片子的针对性很强，各个中心城市的比较优势、发展路径一目了然，据说一些与会者还要求主办方提供‘拷贝’服务，带回去让未能出席的同志也能好好学习研究。”

基地积极搭建国内外合作交流的网络和平台。通过项目合作、共享专家资源等方式和上海交通大学、复旦大学、华东师范大学等重点高校、上海生命科学研究院、上海机电科技情报所、宝钢研究院等企事业单位，以及上海市集成电路行业协会、通信制造行业协会、交通电子行业协会、物联网行业协会等建立了紧密的合作研究网络，同时依托国内科技情报体系在各省市地区的情报所建立相互合作的研究网络和专家网络。基地和国际竞争情报从业者协会、日本竞争情报学会等建立合作关系，并且在国际论坛举办合作方面取得了成效。基地建立良好的合作关系，每年都会派研究人员参加国际专利信息工作者协会（Patent Information Users Group，Inc，PIUG）、国际竞争情报专业者协会（Strategic and Competitive Intelligence Professionals，SCIP）举办的学术交流年会，五年来共派出 12 人次研究人员。此外，基地研究人员和加拿大西安大略大学教授 Liwen Vaughan 合作在加拿大信息科学第 38 届 2010 年会暨 2010 年加拿大人类学社会学大会发表 *Extending Web Co-link Analysis to Web Co-word Analysis for Competitive Intelligence* 论文。2013 年 6 月 15—16 日，基地和麻省理工《科技创业》杂志联合主办了“世界新兴技术峰会暨竞争情报上海论坛”，这次会议是 MIT “EmTech 世界新兴技术峰会”首次在上海举行。此次论坛以“世界前沿技术趋势与产业竞争情报”为主题，邀请来自麻省理工《科技创业》杂志、麻省理工学院、新加坡国际企业发展局以及微软、美国应用材料等知名企业的近 30 位国内外产业前沿专家、企业管理层、政府官员、竞争情报专家和行业专家，就前沿技术、新兴产业及竞争情报等论题作报告交流。2015 年 10 月 22—23 日，基地在上图上情所召开以“创新、创业、创客与竞争情报”为主题的国际论坛（图 5.21），邀请了来自美国战略与竞争情报从业者协会（SCIP）、日本经济大学、日本森纪念财团、台湾工业技术研究院、中欧国际工商学院以及海尔集团等知名机构和企业的 20 余位国内外竞争情报专家、企业决策者和区域研究学者，就城市创新、创业投资、创客与竞争情报等论题作报告。其中“创新中心：情报的视角”专题论坛围绕上海建设具有全球影响力的科技创新中心展开，邀请了来自日本东京明治大学、日本森纪念财团、台湾工业技术研究院、上海社会科学院、华东师范大学等机构的专家，和基地研究团队一起探讨科技创新中心建设。

图 5.21　2015 竞争情报上海论坛

2017 年 3 月，上海市科技委员会启动了对首批建设的软科学研究基地进行评估，上图上情所的前沿技术发展研究中心在 5 年内完成的丰硕成果，得到了评估专家的好评，圆满通过了第一期 5 年建设的基地评估，顺利进入新一轮建设周期。在新一轮的建设周期中，基地将继续专注于“前沿技术跟踪、筛选和剖析”，聚焦在“研究研判国际科技创新最新前沿、新兴产业，解读分析发达国家最新科技产业政策，准确把握科技创新发展的主要特征和重要趋势，为政府决策提供科学依据和重要参考”的研究方向，进一步完善国际科技创新前沿、新兴产业最新动向和发展趋势的研判体系，进一步完善及时反映重点发达国家科技创新政策最新动向的监测体系，探索形成对前沿技术分析预测的技术情报研究模型、工具和方法，完善国内合作网络，探索建立国际合作网络。

（杨荣斌）

十三、国际大都市科技创新能力评价研究报告

“国际大都市科技创新能力评价”研究，是上图上情所与科睿唯安公司合作，采用文献计量的方法对国际大都市科技创新能力进行评价的研究项目。2015 年 10 月，第一期研究报告发布以来，已经连续发布 4 期年度研究报告。项目研究成果取得较好的反响，2015 年得到时任中共上海市委书记韩正的批示，2017 年获得上海市决策咨询一等奖等多个奖项，研究成果及数据被新华网瞭望智库、《上海科技创新中心指数报告》等采纳。

1. 为什么要选这个选题

2014 年 4 月，习总书记在上海调研，明确要求上海要加快向具有全球影响力的科技创新中心进军，情报人的第一反应就是要对标研究国内外城市科技创新的态势，这样才能找到上海自己的道路。

近年来，城市在国际竞争中的重要性越发凸显，世界各国都积极致力于培育和提高城市创新能力，在全球版图上如火如荼进行创新型城市的建设，如伦敦、纽约、东京、新加坡等纷纷将“创新型城市”设定为城市建设的目标和发展理念，以期在未来对全球实现最有力的战略争夺。新一轮科技革命和产业变革孕育兴起，推动全球新一轮科技创新的竞争不断加剧，使得科技创新能力建设成为全球城市创新的核心内容。

城市重要作用的提升，使城市科技创新能力评价成为一个值得关注的问题。通过城市科技创新能力科学评价，可以明确城市各方面创新能力的强弱以及城市创新的优势和劣势，有效地反映城市创新系统的运行状况，以利于决策者及时发现城市创新系统中存在的问题，并进行针对性调整，为进一步完善城市创新系统指明方向，为政府制定和实施城市创新战略提供依据，从而积极响应国家“十三五”科技创新规划，全面服务于上海市“科创中心”

的建设工作。

2. 我们独特的研究方法

在我们开展课题研究之前，国际上已有多个知名机构发布创新城市年度报告，如澳大利亚智库 2thinknow 的《全球创新城市指数》对全球 500 城市进行创新排名；普华永道的《机遇之都》评价了全球 30 个具有代表性的城市，并做了排名；日本森纪念财团的《全球城市实力指数》对全球 42 座大都市进行评价和排名；毕马威的《全球科技创新报告》对全球 16 座大都市进行评价和排名。

这些创新城市评价报告研究非常深入，但也有不足。比如，报告中使用的指标很多都来自统计资料。一般来讲，统计数据均会有一定时滞，无法很好地反映当前的情况。另外，许多城市统计指标，如城市研发投入，甚至是城市的 GDP，往往难以查到官方统计数据。实际运用中不少采用估算的方法，可能会产生较大的误差。

课题组结合自身情报研究优势独辟蹊径，使用专利、论文以及国际权威榜单为基础，以文献计量手段来评价城市的科技创新能力，其中专利揭示技术创新能力，学术论文揭示学术创新能力。以专利、学术论文和权威榜单为基础，进行定量分析，建立指标体系，较为全面地评价城市科技创新能力。与使用统计数据相比，专利和论文等事实性数据具有准确性、实时性和可重复性的特点，运用定量分析方法，使得统计的时滞较短、误差较小。

3. 研究方法在实践中不断完善

"国际大都市科技创新能力评价"系列报告已经制作了四期，研究方法上也在不断完善。《2015 国际大都市科技创新能力评价》报告中，我们以专利和论文为基础，从创新主体、创新态势、创新热点、创新质量、创新合力 5 个维度和 70 余个指标，来评价十个城市的科技创新能力。

《2016 国际大都市科技创新能力评价》报告中，除了沿用 2015 年报告的研究方法外，增加了第二条研究主线：以国际榜单为基础考察城市创新能力。我们采集国际知名机构及论坛发布的新兴技术榜单，提取 10 个国际上较为关注的新兴技术，从新兴技术城市专利和论文排名角度对 20 个城市科技创新能力进行评价。

《2017 国际大都市科技创新能力评价》报告中，继续沿用 2016 年报告的研究方法，并丰富了第二条研究主线。采用的国际榜单中，除十大新兴技术外，新增以全球顶尖科学家、领先技术研发机构和领先学术研究机构国际排名为基础，考察 12 个城市的科技创新能力。研究方法的另一个重要提升是建立了城市科技创新能力指标体系，融合了上述两条研究主线的 59 个重要评价指标，形成了 12 个城市科技创新能力排名。

《2018 国际大都市科技创新能力评价》报告中，继续沿用 2017 年报告的研究方法，在第二条以国际榜单为基础的研究主线上，新增以国际高质量 PCT 专利、高质量论文为基础的城市榜单，总共形成 7 个相应的城市榜单，考察 20 个城市科技创新能力。同时也进一步完善了指标体系，从 59 个评价指标增加到 65 个指标，形成 20 个城市的科技创新能力排名。

4. 研究中的困难与应对

我们在文献调研时发现，国际上区域创新能力评价报告中，反映国家创新能力的报告多，反映城市创新能力的报告少，这是我们立项城市创新能力评价课题的原因之一，但实际上之所以城市创新能力评价报告少，一个重要因素是城市相关的很多统计数据不完整，如国外很多城市的研发投入、城市年度 GDP 没有官方统计。而我们以专利和论文为基础的研究中也有类似问题。如专利数据库中并没有城市的字段，对我们检索一个城市的专利形成了障碍。

2015 年，我们开始课题研究的时候，专利数据库最早是选择科睿唯安的全球专利数据库，虽然专利数据库没有城市字段，但我们通过申请人地址字段中的城市信息，可以检索到指定城市的专利。经过数据采集，到了分析阶段，我们发现日本、韩国等城市专利数量与预计的不符。经进一步研究发现，日本、韩国专利经过翻译成英文以后，地址信息丢失严重，造成这些国家的城市检索数据严重失真。经过研究，我们选择加工质量较好的世界知识产权组织 PCT 专利作为我们的专利数据库。

PCT 专利是国际上公认的高质量专利，我们选择 PCT 专利实际上也解决了各个国家专利质量高低不均的难题。同时，PCT 的申请人字段比较完整，不会造成严重的系统误差。但在检索中仍遇到一些障碍。例如伦敦市，我们所知的是英国伦敦，实际上加拿大也有伦敦市，只以 London 为检索词检索时，会将加拿大伦敦市也纳入检索结果中。又如，纽约市属于纽约州，如果用 New York 作为检索词检索时，会将纽约州所有的城市纳入检索结果中，影响查准率。作为应对，课题组综合使用了检索语言中的位置算符、邮政编码等方法和检索技巧，保证了城市专利的查全率和查准率。

5. 研究成果与取得的社会效益

2015 年立项至今，课题组已撰写并发布了 4 份年度研究报告、4 份简报，发表了 3 篇学术论文。《国际大都市科技创新能力评价》报告形成的简报，在 2015 年获得时任中共上海市委书记韩正的批示，2017 年被评为上海市决策咨询一等奖、2016 年获得华东地区科学技术情报成果一等奖、2016 年获得上海市科学技术情报成果一等奖。课题研究成果、结论及研究数据被新华网瞭望智库、《上海科技创新中心指数报告》等采纳。课题得到的结论被《解放日报》、《文汇报》、《上海科技报》、中国新闻网、新华网、大公网、凤凰网、环球网等媒体报道和转载。

（顾震宇）

十四、围绕上海迪士尼的信息与研究服务

2011 年 4 月，经过漫长而艰苦的谈判和筹备，上海迪士尼项目终于奠基了。而在此之前，上图上情所舆情剪报团队为项目投资方之一的上海申迪（集团）有限公司（以下简称“申迪集团”）的信息服务工作早已悄然启动。我们撰写的《上海迪士尼项目媒体关注话题分析报告》梳理出 34 个话题的官方口径和媒体观点，为项目顺利开工提供了充足的舆情应对准备。之后，整个团队与上海迪士尼项目又经历了前期的建设与筹备、2016 年的正式开园以及目前的运营期。项目工作的范围已经从普通的信息服务工作延展至主题乐园行业、文创领域的信息研究。

一、以竞争情报的思维深度服务上海迪士尼项目

1. 以上海迪士尼项目为核心的主要服务

作为项目的投资方，申迪集团希望充分了解项目建设及运营过程中外界对

该项目的反应，所以委托上图上情所剪报团队为其进行媒体报道等舆情信息的搜集。

（1）充分了解项目背景及建设进度，为信息搜集工作打下良好基础。项目负责人在媒体报道的搜集前期以及搜集过程中，充分了解并实时更新掌握上海迪士尼项目的基本概况，如项目的投资方、投资额度、建设面积、配套设施、交通设施、园区风格、主题片区、主要设施、园区特点、中国元素、票务信息、试运行、开园时间等。同时，由于上海迪士尼项目是一个中美合资项目，所以对于美方华特·迪士尼集团也需要充分的了解，比如，迪士尼乐园在全球的分布情况、各乐园的概况、园区风格、迪士尼高管、迪士尼旗下企业信息、迪士尼在中国的发展。此外，剪报团队受邀参与项目主体三方信息沟通，及时掌握项目的关键节点和重大事项，为舆情收集和研判提供了更多信息支撑。

（2）加强信息甄别，预判舆情走势，增强信息搜集工作的满意度。上海迪士尼项目的信息搜集工作主要目的在于发现负面信息，而发现负面信息就需要工作人员对于所搜集到的信息进行筛选、甄别，靠的是工作人员的眼力、脑力和智力。鉴于对项目各方面信息的充分掌握，工作人员在信息搜集的过程中确实多次发现了项目的负面信息。比如前期还处于保密阶段的迪士尼项目投资额被媒体提前透露。再如，工作人员在迪士尼旗下广播公司 ABC 于美国发生“辱华事件”时，提前预判这一事件可能影响至上海迪士尼项目；果不其然，事情发生两周后，彭博社的一篇报道直指该事件对上海迪士尼项目的影响。正是由于全面了解华特·迪士尼公司本身的组织关系及其旗下企业的分布，以及凭借敏锐的洞察力和准确的判断力，发现了这一舆情的可能走势，为用户应对舆情预留了宝贵的时间。

（3）根据舆论发展态势，提供舆情应对建议，增加信息搜集工作的价值。一般来说，部门的很多项目只对媒体的报道进行搜集、整理，梳理主要的报道观点，不会提供舆情应对建议。但是，上海迪士尼项目是个例外。我们在舆情报告撰写的过程中，逐渐开始为用户提供一些力所能及的应对建议。申迪方面对于我们对舆情的判断、舆情应对建议等都表示了充分的肯定。

（4）从建设到运营期，不断调整信息产品的种类和形式，适应项目的建设运营进度。当上海迪士尼项目处于建设期的时候，我们主要为用户提供《舆情双周报》《舆情年度报告》《突发舆情速递》《舆情专报》等产品，迪士尼开园后，在《突发舆情速递》《舆情专报》等不变的情况下，我们逐渐将《舆情双周报》调整为《舆情日报》，对于信息的搜集也逐渐从专注迪士尼乐园本身，逐渐拓展至对申迪集团旗下企业、主要发展业务的关注。比如，上海野生动物园就在中后期纳入了项目的信息搜集范围，一旦上海野生动物园发生突发舆情，我们也会为其提供舆情报告。

（5）突破常规信息服务的范围，为用户提供其他咨询类服务，增强用户黏性。有时候，用户会向我们提出完全不是信息舆情监测工作的任务。比如，有一年，申迪集团想让我们提供国外乐园在国庆节期间是否悬挂国旗的问题，而且当时已经是 9 月 30 日上午 9、10 点钟，希望我们 11 点左右给他们答复。虽然不是常规的服务范围，但是考虑到双方的长期合作关系，我们也硬是接下了这个任务。由于时间紧迫，我们采用图片浏览的方式，试图揭示国外乐园悬挂国旗的情况。但是，经过初步检索，似乎找不到很好的答案。于是，我们锁定了对于上海迪士尼最有参考意义的香港迪士尼乐园的做法，同时，检索到度假区内确实有一处专门的升旗点。通过图片以及文字的解释，我们很快将检索结果反馈给用户。对方对我们的答复非常满意，解了他们的燃眉之急，也进一步增强了用户与我们的合作意愿。

2. 以主题乐园行业等为辅的附加服务

（1）以竞争情报的视野，关注主题乐园行业主要竞争对手。在上海迪士尼项目监测早期，我们便根据用户需求，为其梳理了环球影城、梦工厂、广州长隆、华强方特、大连海昌等主题乐园行业内的主要竞争对手，对其信息予以收集整理，或以单条信息推送的方式，或以信息专报的形式提供给用户。比如，环球影城和首寰集团联合在北京投资北京环球主题公园和度假区，我们在 2013 年即通过北京人大代表的发言确认了该项目通过立项的消息，特别以专报的形式为用户在第一时间提供了主要竞争对手的经营动态。此外，早前根据梦工厂在上海设立梦中心的报道，我们还特意撰写了上海梦中心的研究专报供用户参考。

（2）撰写各类与主题乐园有关的决策咨询报告。伴随着迪士尼项目的建设进程，作为项目的投资方之一，申迪集团希望了解到全球迪士尼的门票是怎么来制定的、门票价格是多少、门票分为几个种类等诸如此类的实际问题。于是，迪士尼公司的票务政策成为我们的研究对象。还有诸如迪士尼新建乐园的规律、主要景点设施情况、香港迪士尼开幕发布会、香港迪士尼交通政策、主题乐园行业发展情况等都成为研究对象。

（3）与申迪集团一起，参与申请市文创项目。随着两个单位合作的深入，我们认为上海迪士尼项目是上海市重要文化项目，对于上海乃至中国的主题乐园建设具有积极的推动作用和引领作用，如果能够建立一个有关主题乐园行业的数据库，对于行业的发展大有裨益。于是，我们与上海申迪集团一同向市文创办申请“全球主题乐园行业数据库”作为市文创项目，但是，由于我们单位之前有一个文创项目还未结题，所以，最终以申迪集团的名义进行申请。我们则负责学术平台的搭建、数据的提供、行业研究报告的撰写。整个项目历时三年，我们不仅完成了一个数据库平台的建设，而且还完成了两份全球主题乐园行业研究报告以及若干份小报告。2016 年 1 月 29 日，我们与上海申迪文化研究院联合发布了《2015 全球主题乐园行业发展报告》，报告提出的“亚太地区主题公园建设迎来高峰，跨界联动、科技创新将主导行业竞争格局”“主题乐园行业评价指标体系以及国内主题乐园品牌的关注度排行”等研究结论都引起海内外媒体积极关注。

（4）配合迪士尼乐园开园，办了展览、出版了书。2016 年 6 月 16 日，上海迪士尼项目正式开园。经过我们的前期积累，发现迪士尼与上海有着密切的联系。20 世纪 30～40 年代，迪士尼的形象已经登录上海，迪士尼卡通人物在沪上各类报纸、杂志、图书、广告中频频出镜（图 5.22）；迪士尼动画电影《白雪公主与七个小矮人》在美国上映半年后便正式登陆大上海大戏院和南京大戏院，放映时它在上海的票价不菲；当时，沪上媒体也争相报道“华特·迪士尼”，“迪氏成功学”成为民国心灵鸡汤。同时，我们发现，凭借着丰富的馆藏资源，我们可以将有关书籍等做成展览，供读者观赏。于是，上图上情所文献提供中心联手历史文献中心，共同举办了“迪士尼与上海的渊源”馆藏民国文献展，展品包括“米老鼠与上海本土明星的相遇”“长篇漫画：米老鼠两游上

上图馆藏老报刊和图书集中亮相，"白雪公主"曾经抢了秀兰·邓波儿的风头

近百份文献透露迪士尼和上海渊源

■本报记者 李婷

迪士尼第一部动画长片面世仅半年便登陆上海，并成为当年沪上最卖座的电影之一；上世纪三四十年代，林语堂曾先后3次以米老鼠为题撰文，赞赏迪士尼卡通片的幽默态度……上海迪士尼正式开园之际，一场以"迪士尼与上海的渊源"为名的文献展在上海图书馆展出。展览通过近百份上海图书馆珍藏的老报纸、旧期刊和图书文献，力图还原上世纪三四十年代迪士尼在上海的传播足迹。

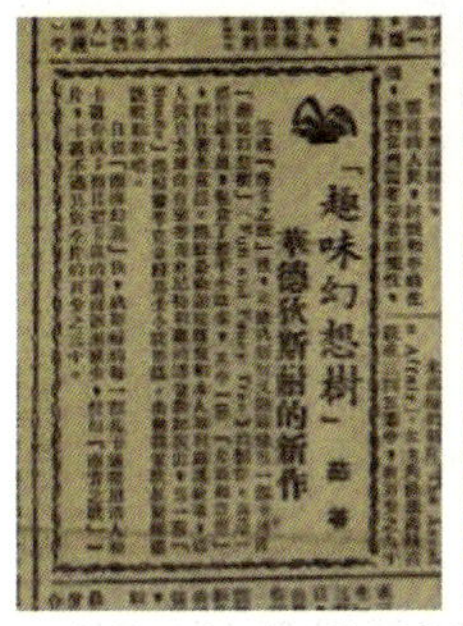

左图为1946年12月17日《文汇报》刊登的《"趣味幻想树"——华德狄斯耐的新作》。右图为《电影论坛》推出的"米老鼠特辑"。 均上海图书馆提供

"白雪公主"每日连映5场，场场爆满

1937年12月21日，迪士尼第一部动画长片《白雪公主与七个小矮人》在美国上映。仅半年之后，也就是1938年6月2日，这部影片已正式登陆上海，甫一上映便一票难求，成为年度最卖座的电影之一。据《申报》记载，当时丽都大戏院、大上海大戏院、平安大戏院、南京大戏院、辣斐大戏院分别以5.2万余人、3万余人、3万余人、2.5万余人、2万余人的观影人数位居上海各大影戏院前5位。当时有评论说："无论是中国或是外国小孩，现在都已把爱慕秀兰·邓波儿的心，转移到白雪公主身上来。以前，秀兰的洋囡囡极受欢迎，今年的大众爱物，就是这白雪公主。"据文献记载，当时一个普通工人的平均月薪约为14元，《白雪公主》的票价最高涨到8元一张，但该片在第二轮影院公映时，仍保持着"每日连映5场，而无场不满"的火爆场面。

而迪士尼随后推出的《木偶奇遇记》，在上海也获得了极大的关注。比如，《家庭》杂志在当年第4期，花了整整17页的篇幅介绍这部动画片；1940年4月28日出版的《大美周报》则另辟蹊径，从电影制作的角度报道了迪士尼在制作《木偶奇遇记》上面所花费的心血。《好莱坞》杂志除了介绍《木偶奇遇记》，还在第75期刊登了明星影片公司联合电影院方推出的影片场景照片，一共10张。这种类似今天电影衍生商品的营销模式，居然在76年前就出现在了上海，不得不感叹沪商的经商头脑和上海的"摩登"程度。

上海电影人不甘落后，中国第一部动画长片《铁扇公主》由此诞生

其实，在电影之前，迪士尼的动漫已进入沪上市民的视线中：早在1936年上海中华书局就在沪上出版发行了《米老鼠漂流记》一书，1950年前沪上出版发行的迪士尼图书著作至少有12种之多，包括卡通绘本译著、根据电影内容再创作和自创的连环画等。而媒体的报道更早：1932年1月，《良友》杂志率先用整版介绍了迪士尼和他的米老鼠。有趣的是，当时沪上媒体上出现的创始人"华特·迪士尼"称呼可谓五花八门，华纳狄司耐、华德狄司耐、华脱逵斯耐、华尔脱狄士南、华尔狄斯呈等不一而足；而米老鼠曾被叫做米鼠，白雪公主唤作雪姐儿，唐老鸭则被称为唐鸭子、唐奴鸭或鸭子唐纳。

在大多数赞誉声中，也有媒体发出了中肯的声音。以《文汇报》1946年12月31日刊载的《"幻想曲"与华德狄斯耐的歧途》一文为例，文中指出："《幻想曲》是好的，然而我们以为他（华特·迪士尼）还可以作得更好一些。技巧方面是超越的，然而论到内容实质就不无缺点。一般的批评起来，8个乐曲中，只有第二曲的'胡桃踊舞曲'与最后的'圣母颂'是完全令人满意的……这使人觉得非常遗憾……"

面对迪士尼动画热，上海的电影人也不甘落后，推出了自己的卡通作品。其中，以万古蟾、万籁鸣等万氏兄弟影响最大。1936年《竞乐画报》曾刊登万古蟾与其创作的卡通形象，称万古蟾为"中国的华德·迪士尼"，漫画底部还附了一行字："卡通漫画现在在中国很风行，万古蟾昆仲四人所做卡通影片已不少，为明星公司特别出品。"甚至国外媒体也对此报道，美国知名的《体育画报》当年报道了万氏兄弟制作属于他们的"米老鼠"。万氏兄弟1941年推出中国第一部、世界第四部动画长片《铁扇公主》，使得中国电影首次与美国电影在世界范围内被相提并论。

图 5.22　2016 年 6 月 17 日《文汇报》报道

海滩""17 岁的张爱玲：论卡通画的前途""与迪士尼别苗头：万籁鸣创作卡通片"等专题。展览成功吸引了境内外媒体大量报道和转载。同时，在中心多部门的参与下，《迪士尼与上海往事——民国时期的城市记忆》也顺利出版(图 5.23)。

图 5.23　图书书影

二、上海迪士尼项目服务总结

1. 信息沟通保障良好效果

上海迪士尼项目的良好监测效果与我们与用户之间保持着密切的沟通有着重要关系，深度参与、充分了解、互通有无等是这个项目成功的重要保障。我们的用户不仅会告诉我们项目的进度、近期的关注热点，还会与我们沟通研究报告的选题，甚至手把手地一起修改报告，这是非常难能可贵的

地方。

2. 知识服务实现融会贯通

围绕上海迪士尼项目所进行的信息服务不仅仅限于舆情服务，还进一步拓展至研究领域，实现了更高层次的知识服务，确实为用户在决策中提供了很好的咨询意见。此外，在项目运行过程中，充分发挥上图上情所工作人员在信息检索、整合、信息甄别等方面的优势，实现了知识服务的融会贯通。

3. 工作能力得到锻炼培养

上海迪士尼项目对工作人员能力的锻炼和提高是全方位的。通过该项目，相关工作人员的信息检索能力、舆情研判能力、突发事件应对能力、专题研究能力等都得到了充分锻炼，以项目带动人才也是舆情剪报部人才培养的重要方式之一。

（汤丽蓉）

十五、创·新空间的诞生

根据上海“十二五”产业发展规划，上海文化创意产业成为上海市落实“创新驱动，转型发展”战略的重要抓手，成为国民经济支柱型产业。2010年，中国第一个创客空间“新车间”落户上海，此后上海陆续诞生了DFRobot、蘑菇云等大大小小各类创客空间。2011年，上海市文化创意产业推进领导小组办公室成立了“上海文化创意产业信息中心”，并落地于上图上情所，希望借助上图上情所在文献馆藏、信息分析、情报咨询等方面的优势，助推上海文创产业创新发展。在这种大的社会背景下，“创客”概念让上图上情所看到了探索自身转型发展的新契机。

2013年5月，在上海市委宣传部、上海市文化创意产业推进领导小组办公室的关心、指导下，经过近一年的调研、筹备，上图上情所“创·新空间”以一种全新的服务模式正式对外开放。该空间以“激活创意、知识交流”为主旨，为创客、极客、专业设计人员等群体提供专业信息服务，搭建交流、展示平台，让普通市民能够参与到新产品、新技术的创新与体验中。2014年8月，“创·新空间”的馆中馆“产业图书馆”正式上线，将“创新”与原有的“创之源”服务有机结合，致力于为中小微企业和个人创业者提供优质的信息服务，同时，这也是上图上情所“图情合一”事业的落脚点。

“创·新空间”的孕育而生，是上图上情所探索创新转型之路的一次有效尝试。改造前，有关领导及工作人员走访了相关政府机关、高等院校、上海设计中心、各大创意园区，调研上海市文化创意产业整体发展概况，有针对性地选择部分企业、院校专业学生、创客团队、新锐设计师等进行访谈调查，结合上海市公共图书馆的文献特色、空间现状广泛征求意见、建议。经过一年多的反复论证，最终对“创·新空间”的布局、服务内容、服务形态提出了初步构想，并在设计过程中逐步完善，找到“文献”“人”及“物理空间”的合理安排。

首先，采用复合型文献布局，强调开放、互动。根据上海“十二五”发展规划，上海文化创意产业主要包括媒体业、艺术业、广告会展业、咨询服务业、网络信息业、软件业、工业设计、建筑设计、时尚产业以及休闲娱乐业。针对这些产业类型的特点，在文献配备上引入全媒体概念，以传统纸本文献复合型服务为基础，引入大量专业公共服务平台（如软件、建筑、动漫、广告、设计频道等）。同时，克服现有馆藏空间有限的难题，将原有的馆藏资源进行调整，充分整合馆藏各类文献与服务平台数字资源，实现“文献虽然分散，但数据相对集中”的全媒体服务模式。后期，结合基础平台建设，注重与专利服务、中小企业服务的互动，借助展示、培训、交流空间开展各类形式多样的产品发布、产品展示、创意概念设计等活动，实现开放、互动的特点。

其次，目标人群专业化，兼顾公众、普及性。文化创意产业具有高知识性、高附加值、强融合性的特点，除了涵盖传统的设计类文献服务外，还涉及专利、科技查新、网络整合、视听加工、会展广告等诸多增值服务，涉及各类政策、信息咨询。因此，目标服务人群专业化要求相对较高。但与此同时，文化创意信息阅览室作为文化创意产业发展的一个公共服务平台，主要目的还旨在培养市民创意素养。因此，除了要吸引各类创客、极客等专业设计工作者，还要兼顾其他爱好者和普通用户。让普通市民能够参与到各类新产品、新技术的创作过程和体验中，有机会与设计师面对面学习、交流。

第三，物理空间功能多元化，体现灵活、便利。文化创意产业强调创意、新颖性，基于这一特点，“创·新空间”的物理布局更注重场所的开放性和灵活性。既要求设计符合审美、时尚，又希望场所本身就能够激发创业者的创作灵感；既遵循公共图书馆建设设计相关标准，又突破性地采用流线型构架方案，空间色彩柔和且明亮，采用新颖的家具和书架搭配，并定制嵌入式的多媒体设备，打造具备高科技信息化、传统和IT技术融合并存、强调用户体验的全新空间。总体设计的功能区域——阅读空间（reader space）、全媒体交流体验空间（ubiquitous digital space）、IC空间（information commons）、创意设计展览空间（idea display space）——可以相互组合利用，集合传统服务、数字化新媒体服务以及各类展示、讲座、共享、交流功能。

“创·新空间”是上图上情所对外服务新模式的探索，服务内容、形式、用户需求等均有较大变化，对工作人员也提出更多相应的要求。阅览室的空间再造，要求工作人员与用户之间形成良好的互动关系，不仅要与用户共同协商，合力推进上图上情所作为城市公共空间应当承担的使命，而且要能够参与到用户的各类活动中，分析用户需求，配合制定个性化的服务内容，承担继续教育和终身教育的社会职能。因此，“创·新空间”成立之初，人员的配置是经过严格选拔的。一方面主要测试员工的表达能力、逻辑分析能力、信息素养、检索技能，另一方面注重结合他们的学科背景，打造不同专业交叉互补的研究团队。“创·新空间”的队伍建设主要考虑以下人员配置原则。

一是服务导航型。“创·新空间”是信息服务的窗口，需要具备服务意识强、善于沟通以及良好信息导引能力的工作人员。

二是学科专业型。受互联网以及搜索引擎发展的冲击，用户从图书馆获取信息服务的功能被“边缘化”，但图书馆信息服务的准确性和权威性仍得到广泛地认可。作为“创·新空间”的工作人员，必须具备相关学科背景，熟练掌握信息检索和获取技能，依靠图书馆的庞大资源库为用户提供服务。

三是技术支持型。“创·新空间”关注的是文化创意产业发展，跟踪的是日益革新的技术发展，如何为创客提供相应的支撑，为普通大众普及新技术搭建平台，并且运用新技术改进传统服务以及开展新服务，成为上图上情所发展的重要课题。因此，工作人员应当具备对新技术的敏感度和洞察力，把握可能用于图情服务的新工具。

四是市场营销型。微时代的到来、新媒体的发展，要求“创·新空间”不能只停留在偏重主页网站发布、馆内海报、宣传小册、E-mail 等传统的宣传模式，应当紧跟用户的使用习惯，加大在社交平台、即时通讯软件等平台进行信息发布。服务推广工作要逐渐形成系统、全面且行之有效的营销策略和手段，相关人员具备一定的营销知识及公关经验，这有助于更好地了解用户需求和开展深入服务。

2014 年，为了真正落实上图上情所“图情并茂”的发展理念，打通情报服务前台与后台，“产业图书馆（Industry Library）”项目正式启动。“产业图书馆”提供各类专利标准检索工具，如：四大套报告检索工具、CA、中国专利公报、汇标、标准、药典等各类工具书、手册；配备多台一体机提供专业数据库检索、光盘检索。主要功能在于将科技查新、外观设计、实用新型等文献服务与文化创意产业服务有效结合，提供具有上图上情所特色的咨询服务。为此，“创·新空间”进行了空间布局的第二次大调整。对部分文献进行了搬迁，减少架位空间，开辟出圆桌会议区，第一、第二共享空间，满足更多中小企业用户、SOHO 人群对培训空间、共享空间、办公空间日益增长的需求，进而提升上图上情所图情合一的服务功能。

“创·新空间”自开放伊始，先后与新车间、摩登国风、美田艺术、第一财经、老科协、上海设计中心、上海市动漫行业协会、小小创客、上海视觉艺术学院、上海电影艺术学院、《商业生态》杂志、《科学画报》、上海市静安科普创客发展中心、DFRobot 等社会机构合作。2013 年即引入了 3D 打印机，使上图上情所成为全国第一家引入 3D 打印机的图情机构。为普及 3D 技术，每年举办相关展览和系列讲座，近两年来又与时俱进地与不同社会机构和企业合作，开展食品 3D 打印机、巧克力 3D 打印机、3D 扫描仪等新设备的体验活动。

截至 2017 年底，“创·新空间/产业图书馆”共接待用户 26 万余人次，举办各类活动约 600 场，参与人数 2 万余人。服务专利标准检索 6 000 余人次，涉及专利近 2 万件约 6 万页，标准近 3 万件约 15 万页。为近 30 家中小企业免费办理读者证，编制并发放《创之源企业服务手册》2 000 余册。2014 年 1 月起，与中小企业协调办公室合作推出《上海中小企业信息速递》科技新干线栏目。该栏目提供国外有关新能源、新材料、生命科学、信息通讯、机电以及生活创意等六方面的最新内容。2015 年 7 月，推出“产业图书馆”微信订阅号，编译推送各类科技动态及活动信息，每月推送 20 余条信息。

经过近 5 年的实践，“创・新空间”逐渐在创客群体中建立起一定的品牌效应，带动一批创业团队和个人在上图上情所进行公益展示；跨领域的设计师在此相识，碰撞出新的创意火花。“产业图书馆”更是在支持“大众创业 万众创新”方面做出了有益的尝试和探索，得到小微企业、草根创业者的认可和肯定。对此，文化部领导做了重要批示，《解放日报》等上海主流媒体也相继做了报道。

（唐良铁、林琳）

十六、科技报告背后的情报故事

上图上情所收藏的科技文献中包括许多科技报告，其中最有特色的便是美国政府科技报告（俗称“四大套”），即：美国国防部和三军系统的 AD 报告、美国国家航空航天局的 NASA 报告、美国能源部系统的 DE 报告、美国政府其他各民用部门的 PB 报告，这些报告最早可追溯至 20 世纪 40 年代。科技报告相较于其他科技文献来说是非常特殊的一类，其专业性强、技术数据具体，对于专业技术单位人员有很大的参考价值。

一次偶然的机会，笔者在上图上情所专利标准阅览室内发现了十几本写有 B.I.O.S 与 F.I.A.T 字样的英文资料，封面上还写有标题和编号，出版时间均在 20 世纪四五十年代。这些资料经简单装订成册，每册少则十几页多则上百页，部分还盖有中国化学工业会、上海市科学技术图书馆等单位的收藏章。简单翻看后发现其中内容多与化工行业相关（例如染料和染料中间体合成），似乎是一系列有特定主题的科技报告。笔者请教了几位上图上情所的前辈，都不清楚这些资料的具体情况，只知道在 20 世纪七八十年代曾有不少化工行业的研究人员前来查阅，说是为了借鉴德国的工艺技术，而这些资料如今已少人问津。由此，笔者对这批资料的来源产生了兴趣，并进行了一些简单的信息搜集工作。

1. 初步调研和实地走访

由于资料主题大多涉及化学化工，笔者首先试图从相关的行业历史入手，起初查阅了一些 20 世纪四五十年代国内外的化学工业史，均未发现什么直接联系，只是在文献中大多提及德国化学工业于二战时期在全球处于领先地位。随后，笔者又进一步查询了德国相关时期的化工发展史，一篇介绍德国法本公司的文章引起了笔者注意。法本公司（即 Interessen - Gemeinschaft Farbenindustrie AG）曾是德国化工行业的巨头，在二战后被拆分为几家子公司，如今大家耳熟能详的巴斯夫和拜耳公司都曾属于这家企业。联想到有几份资料的标题中有 I.G.Farben 的字样，笔者更是确定它们与德国化学工业有着密切的关系。

另一方面，猜测这些资料最初来源于上海科技情报所的早期收藏，笔者在几位前辈和专家的帮助下，试图寻找一些曾接触过或使用过这些资料的人，拜访的人员包括上海科技情报所专家方保伟、王国萍、朱普德。笔者从他们那里了解到，上海科技情报所收藏的缩微胶卷版美国政府科技报告自成体系，数量也非常可观，而从阅览室中发现的这些纸质科技报告则相对零散，可能另有其他的来源渠道。另据专家方保伟回忆，20 世 60 年代左右来利用科技报告的主要有两种读者，一种是为了填补空白制造新产品的企业技术人员，还有一种是军工企业的科研人员。而在这些专业读者中，一位名叫唐仲汉的读者对这些资料非常熟悉，不但经常来查阅资料，还与工作人员交流关于文献检索的心得。之后，笔者在前辈们的帮助下辗转联系到了这位唐仲汉先生，并向其家人了解了老唐先生曾使用资料的一些情况。至此，尽管找到了接触过这些资料的人，但关于资料本身仍有许多问题待明确：这些资料是如何形成的？又是如何来到上海科技情报所？BIOS 和 FIAT 又是什么意思？

2. 进一步文献调研

为了弄清这批资料的产生背景，笔者在总结前期调研结果的基础上进行了进一步的文献检索，首先将主题限定在二战时期的化学工业史。在查询过程中，发现在一本由美国学者约翰·金贝尔（John Gimbel）撰写的著作《科学、技术与赔偿：在战后德国的剥削和掠夺》（*Science*，*Technology*，*and Reparations: Exploitation and Plunder in Postwar Germany*）中提到了一个“知识索赔”（Intellectual Reparation）的说法。仔细阅览全书，发现这是一项以美国为首的盟军在二战后针对德国实施的计划。整个“知识索赔”计划由三项拥有独立目标和内容、却又相互关联的子计划构成，分别为：曲别针计划（Paperclip Project）、文件项目计划（Document Project）以及顾问和代表团计划（Consultants and Missions）。其中，曲别针计划意在招揽德国顶尖科研人员，文件项目计划则帮助美方缴获了大批德国科技资料，而顾问和代表团计划使更多的行业协会和私人企业共同分享了该索赔计划的“成果”。此外，书中还提到英美两国为了探明德国当时的科学技术水平，设立了各种技术情报机构，其中就包括 BIOS（British Intelligence Objectives Sub-committee）和 FIAT（Field Information Agency，Technical）。而在几篇国内文献（刘喆、苑爽）中也对该计划有相对完整的描述。

确定了这批资料与“知识索赔”计划的关系，笔者又试图从美国政府的公开文件入手，找到了美国总统杜鲁门于 1945 年 6 月 8 日签署的 9568 号行政命令“Providing for the Release of Scientific Information”，其中宣布由战争动员和恢复办公室（the Office of War Mobilization and Reconversion）负责核查、评估能够被公开的科技报告。此外，还宣布成立“出版局”（Publication Board）以协助其工作。所有公开发行的报告，统一由该局搜集、编目、通报和提供使用。在编目时，依次编上流水号码，并冠以 Publication Board 的缩写 PB。这机构也就是如今“美国商务部国家技术情报服务局”（NTIS-National Technical Information Service，U.S. Department of Commerce）的前身。由此也暗示了 BIOS 等报告与美国政府 PB 报告的关系。笔者随后还查找到美国商务部于 1946 年出版的一份名为《科学和产业报告目录》（*Bibliography of Scientific and Industrial Reports*）的刊物，其中按照不同领域列出了报告的标题、报告号、摘要和价格信息，供用户按需购买。此外，美国国内部分机构和大学的研究人员还编写了一份名为《科学和产业报告目录号码索引》（*Numerical Index to the Bibliography of Scientific and Industrial Reports*）的参考资料，详细列出了上述报告与美国政府 PB 报告的对照索引情况。而美国国会图书馆网站的信息也显示：该馆收藏了约 150000 份早期的 PB 报告（包括纸件和缩微胶卷），时间跨度为 1945—1964 年。这部分报告中，于 1948 年前发行的内容，均为盟军从德国和日本获取的资料，包括专利、公司文件、主要人物的采访记录和其他科学技术资料，资料主题涉及飞行器材料与航空燃油、合成橡胶中间体、乙烯基和工业用乙醇、塑料和合成纤维、煤炭氢化等。这与笔者之后在王维亮先生的《美国政府四大科技报告实用指南》一书中看到的说法类似：早期（1946—1949 年）的 PB 报告主要包括美国从德国搜集的科学技术资料和相关文献，比如德国各工厂与实验室的内部科技报告、设计图纸、专利文献、标准文献、科技期刊等。由此可以确认，BIOS 等报告是美国政府 PB 报告的早期来源之一。

随着文献调研深入，这些报告背后的故事也逐渐浮出水面：第二次世界大战尾声，以美国为首的盟军在德国实施了一项特殊的战争索赔计划——“知识索赔”，即以技术转移的方式作为战争赔偿。这项计划的参与方包括：军队、政府部门、企业、研究机构以及相关的行业协会。这一计划中的“文件项目”帮助美方盟军从德国各种研究机构、企业、工厂收获了大量科技资料缴获了大批科技资料，由英美两国调查人员进行筛选、整理，并在此基础上编写了各领域的系列报告。报告主题涉及化工、机械、纺织、光学等众多行业，在一定程度上体现了二战时期德国的科学技术发展水平。而我们收藏的 BIOS 和 FIAT 报告正是上述索赔计划的成果之一（目前发现的报告除了纸质版本，还包括 300 余卷缩微胶卷）。此外，中国国家科技图书文献中心、中国科学技术信息研究所也收藏有此类报告，国外收藏的机构则包括美国国会图书馆、英国皇家战争博物馆 Duxford 分馆等。鉴于当时德国的化学工业在世界上的地位，这批资料受到了化工研究人员的重视。各国研究人员通过复制、借鉴这批技术资料中的方法，使得本国的化学工业得到了很大的发展。笔者在一篇名为《制笔行业五十年》的文章中，发现了国内研究人员参考上述报告的记录。该文作者明确提及曾于 1958 年在参与制笔塑料国产化的过程中，从 BIOS 报告中得到“泊来雪根 272”模塑料的生产简要情况，并以此生产工艺试制成功了性能接近泊来雪根的模塑料，为此后制笔塑料的改进提供了基础。而美国则于 1975 年发起了一项德国文件检索项目（German Document Retrieval Project），意在收集二战期间德国合成燃料领域的资料。该项目在执行过程中从“文件项目”公开出版的报告中找到了许多关于煤液化制油的技术资料，部分资料被美国矿产局和其他私人企业在战后用于科研和实际生产。

3. 感想和体会

在此之前，由于经验与学识尚且不足，笔者一直认为“情报分析”是一项“说易行难”的工作，似乎很难与日常的实际工作联系起来。回顾此次的调研过程，最初只是好奇这些科技报告的产生背景，整个调研过程所用的方法也无外乎简单的文献检索和实地走访。可随着多渠道的信息搜集和积累，接着把所得的材料点点滴滴拼凑起来，竟得到了出乎意料的结果。尽管对于这批报告是如何来到上海科技情报所，以及如今怎样发挥它们的作用还有待进一步的研究，但笔者深刻体会到了钱学森先生所说的“情报并非停留在纸面上的油墨，它必须和人的意识思维相互作用”。所谓的“情报分析”或“情报研究”简单来说就是把搜集到的各种信息按照一定的结构或框架组织起来，初步可以进行一些趋势性的定性分析，之后还可以进行深入的定量分析，而信息如何搜集，“框架”（模型）如何搭建，都有其各自的学问。这也许就是情报分析的魅力吧。

附：调研过程中，得到上图上情所众多专家的帮助，专家组成员包括（排名不分先后）：方保伟　缪其浩　王国萍　朱普德　陶翔　张左之　陈旭炎　沙青青　金红亚　刘建明　施雯　陈煦

（姚　馨）

十七、在科学的春天里诞生 随改革开放进程成长

每当上海科学技术情报研究所举行所庆时，上海科学技术文献出版社的职工们就会多出一丛喜悦，因为那恰好也是出版社值得社庆的时日。今年是上海科技情报研究所成立 60 周年，也是它的下属单位上海科学技术文献出版社成立 40 周年。

1. 饮水思源

上海科学技术文献出版的历史可以追溯得更久远一些，甚至与它的主管主办者上海科技情报研究所的历史相差不了几年。为了呈现原貌，我们将经历并

见证了出版社历史源头和组建过程的一位出版社元老朱国璋先生曾有的记述抄录如下。

1960 年，上海市在闵行召开了全市科学技术工作会议。会上，曾有同志提出希望科技系统自己能建立一个编译出版机构的建议。会后，上海科学技术委员会即指令有关方面着手筹建上海市科学技术编译馆。科委领导同志并且具体指示，编译馆可以从上海科学技术情报研究所、上海市科学技术协会、上海科学技术出版社、上海图书馆和上海外文书店五个单位抽调若干业务骨干人员组成一个单位。在筹建过程中，编译馆最初放在市科技协会，由科协代管，并任命任鸿隽先生为首任馆长，调派原上海图书馆副馆长荣绛蓉同志为副馆长，坐镇编译馆实际负责全面工作。

1962 年 10 月，有关部门举行了会议，根据会议决定，编译馆才正式划归上海科学技术情报研究所领导。

上海科学技术编译馆早先设在上海市南昌路上，于 1961 年 7 月正式挂牌成立。其后不久，市科委呈报中央文化部，要求给编译馆以一定的出版权。那时的出版工作尚属中央文化部领导……那时上海在自然科学、工程技术、农业技术、医药卫生等方面学科门类众多，重点项目任务繁重，出版科技书刊，唯独上海科学技术出版社一个口子，连科委要出版书籍也常感到为难。这就远远不能适应和满足科技形势发展的需要。当时文化部回复的批示，同意上海科学技术编译馆为非正式出版单位，其所需纸张及印刷任务可纳入上海市印刷物资供应站和书刊印刷厂的计划，其出版物允许在新华书店发行（但不给全国统一书号）。也就是说，文化部给了编译馆某些权利，但其出版物只能算是可以发行的科技资料，还不是正式的科技图书和刊物。

朱国璋先生的记述，是目前我们所能找到的关于上海科学技术文献出版社前身上海科学技术编译馆最为详实而清晰的文字了。

依据朱先生的记述，那时的上海科学技术编译馆就已经具有了相应的出版功能，比如其编译的各种资料可以通过新华书店发行等，这在当时也是少有的特例。

40 年前的 1978 年，那是一个“科学的春天”。3 月召开了全国科学大会，全国城乡“春意盎然”。为了适应新形势下的出版要求，上海市科学技术委员会正式向中央申请成立上海科学技术文献出版社。

国家出版总署《关于同意成立上海科学技术文献出版社的批复》文件下发是 1978 年 5 月 10 日。从此，这一天就是我们出版社的生日了。依据我们第 192 号的出版社社号，我们是中华人民共和国成立以来的第 192 家出版社，而现在全国已经发展到 570 多家出版社了。

2. 奠基创业

由于传承着当年科技编译馆的作风和传统，上海科学技术文献出版社一挂牌，就显得轻车熟路、运作自如，占科学技术情报之先机，出版了一批又一批满足各个层次的读者日益增长的科学技术文化需求的书刊，打下了综合性科技文献出版的基础。

在出版社发展的第一个十年中，有 50%以上的书刊为翻译的国外科技，由上海科技情报研究所编译或编写的书刊占了大多数。应该说，第一个十年还是处在计划经济体制下，整个中国的改革还在“摸着石头过河”的探索中，出版社在当时的条件下，共出版图书 1 112 种，期刊 87 种共 961 期，总出版字数为 3.676 亿，发行 3.255 亿册。这十年恰是中国出版的黄金时期，出版社的创业者们利用这个黄金期打下了坚实基础，使出版社形成了一个学科、技术俱全的综合性科技文献出版社。

这十年，上海科学技术文献出版社出版了许多有影响的图书。《离散数学》至今还在销售；《质量控制手册》则是上海科学技术文献出版社成立后组织社会各方面力量翻译出来的第一本大型工具类手册，由当时的一机部部长沈鸿主编。从 1978 年开始，全国各个领域都开始抓质量，但是当时的质量控制仅限于质量检验阶段，对于如何从源头上控制质量，国内没有可以借鉴的经验。而上海科学技术文献出版社再次利用其编译优势，组织了许多科学家和工程技术专家翻译了美国的《质量控制手册》一书。该书的作者 J.M.朱兰是国际权威的质量控制专家，而该书也是公认的经典之作、权威之作。因此，该书出版后成为国内第一本有关质量控制的大型权威之作，在社会上引起了很大的社会反响，影响深远。

3. 探索前进

从 1983 年开始，上海科学技术文献出版社进行自办发行，上海科学技术文献出版社也由此进入了向社会主义市场经济探索前进的发展阶段。

从 20 世纪 80 年代末起，上海科学技术文献出版社开始进行体制改革，使上海科学技术文献出版社逐步走向市场，其出版的图书品种的重点也从科技类、文献类图书拓展至实用科技图书，其读者对象也从研究领域的科研人员逐步扩大至第一线的科技人员，并且在实用科技图书领域做出了特色，做出了市场。

《醋蛋治百病》《茶酒治百病》《百病自疗秘诀》《百病自测秘诀》是其中有代表性的出版物。这一系列图书在图书市场上引起了强烈反响，当时印数就高达 200 万册。不仅受到读者的追捧，而且还带动了制醋行业的发展，制醋行业为此特地开放了新品种，大大提高了该行业的产销量。在 20 世纪 90 年代初，《醋蛋治百病》等图书就已经将版权输出到香港、中国台湾等地区，这在当时实属难得。而“醋蛋疗法”更因此而风靡东南亚、日本以及我国港台地区等，由此可见该书的影响力。

当时，上海科学技术文献出版社决定出版《现代英汉综合大辞典》。上海科学技术文献出版社虽然走过了创业时期，但是在经济上并不富裕。因此，由上海市科技情报研究所担保，上海科学技术文献出版社向上海市科委借款 30 万元，出版了《现代英汉综合大辞典》一书。同时，上海科学技术文献出版社组织发行人员进行培训，向他们介绍该书的内容和特点，再由发行人员向书店推销。由于发行工作做得细致到家，《现代英汉综合大辞典》一书的发行效果非常不错。而这种借款出书、培训发行人员的做法在当时是非常少见的，也由此可见上海科学技术文献出版社的改革创新精神。

4. 创新进取

1995 年，上海图书馆和上海科学技术情报研究所合并，作为其下属单位，这也使得上海科学技术文献出版社的发展上了一个新的台阶。不仅可以依托上海科学技术情报研究所的文献资源，而且可以在人文、社会科学、哲学社会科学得到上海图书馆强有力支持。

上海科学技术文献出版社在开发馆藏资源方面作了很多有益的尝试，启动了“上海图书馆馆藏拂尘行动”。该行动将上海图书馆馆藏的尘封多年的图书重新挖掘出新的价值，并用新的方式、新的思路，重新演绎。推出了“上海图书馆馆藏拂尘·中国电影百年半叶回眸”“上海图书馆馆藏拂尘·西文精品”“上海图书馆馆藏拂尘·老课本”一批雅俗共赏的优秀出版物，以及“明代尺牍”“颜氏家藏尺牍”丛书和《说笺》等一系列精品书，受到了专家的称赞和读者的喜爱。

上海科学技术文献出版社依托上海科学技术情报研究所多元的信息，在行业发展报告方面独辟蹊径，每年都出版《上海工业发展报告》《上海商业发展报告》《国际商业发展报告》《世界制造业重点发展动态》《世界服务业重点发展动态》等图书。

这些图书的出版不仅改变了以往我们出版社难以同其他地方科技出版社出书模式和种类相区分的尴尬，而且确立了我们隶属于馆所出版社应有的出版风格和特点，初步实现了图书产品的相对差异化，为最终实现选题的个性化、特色化而形成核心竞争力，进行了他人难以仿效的尝试。

医药卫生类图书是上海科学技术文献出版社的一大特色，无论是医学专著类图书，还是实用保健类图书，都在该领域占有一席之地。其中，《现代组织学》一书获得第十四届中国图书奖。《杨国亮皮肤病学》获得第一届中国出版政府奖提名奖。而“挂号费”丛书更是上海科学技术文献出版社的主打产品。

在推进科普图书的出版中，我们依托中央电视台科教频道，先后出版了“教科文行动”“发现之旅”“走进科学”“天工开物”“中华医药”“健康之路”等丛书，以及《再说长江》《话说长江》等100余种图书，在全国地方科技出版社中引起了轰动，产生了影响。同时，我们在积极组织原创科普图书上也取得了很好的社会效益和经济效益，如由上海科协组织编创的“原来如此”丛书，成为2005年科普图书出版的热点。出版社科普图书的出版在全国同类图书的出版中，市场动销率为第一，市场占有率为第二。

5. 深化改革

2009年，在全国文化体制改革的背景下，上海科学技术文献出版社顺应时代潮流，按照中央关于深化文化体制改革的精神和要求，建立健全了现代企业制度。8 月 24 日，上海科学技术文献出版社的主管主办单位上海图书馆（上海科学技术情报研究所）向上海市新闻出版局上报了上海科学技术文献出版社的改制方案。该方案按照现代企业的要求，在保证党对出版工作领导的前提下，按照现代出版企业要求，形成一个所有权与经营权分离，决策、执行与监督三位一体的法人治理结构。8 月 28 日，上海市文化体制改革工作领导小组办公室同意上海科学技术文献出版社的改制方案，将上海科学技术文献出版社改制为上海科学技术文献出版社有限公司。

在体制改革的同时，我们的出版物也捷报频传：《皇家亚洲文会北华支会会刊（1858—1948）》《中国食药用菌学》《肝胆胰肿瘤——病理、影像与临床》等书籍，“馆藏辛亥革命稀见文献丛刊”“上海地区馆藏未刊中医钞本丛刊”“战略新兴科普丛书”等获国家出版基金资助。《杨国亮皮肤病学》获国家出版政府奖题名；《中国食药用菌学》获中华优秀出版物图书奖；《上海图书馆馆藏珍稀家谱丛刊第一辑》获全国优秀古籍图书一等奖，等等。

2018 年 1 月 31 日，根据上海市国有资产监督管理委员会的相关文件，上海国有资产监督管理委员会所持的上海科学技术文献出版社有限公司 100%股权无偿划转上海世纪出版（集团）有限公司。其后，上海世纪出版（集团）有限公司将上海科学技术文献出版社有限公司委托上海图书馆（上海科学技术情报研究所）管理。

从上海科学技术编译馆到上海图书馆（上海科学技术情报研究所）托管，对于上海科学技术文献出版社而言，过去走过的每一步都离不开馆所党委的领导与支持、离不开广大员工的努力与进取，是一段值得珍视、回顾与总结的历史。当新的一页翻开，上海科学技术文献出版社有限公司将继往开来，与时俱进，不断超越，再创辉煌。上海科学技术文献出版社将不断贯彻科学发展观，牢记大局意识、底线意识、责任意识、创新意识，以昂扬的热情，以蓬勃的精神，为祖国科学文化事业的繁荣与发展贡献自己的力量。

（徐　静）

附　录

附录一

上海科学技术情报研究所大事记

时 间	事 件
1958.11.27	上海科学技术情报研究所（以下简称上情所）成立，直属上海市科学技术委员会建制，属中国科学院上海分院，办公地址岳阳路 319 号 16 号楼
1959.3.8—4.1	召开第一次上海市科技情报工作会议，贯彻全国科技情报工作会议精神。会上通过《关于加强上海科技情报工作的意见》，明确上海科技情报研究所是全市科技情报事业中心，也是市科委管理科技情报工作的职能部门
1959.5.25—5.31	与上海图书馆、上海市科协等单位联合举办上海市首次科技情报资料展览会，展示 1958 年以来国内外与本市有关的科技成就方面的技术资料
1959.6.12	市科委印发《关于加强上海科技简报工作的意见》，要求科技情报工作必须围绕生产、科研计划提供资料
1960.7	所内成立科技情报工作的基础业务科室：办公室、资料室、研究室和联络科，办公地址迁至岳阳路 170 弄 1 号
1960.11.5—11.6	召开上海市第二次科技情报工作会议。会议形成 3 个文件：《上海市 1961 年摸清主要学科水平任务表》《国内外科技文献翻译选题》《上海市重大科技成果登记制度》，还通过《当前开展情报工作意见》的报告
1961.7	由上海市科协、上海图书馆与上海科学技术情报所筹备正式成立上海科学技术编译馆
1961.7	成立上海市科委情报处（简称情报处），与上情所两块牌子一套班子，处长由陶毅兼任
1961	设立驻京工作组，由专职人员常驻北京，和中国科技情报研究所、中国图书进口公司、中国外文书店等单位保持联系，搜集和复制资料
1962.1	召开第一次华东各省市科技情报所所长座谈会，会议讨论了国外文献的收集与利用以及如何加强华东各省市科技情报工作的联系与协作等问题。同月召开第三次上海科技情报工作会议，会议重点交流了国外文献和资料利用的经验，并形成了关于科技情报工作的 9 条意见，同时还拟定了有关汇集 1961 年重大科研成果，编写国内外科技主要发展动向、加强国外科技文献的收集与利用的意见等文件

续 表

时　间	事　件
1962.5	上情所国外文献阅览室对外开放，以美、英、日、法、联邦德国等国的专利文献和其他特种文献为主，地址在长乐路462号
1962.7	上海科学技术编译馆由上海市科协划归上情所，地址在南昌路59号
1962.12	出版《上海市科技情报工作经验选编》
1963.4	制定《上海科技情报工作10年规划》。争取在10年内对世界上主要科学技术先进国家的重要科技文献基本收集齐全，及时了解与掌握重大科技发展动向与成就，培养一支具有一定素质的科技情报队伍，在情报工作中采用新技术新设备
1963.8.20—24	召开第二次华东地区科技情报工作座谈会
1964.4	调整业务机构，设立研究一室（情报研究室）、研究二室（情报理论与方法研究室）、国外文献室、中文资料室、编辑室、出版发行科、办公室、科技编译馆和复制车间。至此，上海科技情报研究所初具规模
1964.5	召开第四次上海科技情报工作会议
1964.11.9—12.22	协助上海市科委筹备举行上海市“四新”技术交流展览会，共展出展品1128项，参展单位283个
1964	建立检索咨询工作，围绕重点课题主动服务；组织70多个单位800多位翻译审校人员编译“专利文献简介”38册
1964	举办“科技情报服务效果展览会”和“上海市科技情报服务工作经验交流会”
1965.7	召开第五次上海科技情报工作会议
1965.10	情报处组织了上海市地方企业研究单位成果清理上报工作的经验交流，编印《上海市科研成果汇编》，并向国家科委推荐466项成果和180项研究报告
1965.10	上情所参加上海市科学技术“三五”规划的制订工作，并为领导提供“新苗头，新动向”参考资料38篇，配合本市科技赶超大会编写“上海市重点科技项目（223项）国内外水平对比表”
1969.10	所本部和国外文献室、上海科学技术编译馆分别迁入新址——淮海中路1634号，并重新调整业务机构设立交流组、资料组、简报组、翻译组、出版组和复制车间
1971	成立上海对外技术座谈办公室

续 表

时　间	事　件
1971	购置电影放映设备，成立电影放映小组，并开始采购国外科技影片
1972	组织全所力量，配合上海市 1973—1980 科研发展规划的制订，提供参考项目及规划设想；全所体制调整；开始翻译国外科技影片，制作口语声带
1973	筹备电影组，开始拍摄 16 mm 科技电影
1974	拍摄第一部科技电影《喷灌》
1974	上情所为上海市制定十年规划提供 69 篇有参考价值的情报资料，在对全市十个工业局及十三个研究所调查的基础上，撰写《上海市情报工作简况》
1975.3	文献馆成立检索室和计算机组
1975.3	借用外单位的国产 XJ—2 型计算机首次进行计算机检索试验
1976	拍摄完成第一部科技情报电影《远红外高效加热技术》，该片在中央电视台、上海电视台、市节能展览会上进行了放映，引起了社会各界的极大关注。拍摄《大规模集成电路新技术》影片
1976.10	所业务机构调整设置，研究一室、研究二室、研究三室、综合室、联络室、资料馆、出版科、电影组、上海对外技术座谈办公室和复制工厂
1977	起草上海市科技成果管理办法，在所内设置上海科技成果管理办公室
1978.5.10	国家出版局批准上情所成立上海科学技术文献出版社
1978.10	接受国家科委转交给本所由世界知识产权组织赠送给我国的美国专利说明书（1893～1963 年）40 多吨。日本特许厅访华团赠与本所 1971～1973 年的日本特许公报 1 805 册，共 18 万件
1978	与上海科学院、市教育局、外文书店等单位联合举办“外国科技图书展览会”；制订计算机情报检索系统总体方案；研制 XJ - 2 计算机汉字排版系统，进行探索实践；举办国外冶金文献资料展览会等
1979.3	经上海市科协批准，上海市科技情报学会成立，陶毅任理事长。上海市科协明确该学会持靠在上海科技情报研究所
1979.5	新大楼开始使用，开辟国外产品样本样品陈列室
1979.5	成立上情所第一届学术委员会
1979.10.29	获准成立上海对外科学技术交流中心（由上海对外技术座谈办公室改名）
1979.11.24—28	召开第六次上海市科技情报工作会议，会议重申上情所同时具有上海市科委情报处的职能，管理全市的科技情报工作。会议还制定颁发了 4 个文件：《关于健全各专业局科技情报机构的意见》、《关于科技情报资料译文登记管理办法》、《关于上海地区与外国进行技术交流所获情报资料暂行管理办法》和《关于收集汇编上海市科技情报服务效果的意见》

续　表

时　间	事　件
1980.1	本所复制车间的印刷部分与徐汇区斜土工业公司进行联营，厂名为上海科学技术情报所附属联营印刷厂，厂址在本市小木桥路张家宅31号
1980.10	受上海市经委委托，上情所承担了全市创优产品国内外水平对比的审核工作
1980	通过非订购渠道，从欧洲专利局、法国专利局免费获得欧洲专利说明书及检索工具书、国际专利分类等资料
1981.5.21	华东市级情报协作网成立，邀请上情所参加协作网领导工作
1981.7.4	制订《上海科技情报研究所1981—1985年事业发展规划（纲要）》
1981.7.16	成立华东地区六省一市科技情报协作网，上情所任网长单位
1981.8	引进安装了PDP—11/34A小型计算机系统，并引进英国德温特公司的WPI磁带，在国内率先建成了WPI计算机检索系统
1981.9.4	上海市科技情报咨询服务中心成立，出版《情报咨询》月刊
1981.9	上情所招收第一批攻读科技情报学专业的硕士研究生
1981	建立上海市科技情报系统电影放映网
1982.6.9—6.15	在文化广场召开有5 000人参加的第七次上海市科技情报工作会议。市长汪道涵及国家科委顾问、全国科技情报学会理事长武衡到会讲话，市科委副主任许言做《适应经济调整形势，加强科技情报工作》的报告。会上还颁布了关于上海市经委系统工业局、工业公司、研究单位和工厂企业如何开展科技情报工作的4个暂行条例
1982.11	创办《国外科技信息》
1982	WPI计算机检索系统开始对外服务
1983.1	美国未来学家托夫勒夫妇应邀到本所作报告，并与本所有关人员座谈交流。本所研究世界新产业革命，编印西方世界《新产业革命参考资料》及播放托夫勒“第三次浪潮”影片，引起了极大反响
1983.10	机构调整为业务部门：情报研究室、文献室、科技情报咨询服务中心、计算机应用开发室、简报室、复制工厂、上海科技文献出版社、电影室、上海对外科技交流中心。职能部门：人事科、教育科、保卫科、业务处、情报处办公室、办公室（行政、秘书、财务、器材）、基建办公室
1983	参加上海“六五”规划项目“增强涤纶工程塑料”协作攻关小组

续　表

时　　间	事　　件
1983	完成“国外微电子技术及其对经济和社会发展的影响”“对美、日、德、苏科学技术规划的剖析”等17项研究课题，为本市制订十五年长远科技发展规划提供重要的背景资料，不少意见和建议被预测论证报告所采用，获得中央和有关市领导的好评
1983	声像室摄制完成《WPI世界专利检索方法》教学录像片，用于上情所WPI定题检索的培训工作，并在上海电视台教育频道放映，扩大教育范围
1983	PDP-11/34A小型计算机系统试用成功
1984.4.24	美国世界观察研究所所长布朗先生来所座谈“新技术革命给经济、社会带来影响”及有关新技术革命等方面的看法
1984.5	市科委情报处组建“科技情报成果联合评审大组”，对上海市第一批重大科技情报成果进行评审
1984.5	出版专利文献通报
1984.6.26—6.28	受市科委委托召开“世界专利索引情报检索系统和计算机辅助文献管理系统”鉴定会
1984.6	在咨询中心与文献馆等部门的积极配合协助下，声像室完成WPI检索方法教学录像片设置工作，并接受有关单位委托复制125套拷贝
1984.7	召开第八次上海市科技情报工作会议，上海市副市长刘振元出席并讲话。会上由上海市政府向上海市首次评选出的121项上海市重大科技情报成果颁发了奖状，上情所有14项科技情报成果获奖。会议还颁发了由本所起草的4个文件:《关于加强工业系统产品情报工作的实施办法》、《关于加强科技成果上报登记情报交流的办法》、《关于技术引进工作中加强技术经济情报工作的若干规定》、《上海地区与外国科技交流所获情报资料暂行管理办法的补充规定》
1984.8	上海经济区科技情报中心成立，上情所当选为该中心的理事长单位，大会确定在上海科学技术情报研究所设置“中心”联络处
1984.11	成立上海金龙信息系统公司。该公司由上情所与上海建设银行第五支行合营，该公司于1987年6月划归本所，由集体转为全民
1984	上海经济区科技情报中心成立，上情所当选为中心的理事长单位
1985.7	经上海市编制委员会批准，上海对外科学技术交流中心单独列编（定编18人），改由上海市科委直接管理
1985.11	受上海经济区情报中心理事会的委托，组织了上海经济区首届技术信息交流会，63个省、市、地和行业的情报所参加了展出
1985	世界专利索引（WPI）计算机情报检索系统被评为上海市优秀软件产品三等奖

续　表

时　　间	事　　　　件
1985	承接国外委托的情报研究课题——联合国国际劳工组织的“生物技术对当代中国农村发展的影响”
1985	承担了国家科委下达的“新技术革命立法探讨”课题
1985	加入全国计算机情报网，实现在上海查阅外地省市的科技文献资料
1986.4	微机智能终端调试成功，可以通过市内拨号电话与美国 Dialog 等数据库系统进行联机情报检索
1986.5	从美国 IBM 公司引进了 IBM—4381 中大型计算机系统，为建立全国计算机科技情报检索网络上海分中心提供了条件
1986.6	受市科委委托，牵头承担了上海地区科技情报计算机检索网络的可行性研究报告和总体规划的制订，同时该所又受国务院上海经济区规划办公室的委托，牵头编制上海经济区科技情报计算机检索网络总体规划
1986.7	成立专利事务所
1986.9	为庆祝中国科技情报事业创建卅周年，本所编辑出版了《科技情报检索手册》
1986	成立科技影视出版中心，至此已收集了 1 000 多部科技影片和录像片
1986	利用缩微技术把搜集的全国中文专业会议资料拍摄成缩微平片，并进行征订，受到了全国 110 个用户的欢迎
1986	开始着手建立各种文献数据库，如馆藏中文、世界工业产品标准、期刊数据库、国外磁带数据库，数值数据库、事实数据库等
1987.4	成立了数据库建设领导协调小组与工作班子。WPI 数据库在 IBM—4381 上得到开发应用；GIA 数据库已完成原带数据代码转换程序，并已着手在 IBM—4381 机上建联机数据库；国际工业标准库，已对引进磁带着手建库工作；中文数据库完成了中文数据库模块和编目卡片模块的开发
1987.10	本所受市科技党委委托拍摄完成《今日科学家》，市委副书记曾庆红，副市长刘振元等有关领导参加首映式
1988.1	计算机开发室改为“数据服务中心”
1988.3	情报研究室改为“科技情报与政策研究中心”
1988.5	成立上海对外技术与产品信息咨询服务公司
1988.6	市科委发文，上情所归上海科学院代管
1988	进口一套光盘驱动器和 LISA 数据库，这在上海也属于首次引进，自此开始了上情所光盘检索系统和数据的引进和应用

续　表

时　间	事　件
1989.1.10—1.11	上海经济区科技情报中心联络处在无锡市召开关于出版华东地区原版期刊预订联合目录协调会议。沪、苏、浙、皖、赣、闽、鲁六省一市情报所有关人员 22 人参加会议。会议通过了上海所提出的出版联合目录的具体方案，同年 6 月出版了 1989 年度《华东地区外国和港、台科技期刊预订联合目录》
1989.2	出版《上海建设（1949—1985）》
1989.3	以上海市科委情报处名义，在铁路局情报所召开上海市各局情报所所长会议。16 个局属情报所及上海石化总厂情报所的所长和有关的情报专家 30 多人参加会议。会议着重交流讨论各局情报所 1989 年度工作计划重点。会议由本所情报处处长朱其昌主持。钱志深所长出席会议并讲话。各局属情报所所长会议，全年先后共召开四次
1989.3	为配合 4.17—4.24 市人大九届二次会议的召开，本所科技文献出版社出版了《一九八八年度上海科学技术工作年报》
1989.3—10	为配合市科委科研发展决策需要，本所上海科技文献出版社出版了《上海市重大软科学研究成果选编》(1983—1987)、《上海科技统计年鉴》(1988)
1989.4	对所办公室的职能进行调整并成立行政处；人事档案管理工作由党办移交给人事处；声像室译制部撤销
1989.4—12	与上海工业大学联合申请上报“管理工程”专业硕士学位授予权材料，本所导师马远良、张波、钱志深、方保伟四人在列。与上海工大联合上报“申请管理工程专业硕士学位授予权的补充材料”
1989.5.16—19	以上海市科委情报处名义，在崇明县召开《崇明县星火信息试验系统总体方案》评审会，由 12 名专家组成的评审组通过方案。本所马远良副所长、原崇明县县长田长春等出席了评审会
1989.5	本所研究中心受市经委技术开发处的委托，承担了“上海市八五工业技术开发规划”课题
1989.10	本所上海科学技术文献出版社为配合“上海市重大工程建设办公室”向国务院汇报工作需要，用两个月时间突击出版了《探索上海科技与经济优化组合之路》
1989.10.12—15	上海经济区科技情报中心在扬州市召开上海经济区科技情报中心常务理事会，来自各省、市的常务理事 22 人及有关同志参加了会议。会议讨论并通过了“中心”秘书长朱其昌提出的情报业务协作提案和“中心”常务理事分工。会议由“中心”理事长、本所所长钱志深主持
1989.11.17—18	以上海市科委情报处名义，在青浦县召开上海市郊县科技情报工作研讨会。市郊 10 个县科委分管科技情报工作的主任，农科院情报所、农机局情报站负责人及有关人员 28 人参加会议

续　表

时　　间	事　　　　件
1989.11.28—12.1	上海经济区科技情报中心联络处在上海召开华东六省所和部分市（地）所业务科（处、室）长会议。来自沪、苏、浙、皖、赣、闽、鲁六省、市 11 个情报所的 22 人参加会议
1990.1	本所首次编制《上海科技情报研究所一九八九年年报》
1990.1.29	本所情报处在华东电管局情报所召开上海市各局（系统）情报所长会议。17 个局情报所及上海石化总厂情报所的所长和有关同志 30 多人参加会议
1990.3	上海市科学技术委员会印发沪科（90）第 033 号文《上海市科学技术成果水平检索的暂行规定》，我所咨询服务中心于 1990 年 3 月起正式对外开展科技成果水平检索服务
1990.3.4	上海对外技术与产品信息咨询服务公司作内部调整，公司下设亚洲事务部、欧洲事务部、美洲大事务部、对外咨询部及办公室
1990.3.21—24	在本所举办美国伊利诺伊州工业样本展览会
1990.5.11—15	上海经济区科技情报中心在安徽省召开全体成员大会，华东地区的 55 个省、市情报所及专业情报所所长和有关同志 75 人参加会议。国家科委情报司陈炳刚副司长参加会议并讲话。会议一致通过了将上海经济区科技情报中心改名为华东地区科技情报中心；在“中心”理事会下设立“科技文献开发利用委员会”“引进样品服务委员会”“情报研究协作委员会”和“传真协作网”“声像协作网”，并明确各委、网的牵头单位
1990.5.17—19	“日中电视录像服务网全国年会”在沪召开，本所作为东道主，承担了组织和会务工作，会议圆满成功
1990.8.20	本所情报处在青浦县召开各系统（局）情报所长及部分区、县科委有关领导会议，贯彻国家科委关于加强情报职能管理《通知》的精神，讨论《上海市科技情报工作条例》草案
1990.9.25	上海科学院 1990 年科技进步奖授奖，本所“上海市科技发展五年展望”“亚洲九小龙科技进步促进经济发展”“上海光纤传感器技术发展”“上海农业出口介汇发展战略研究”等课题分别获得一、二、三等奖
1990.10.5	国务院学位委员会批准本所与上海工大经济管理学院联合申请的“管理工程”硕士学位授予权
1990.10.8	根据（90）国科发情字 800 号文《关于推荐第一批查新咨询科技立项及成果管理的情报检索单位的通知》，本所被国家科委推荐为全国首批 11 个检索信得过单位之一
1990.11.5	“美国俄克拉荷马州新产品陈列及技术交流会”在本所开幕

续 表

时　间	事　　　件
1990.11.5—9	受国家科委中国国际科学中心、中国华阳国际技术公司委托，由本所对外技术与产品信息咨询服务公司组织上海冶金局、轻工局、中科院仪表局等 14 个单位参加“中国东京新技术新产品新成果展览会”
1990.11.6	科委下达沪科（90）第 206 号文，决定由本所情报处归口管理本市自然科技期刊的日常工作，组织专家审读期刊和进行期刊的质量评比
1990.12.19—21	本所情报处会同上海市农科院情报所、上海市郊县工业管理局情报站，在上海县召开上海市郊县情报工作研讨会
1991.8.1	文献馆参考阅览室正式为读者服务
1991.9.7	作为本所“八五”发展规划的重点项目之一——文献馆计算机集成系统，决定委托华东师范大学图书馆学情报学系进行设计，双方商讨预可行性研究报告的编制
1991.9.12	本所专利阅览室的 WPI 终端实行免费检索试服务
1991.10.3	上海科技情报所“八五”发展规划纲要讨论稿经所务会议、党委会和职代会讨论通过
1991.10.6	华东地区情报中心常务理事会和华东六省一市情报所长会议在山东召开，会议由钱志深所长和山东省情报所唐加农所长主持
1991.10.23—25	市科委情报处与市郊区情报网联合在金山县召开“上海市郊县科技情报工作经验交流研究会”，市科委张鳌副主任出席并做了重要讲话
1991.10.29—31	由上海科学院主办，上情所和德国艾伯特基金会共同组织的“国际营销、技术与工业创新——企业与研究所之间世界性合作”国际研讨会获圆满成功
1991.11.15	市科委情报处召开本市各局（系统）情报所长会议，由钱志深所长传达“新疆会议”精神，并结合上海实际讨论了今后工作
1991.12.12	“科技发展五年展望”课题获 1991 年度国家科技进步奖三等奖
1992.1.2	文献馆光盘阅览室正式对外开展光盘检索服务。目前，已拥有美国专利等 15 种光盘数据库
1992.1.2—2.3	上海对外技术与产品信息咨询服务公司组织上海科技、轻工、冶金、仪表、医药、纺织和区、县等系统的 45 家工矿企业 38 人，赴新加坡参加中国国际科促会和中国仪器进出口总公司举办的《中国工业技术及产品出口交易会》
1992.3.27	召开全市科技情报工作经验交流与表彰先进大会。会上表彰了 18 个先进集体和 35 位先进科技情报工作者，本所被评为先进集体
1992.4	本所从美国引进 13 台磁盘机，使我所 IBM4381 系统外部存储量达 2 万兆，内存容量达 18 兆

续 表

时　间	事　件
1992.7.20	为适应浦东新区开发开放的需要，经上级批准，本所在浦东开设了“上海振东信息技术贸易公司”
1992.7.30	为促进我国光盘产品产业化，经上级批准，由本所筹建的上海首家光盘公司——上海科文光盘公司成立
1992.9.26	由情报处参与组织的上海市科学技术期刊评审委员会召开“首届上海市优秀科技期刊表彰大会”，有51种科技期刊被评为优秀科技期刊，40种科技期刊受到大会表扬。本所出版的《国外科技消息》被评为上海市优秀科技期刊，《电子与自动化》受到大会表扬
1992.10.12	本所咨询服务中心与卢森堡的ECHO联机检索系统签订了使用该系统的用户协议
1992.12.15	由本所牵头的华东六省一市科技情报研究所首次合作承担国家级科技情报研究课题“浦东开发对华东地区科技、经济、社会发展的影响”在沪通过专家组评审
1993.1.10—17	组织召开《废弃物资源化——环境与经济协调发展》国际研讨会
1993.3.2	上科院批复成立四方工业情报咨询服务公司
1993.4.15	科文光盘公司与有机所合作制作的“中国化学文献数据库光盘（CCBD-CD）”，举行首发仪式
1993.4.18—20	本所研究中心承办“浦东新区科技产业化暨发展规划研究”专家咨询研讨会
1993.4	本所咨询中心正式向用户提供中国科技信息所中西文数据库的国内联机检索服务
1993.7.11—21	引进并安装IBM-AS/400小型机，同时还购买了5台微机和联想公司产的10台终端
1993.8.23—25	本所情报处召开上海市科技期刊管理工作会议，为市科委起草了《上海市贯彻〈科学技术期刊管理办法〉实施细则》
1993.8.29—9.5	国际著名工商情报专家——日本工商竞争情报专家协会会员，中川十朗先生，应我所邀请来华访问，并与本市200位情报界专家、同行进行了报告与交流
1993.10.9—13	本所情报处组织全市科技情报机构负责人参加的“上海科技情报机构如何深化体制改革”研讨会
1993.11.22	由江泽民同志亲笔题词、中共上海市科技党委直接领导的反映“科技是第一生产力”的电视录像片《今日科学家》第三辑——《勇于下海的人》正式开机拍摄

续 表

时　间	事　件
1994.1.20	上海科技情报研究所专利事务所获得徐汇区工商行政管理局颁发的企业法人营业执照
1994.4—9	在市科委计划处主持下，本所研究中心在“上海市（九五）科技发展计划和2010年发展规划研究”课题中，提出的“建设上海信息港”的设想，已被市政府采纳
1994.5.2	由上海科技情报研究所和日本小川纤维工业株式会社合资兴办的上海小川服装有限公司正式开张
1994.7.29	经所研究同意，科技文献出版社从1995年1月起暂时停办《国外科技消息》
1994.8.12	市科委情报处召开各局科技情报所长会议，通报市科委对公益性事业机构深化改革的意见，交流本市各系统情报改革的经验，对当前存在的共性问题进行研讨
1994.8	原复印工厂与数据服务中心录入部合并，成立科印制作中心
1994.9.1	设立教育培训中心，理论方法研究室并入
1994.9	中国科技情报学会、北京科技情报学会、上海科技情报学会和中国兵工情报学会4家单位联合发起组织并举办了“全国竞争情报与企业发展研讨会”(后被定为第1届竞争情报年会)
1994.10.8	由本所研究中心、理论方法室组织专门班子研究起草《关于建立上海信息港标志性工程——“上海科技信息中心”的预可行性方案》
1994.11.16	四方工业情报公司完成《上海工业产品数据库》建设
1994.12.20	上海振东信息技术贸易公司申请歇业
1994.12.25	由市经委下达任务，四方工业情报公司承接的“上海市优秀新产品数据库”建库工作正式启动
1994.12	文献馆自动化集成系统基本建成，设置终端16台，7个子系统应用软件的委托设计全部完成，基本完成所有馆藏资料品种的数据输入。该系统正在进行采编、部分馆藏资料检索、管理和统计等工作的试运行
1995.2.11	由本所组织编写的上海市90年代紧缺人才《信息管理》岗位资格证书培训班教学大纲经人事局及有关专家审定通过
1995.3.28	成立由马远良、缪其浩、叶慎敏、陆健、陈凌康等人组成的所《新科技三分钟》工作班子
1995.4.22	上情所声像室改名为“上海科学技术情报研究所影视传播中心”

续　表

时　　间	事　　　　件
1995.4.26	上情所文献馆和数据服务中心合并组建成“上海科学技术情报研究所信息资源中心”。同时成立“上海科技情报所网络工程部”
1995.5.9—12	由本所和浙江省科技情报所联合组织的，95华东地区省级情报研究所文献（信息）资源共建与共享工作会议在浙江省宁波市召开
1995.10.4	根据沪委发〔1995〕第300号、302号和沪发〔1995〕第104号文件精神，上海图书馆与上海科技情报研究所宣告合并，成为上海市人民政府的一个直属机构（一套班子两块牌子），归口上海市委宣传部领导
1995.11.9	为配合科教兴国战略的实施，市科技情报学会、上海科学技术情报研究所、中国科技信息研究所和日本广播协会（NHK）国际财团在本所联合举办《日本环境保护录像放映会》首映式
1996.2.7	由上海市委宣传部、上海电视台和上图上情所联合举办的《新科技三分钟》智力竞赛总决赛在上海广电大厦举行。馆所领导马远良、陈燮君等同志参加了评委和颁奖仪式
1996	由上图上情所的缪其浩、完平、方保卫、杨卫东、沈振英、张左之等人编写的《市场竞争和竞争情报》一书出版
1998.11.11	馆所召开上海科技情报事业40周年大会。龚学平、金炳华等市领导及全市科技情报界代表300余人出席大会
1999.4.21	信息咨询与研究中心下属战略信息部正式成立，并于4月试行刊出《上图专递》
1999.7.20	中华人民共和国知识产权局正式授予馆所信息咨询与研究中心为专利事务所“专利代理机构”资格证书
1999.9.12	馆所信息咨询与研究中心连续第三次被上海市人民政府科学技术委员会评为《上海市信誉企业（机构）》
1999.9.30	馆所与日本图书馆情报大学签署了合作研究协议书，双方同意将在今后几年内，就互相关心的课题共同开展研究和开发工作，同时加强学术资料的交换
1999.10.16	馆所信息咨询与研究中心研究部完成的《内蒙古金河工程》决策研究项目第一阶段成果“内蒙古金河工程上海生物技术研究中心”成立暨揭牌仪式在上海国际会议中心隆重举行，上海市委市政府和内蒙古自治区党委有关领导出席揭牌仪式
2000.2.13	馆所成立战略信息中心，陈超任主任，沈彩虹任副主任
2001.1.11	首届图书情报高级研修班结业。上海图书馆领导缪国琴、王世伟、吴建中和李道林，上海交通大学图书馆杨宗英副馆长、华东师范大学信息学系主任范并思等参加了会议

续 表

时　间	事　件
2001.6.19	第二期图书情报高级研修班举行开学典礼，40多名来自本市高校图书馆、区县图书馆的学员参加
2003.3.14	华东六省市及部分地区科技情报（信息）所所长会议在馆所召开
2003.9.18—19	上海图书馆上海科技情报研究所组织召开2003竞争情报上海论坛，论坛的主题为“信息技术与竞争情报是企业参与全球化竞争的源动力”
2003.11.27	上海科学技术情报研究所成立45周年座谈会召开
2004.2	馆所推出“上图专递”系列内参新品种《专递人大》周刊，该内参由信息咨询与研究中心和市人大常委会研究室合办，主要面向市人大高层领导服务
2004.4.28—30	华东地区文献（情报）信息服务研讨会在馆所召开
2004.7.14—16	由馆所承办的2004年度华东六省一市科学技术情报研究所思想政治工作年会召开。来自江苏、浙江、安徽、江西、福建及山东等地的科学技术情报研究所领导及有关人员出席了会议
2004.7—8月	为配合上海市劳动和社会保障局新职业培训项目，结合竞争情报的发展，馆所开发了竞争信息分析员2～5级的培训课程
2004.12	《竞争情报》杂志创刊
2005.1	馆所发放“上图专递”系列内参年度领导问卷调查。常务副市长冯国勤作出亲笔批示
2005.3.1	经馆所党委研究决定，自2005年3月1日起馆所图情所和研究室为两块牌子一套班子
2005.10.19—20	由上海市科技情报学会、江苏省科技情报学会和浙江省科技情报学会共同举办的“技术竞争情报国际研讨会”在馆所召开
2006.2	缪其浩率领信息咨询与研究中心部分中青年情报研究人员完成的国家哲社项目“国家竞争情报研究”正式结项
2007.6.27—29	2007年华东六省一市科教信息（情报）所长会议在馆所举行
2008.10.20	召开“纪念上海科技情报事业创建暨上海科学技术情报研究所建所50周年”座谈会。全国人大常委会副委员长陈至立、严隽琪，全国政协副主席、科技部部长万钢分别发来贺信。市委常委、宣传部部长王仲伟到会祝贺并讲话
2009.2.19	由馆所和上海《文汇报》社共同主办的“新一轮的科技革命是否初见端倪——关于应对当前经济危机的长远对策之专家研讨会”在馆所召开

续 表

时　间	事　件
2009.3.9	为上海地区中小企业服务的创之源@上图中小企业服务网正式开通，提供图书馆资源、服务、参考咨询、文献提供、讲座、情报培训等功能。支持创新、创意、创业的公益性图情服务
2009.4.22	馆所原副所长缪其浩荣获国际竞争情报专业人员协会（SCIF）主席杰出成就奖
2009.5.25	馆所正式推出面向中小企业提供公益性图书情报服务的平台——创之源@上图。同名中小企业情报服务点同时挂牌
2009.8.11	“转型期的科技情报工作座谈会”在馆所举行。市委常委、宣传部部长王仲伟出席会议并作重要讲话
2010.9.9	上海行业情报发展联盟成立大会在馆所举行，上海市委常委宣传部长杨振武，上海市科技党委书记陈克宏出席。大会促成联盟成员中 4 家机构围绕服务上海国际航运中心、国际贸易中心建设分别签署战略合作协议并启动“战略性新兴产业情报合作研究计划”
2010.11.1	由馆所牵头、以上海科技情报学会为核心、多家情报研究机构共同参与的上海行业情报服务网顺利建成并正式开通
2010.11.30	“协力同行，共同创新——上图情报所‘创之源’中小企业信息服务点授牌仪式暨座谈会”召开
2011.9.19	2011 年上海行业情报发展联盟大会顺利召开
2011.10.20—21	“2011 竞争情报上海论坛”召开，论坛主题“寻找新兴产业的机会——转型期的竞争情报”
2011.10.28—11.28	“2011 上海科技情报服务宣传周——上海行业情报发展联盟服务企业创新”主题展在上海图书馆揭幕
2012.11.1—7	举办 2012 年科技情报服务宣传周系列活动
2012.11.6	2012 年上海行业情报发展联盟大会顺利召开
2012.11.25	“上海市科委软科学研究基地——上海科技情报研究所前沿技术发展研究中心”揭牌仪式暨专家研讨会召开
2013.5.13—20	馆所联合上海行业情报发展联盟的会员单位同，共同主办“追踪 PM2.5——上海行业情报发展联盟‘科技情报与百姓生活’主题展”
2013.6.15—16	“世界新兴技术峰会暨 2013 竞争情报上海论坛”，馆所和麻省理工《技术评论》杂志联合主办
2013.6.17	馆所和上海科技情报学会联合举办“长三角科技情报交流表彰大会”。会议由上海市科学技术情报学会理事长陈超主持

续　表

时　　间	事　　　　件
2013.7.17	由上海市科学技术情报学会、江苏省科学技术情报学会、浙江省科学技术情报学会、福建省科学技术情报学会共同举办的“科技情报交流表彰大会”在馆所召开
2013.10.8	上海市科学技术情报学会学术年会暨2013年上海科学技术情报成果奖颁大会顺利召开
2013.10.17	“2013年上海行业情报发展联盟大会”顺利召开
2013.10.17—20	馆所主办的2013上海科技情报服务宣传周——“智慧生活中的前沿技术”主题展活动在上海图书馆目录大厅举行。这是馆所、上海行业情报发展联盟、市科学技术情报学会共同举办的面向公众的品牌科普活动
2013.10.22	上海市新兴产业情报研究联盟成立暨第一次工作会议在上海图书馆举行
2014.10.20	由上图上情所、上海市科学技术情报学会共同主办的“科技创新与转型发展过程中的情报价值学术年会暨2014年上海科学技术情报成果奖颁奖大会”在馆所召开
2014.10.21—27	由馆所主办，上海行业情报发展联盟、上海市科学技术情报学会、上海新兴产业情报研究联盟联合承办的“2014上海科技情报服务宣传周”在上海图书馆举行。同期，举办了一系列主题为“智慧生活中的前沿技术：健康物联网”的展示活动
2015.1.23	馆所举行《竞争情报》新刊热身暨读者作者编者见面会
2015.10.20—26	馆所举办“2015年上海科技情报服务宣传周”，以“科技点亮生活：人工智能与智慧城市”为主题举办一系列活动
2015.10.22—23	2015竞争情报上海论坛召开，以“创新、创业、创客与竞争情报”为主题
2015.11.5	馆所上报的《2015国际大都市科技创新能力评价》简报获时任上海市委主要领导批示
2016.10.25—30	由馆所主办、上海行业情报发展联盟、上海市科学技术情报学会、上海新兴产业情报研究联盟联合承办的“2016年上海科技情报服务宣传周”在上海图书馆举办一系列主题为“智能交通开启出行新时代”的展示活动
2016.10	馆所报送“上图专递”多份内参，经由市委办公厅上报中央办公厅，在2016年获得了多位中央领导的批示。市委常委、宣传部长董云虎同志做出批示：“上图情报所围绕中心、服务大局，积极报送专题研究成果，为党和国家决策提供有益参考，工作很有成效。望再接再厉，继续发挥好上图情报所的新型智库作用”

续　表

时　　间	事　　　　件
2017.10.19—20	2017竞争情报上海论坛召开，论坛主题为“颠覆性技术影响力”。会议期间，科睿唯安公司与馆所完成签约，上海市科学技术情报学会与日本竞争情报学会签约合作
2017.10	2017年上海科技情报服务宣传周活动在上海图书馆举办，主题为“虚拟现实悄然改变生活”

说明：1. 1995年馆所合并后，文献阅览、影视制作、出版等业务归并入图书馆，不梳理入本大事记。

2. 时间截至2017年。

附录二

上海科学技术情报研究所历任领导

姓　名	职　　务	任职时间
张　坚	副所长	1958.11—1960.11
陶　毅	副所长	1959.5—1965.10
	所长	1965.10—1966.6
		1978.6—1982.7
刘同云	副所长	1961.10—1965.10
		1978.6—1981.9
阚开田	副所长	1964.11—1965.10
周　彬	副所长	1965.10—1966.6
王一明	副所长	1978.6—1983.10
	党委书记	1983.10—1986.1
孟朝南	党委副书记	1978.6—1983.10
张　秀	副所长	1978.6—1983.10
陈震中	副所长	1979.1—1983.10
张汉松	副所长	1983.10—1987.10
钱志深	所长	1983.10—1994.4
金嗣晟	党委副书记	1983.10—1987.5
	党委书记	1987.5—1995.10
马远良	副所长	1983.10—1994.4
	所长、馆所长	1994.4—2002.1
曾　鸣	党委副书记	1987.5—1989.8
王林珍	副所长	1990.11—1995.9

续 表

姓 名	职 务	任职时间
赵鹿轩	副所长	1992.3—1995.9
缪其浩	副所长、副馆所长	1994.4—2008.2
王鹤鸣	党委书记	1995.9—2000.10
陈燮君	党委副书记、副馆所长	1995.9—1999.3
王世伟	党委副书记	1995.9—2010.7
	纪委书记	1995.9—1999.7
吴建中	副馆所长	1995.9—2002.1
	馆所长	2002.1—2016.9
李道林	纪委书记	1999.7—2003.6
	党委副书记、纪委书记	2003.6—2010.1
缪国琴	党委副书记（主持工作）	2000.10—2002.1
	党委书记	2002.1—2004.12
邵敏华	党委书记	2004.12—2008.2
何 毅	副馆所长	2006.4 至今
周德明	副馆所长	2006.4 至今
穆端正	党委书记	2008.2—2014.2
陈 超	副馆所长	2008.2—2016.9
	馆所长	2016.9 至今
刘 炜	副馆所长	2010.12 至今
朱帼英	纪委书记	2010.6—2012.8
秦昕强	纪委书记	2012.08—2015.6
叶汝强	党委书记	2014.2—2017.4
林 峻	副馆所长	2018.2 至今

附录三

上海科学技术情报研究所获奖情况

上海科学技术情报研究所 1985—1996 年获国家级奖项情况

奖　　项	项目名称	完成单位	获奖年份
国家科技进步三等奖	远红外加热技术情报综合服务	上海科学技术情报研究所	1985
国家科技进步三等奖	收集报道国内外科技战略情报为领导决策服务	上海科学技术情报研究所	1987
国家科技进步三等奖	上海科技发展五年展望	上海科学技术情报研究所	1991
国家科技进步三等奖	我国科技情报收集服务体系的研究	上海科学技术情报研究所（第二完成单位）	1992
国家科委科技情报成果奖一等奖	为领导决策提供面广量大的情报研究服务	上海科学技术情报研究所	1986
国家科委科技情报成果奖二等奖	收集报道国内外科技战略情报为领导决策服务	上海科学技术情报研究所	1986
国家科委科技情报成果奖二等奖	情报工作为全市产品创优服务	上海科学技术情报研究所	1986
国家科委科技情报成果奖三等奖	上海市“十五”科技发展长远规划精细化工行业调研、预测、论证	上海科学技术情报研究所	1986
全国科技信息系统优秀成果一等奖	竞争情报的研究及推广应用	上海图书馆上海科学技术情报研究所	1996
全国科技信息系统优秀成果二等奖	华东地区外国和港台科技期刊预订联合目录	上海图书馆上海科学技术情报研究所	1996
全国科技信息系统优秀成果二等奖	上海徐汇区科技情报需求和服务模式研究	上海图书馆上海科学技术情报研究所	1996

续　表

奖　　项	项 目 名 称	完 成 单 位	获奖年份
全国科技信息系统优秀成果三等奖	新型金属针布	上海科学技术情报研究所	1996
全国科技信息系统优秀成果三等奖	建立为沿海战略服务的信息体系的研究	上海科学技术情报研究所（第二完成单位）	1992
全国科技信息系统优秀成果三等奖	中文文献自动标引的研究	上海科学技术情报研究所（第二完成单位）	1993

说明：统计情况摘自 1. 全国科技情报系统科技情报成果项目及先进工作者获奖名单（1985—1996年）；2. 上海科学技术情报研究所证书、奖状档案。

上海科学技术情报研究所 1979—2017 年获上海市奖项情况

奖　　项	项 目 名 称	完 成 单 位	获奖年份
上海市重大科技成果奖	激光扫描印字机Ⅰ型机及其他配套材料	上海科学技术情报研究所	1979
上海市重大科技成果三等奖	上海 ZP－A 型自动平片缩微照相机	上海科学技术情报研究所	1979
上海市科技进步二等奖	为制订上海科技规划行业规划提供战略情报研究服务	上海科学技术情报研究所	1985
上海市科技进步二等奖	收集报道国内外科技战略情报为领导决策服务	上海科学技术情报研究所	1985
上海市科技进步三等奖	为组建和发展计算机软件产业提供决策意见	上海科学技术情报研究所	1985
上海市科技进步三等奖	为发展我国碳纤维复合材料开展系统的科技情报服务	上海科学技术情报研究所	1985
上海市科技进步三等奖	情报工作为全市产品创优服务	上海科学技术情报研究所	1985
上海市科技进步二等奖	国外城市发展研究	上海科学技术情报研究所	1986
上海市科技进步三等奖	为建立蔬菜产业提供战略情报	上海科学技术情报研究所	1986
上海市科技进步二等奖	上海高技术开发区研究	上海科学技术情报研究所等	1988
上海市科技进步三等奖	上海市一九八五年能源系统网络图及能源利用率分析报告	上海科学技术情报研究所	1988
上海市科技进步三等奖	上海地区科技情报计算机检索网络可行性研究报告	上海科学技术情报研究所	1988

续 表

奖 项	项目名称	完成单位	获奖年份
上海市科技进步三等奖	上海市精密陶瓷产业发展研究	上海科学技术情报研究所	1989
上海市科技进步三等奖	为发展生物技术及其产业提供科技情报服务	上海科学技术情报研究所	1989
上海市科技进步二等奖	上海科技发展五年展望	上海科学技术情报研究所	1990
上海市科技进步三等奖	亚洲九个国家和地区以科技进步促进经济发展途径研究	上海科学技术情报研究所	1990
上海市科技进步三等奖	加快上海光纤传感技术发展的具体建议	上海科学技术情报研究所	1990
上海市科技进步二等奖	国外产业政策研究	上海科学技术情报研究所	1991
上海市科技进步二等奖	上海地区科技情报计算机检索网络一联机检索数据库系统	上海科学技术情报研究所	1991
上海市科技进步三等奖	上海国际竞争能力研究	上海科学技术情报研究所等	1991
上海市科技进步三等奖	上海市高新技术玻璃产业发展研究	上海科学技术情报研究所	1991
上海市科技进步三等奖	上海市“八五”工业科技开发规划研究	上海科学技术情报研究所	1991
上海市科技进步三等奖	上海“八五”期间光纤通信技术发展方向研究	上海科学技术情报研究所	1991
上海市科技进步三等奖	上海市机电一体化产品开发现状和“八五”发展规划研究	上海科学技术情报研究所	1991
上海市科技进步二等奖	上海市生物技术产业发展预测与运行机制探讨	上海科学技术情报研究所	1992
上海市科技进步三等奖	国内外光纤通信市场和标准化动向分析	上海科学技术情报研究所	1992
上海市科技进步三等奖	徐汇区发展规划研究	上海科技情报研究所等	1992
上海市科技进步二等奖	上海市科技信息跟踪研究	上海科学技术情报研究所	1993
上海市科技进步三等奖	上海信息服务业发展对策研究	上海科学技术情报研究所等	1993

续 表

奖　　项	项目名称	完成单位	获奖年份
上海市科技进步三等奖	科技发展动向研究	上海科学技术情报研究所	1993
上海市科技进步二等奖	开发浦东对华东地区科技、经济、社会发展的影响	上海科学技术情报研究所	1994
上海市科技进步三等奖	市14项攻关项目和7个新型技术领域新材料近期产业化预测及其运行机制探讨	上海科学技术情报研究所	1994
上海市科技进步三等奖	上海市第三产业和居民生活用能消费综合研究	上海科学技术情报研究所	1994
上海市科技进步三等奖	我国“复关”及专利法修改对上海工业影响	上海科学技术情报研究所	1994
上海市科技进步三等奖	上海发展有线电视（CATV）总体规划研究	上海科学技术情报研究所	1994
上海市科技进步二等奖	1995年高新技术产业化发展方向研究	上海科学技术情报研究所	1995
上海市科技进步三等奖	上海科技成果转化机制研究	上海科学技术情报研究所	1995
上海市科技进步三等奖	上海生物技术工业园区发展研究	上海科学技术情报研究所	1995
上海市科技进步三等奖	上海市科技发展跟踪研究	上海科学技术情报研究所	1995
上海市科技进步二等奖	上海科技改革与发展研究	上海科学技术情报研究所	1996
上海市科技进步三等奖	上海市科技发展“九五”计划和2010年长期规划研究	上海科学技术情报研究所	1996
上海市科技进步二等奖	电力需求侧管理的作用和途径—结合资源规划方法在上海的应用研究	上海市计划委员会、上海科学技术情报研究所等	1997
上海市科技进步三等奖	胃肠道造影原理与诊断	上海科学技术文献出版社	1997
上海市科技进步三等奖	高新技术在上海市重点产业中开发应用研究	上海科学技术情报研究所	1997
上海市科技进步一等奖	上海图书馆新馆计算机管理系统	上海图书馆、上海科学技术情报研究所（第四完成单位）	1998

续　表

奖　　项	项 目 名 称	完 成 单 位	获奖年份
上海市科技进步二等奖	上海社会发展水平比较研究	上海科学技术情报研究所	1998
上海市科技进步三等奖	上海新支柱产业的选择与培育	上海科学技术委员会、上海科学技术情报研究所	1998
上海市科技情报成果一等奖	今后十五年上海领航的新兴工业及发展	上海科学技术情报研究所	1984
上海市科技情报成果一等奖	远红外加热技术情报综合服务	上海科学技术情报研究所	1984
上海市科技情报成果二等奖	对发展大规模集成电路的建议	上海科学技术情报研究所	1984
上海市科技情报成果二等奖	对上海吴泾化工厂引进十万吨/甲醇法制醋酸装置后产品出口可能性的技术情报咨询报告	上海科学技术情报研究所	1984
上海市科技情报成果二等奖	为创建及加速发展环保工业提出战略决策建议	上海科学技术情报研究所	1984
上海市科技情报成果二等奖	创造条件加强精细化工发展的调研报告	上海科学技术情报研究所	1984
上海市科技情报成果三等奖	发展蚯蚓养殖与利用的研究	上海科学技术情报研究所	1984
上海市科技情报成果三等奖	上海发展光纤通信的技术经济前景	上海科学技术情报研究所	1984
上海市科技情报成果三等奖	必须重视日趋严重的土地危机问题	上海科学技术情报研究所	1984
上海市科技情报成果三等奖	果蔬贮藏气调膜情报服务	上海科学技术情报研究所	1984
上海市科技情报成果三等奖	节电平皮带综合情报服务	上海科学技术情报研究所	1984
上海市科技情报成果三等奖	造纸毛毡技术进步情报	上海科学技术情报研究所	1984
上海市科技情报成果三等奖	喷射动力环节油情报服务	上海科学技术情报研究所等	1984
上海市科技情报成果三等奖	SPC-50 型车装水文水井钻机产品情报服务	上海探矿机械厂、上海科学技术情报研究所	1984

续 表

奖 项	项目名称	完成单位	获奖年份
第七届上海市哲学社会科学优秀成果评选（2002—2003）内部探讨优秀成果奖	“透视游戏业”系列研究	上海图书馆上海科学技术情报研究所	2004
第一届上海市决策咨询研究成果奖三等奖	浦东新区科技发展规划研究	上海科学技术情报研究所	1995
第二届上海市决策咨询研究成果奖二等奖	上海信息港浦东新区信息化工程研究	上海科学技术情报研究所	1997
第六届上海市决策咨询研究成果奖三等奖	“十一五”期间上海加快发展先进制造业、提升产业能级的对策研究	上海图书馆上海科学技术情报研究所	2007
第七届上海市决策咨询研究成果奖三等奖	上海外商投资目标产业与目标外商研究	上海科学技术情报研究所	2009
第九届上海市决策咨询研究成果奖二等奖	发达国家高端制造业发展动向及对上海的影响与对策研究	上海图书馆上海科学技术情报研究所	2013
第十一届上海市决策咨询研究成果奖一等奖	2015 国际大都市科技创新能力评价	上海图书馆（上海科学技术情报研究所）	2017
第十一届上海市决策咨询研究成果奖三等奖	全球科技创新中心战略情报研究	上海图书馆（上海科学技术情报研究所）	2017

说明：统计情况摘自 1. 上海市科学技术进步奖授奖项目名册（1978—1998 年）；2. 上海市科技情报成果授奖册（1978—1984 年）；3. 上海科学技术情报研究所证书、奖状档案。

上海科学技术情报研究所 1978—1998 年获上海科学院科技进步奖情况

奖 项	项目名称	完成单位	获奖年份
上科院科技进步奖二等奖	为发展生物技术及其产业提供科技情报服务	上海科学技术情报研究所	1989
上科院科技进步奖一等奖	上海科技发展五年展望	上海科学技术情报研究所	1990
上科院科技进步奖一等奖	亚洲九个国家和地区以科技进步促进经济发展途径研究	上海科学技术情报研究所	1990
上科院科技进步奖二等奖	加快上海光纤传感技术发展的具体建议	上海科学技术情报研究所	1990

续 表

奖　　项	项目名称	完成单位	获奖年份
上科院科技进步奖三等奖	上海农业出口创汇发展的具体建议	上海科学技术情报研究所	1990
上科院科技进步奖二等奖	上海国际竞争能力研究	上海科学技术情报研究所	1991
上科院科技进步奖二等奖	上海地区科技情报计算机检索网络—联机检索数据库系统	上海科学技术情报研究所等	1991
上科院科技进步奖一等奖	徐汇区发展规划研究	上海科学技术情报研究所等	1992
上科院科技进步奖一等奖	上海市生物技术产业发展预测与运行机制探讨	上海科学技术情报研究所	1992
上科院科技进步奖二等奖	上海辐照技术发展研究方向	上海科学技术情报研究所	1992
上科院科技进步奖二等奖	国内外光纤通信市场和标准化动向分析	上海科学技术情报研究所	1992
上科院科技进步奖二等奖	上海市钢材生产、消耗结构关系的研究	上海科学技术情报研究所	1992
上科院科技进步奖三等奖	上海科学院发展战略研究	上海科学技术情报研究所	1992
上科院科技进步奖三等奖	上海市高新技术及其产业发展立法研究	上海科学技术情报研究所	1992
上科院科技进步奖三等奖	上海城市建设科技成果效益的调研分析	上海科学技术情报研究所	1992
上科院科技进步奖三等奖	联机检索用户记账服务软件	上海科学技术情报研究所	1992
上科院科技进步奖一等奖	上海市科技信息跟踪研究	上海科学技术情报研究所	1993
上科院科技进步奖一等奖	上海信息服务业务发展对策研究	上海科学技术情报研究所等	1993
上科院科技进步奖一等奖	上海原材料和能源工业发展战略研究	上海科学技术情报研究所	1993
上科院科技进步奖二等奖	上海发展有线电视（CATV）的总体规划研究	上海科学技术情报研究所	1993

续　表

奖　　项	项目名称	完成单位	获奖年份
上科院科技进步奖二等奖	科技发展动向研究	上海科学技术情报研究所	1993
上科院科技进步奖二等奖	上海知识服务型产业——信息和咨询服务业务发展对策研究	上海科学技术情报研究所	1993
上科院科技进步奖三等奖	国外科技法专题比较研究——促进工业企业技术进步法律体系的比较研究	上海科学技术情报研究所	1993
上科院科技进步奖三等奖	试析开拓上海与苏联地区的科技经贸合作	上海科学技术情报研究所	1993
上科院科技进步奖三等奖	国外光纤通信新产品动向分析	上海科学技术情报研究所	1993
上科院科技进步奖三等奖	上海外向型企业（集团）国际营销环境监视的现状及对策研究——兼机助环境分析系统的建立	上海科学技术情报研究所	1993
上科院科技进步奖一等奖	开发浦东对华东地区科技、经济、社会发展的影响	上海科学技术情报研究所	1994
上科院科技进步奖一等奖	我国“复关”及专利法修改对上海工业影响	上海科学技术情报研究所	1994
上科院科技进步奖二等奖	徐汇区科技情报需求和情报服务模式研究	上海科学技术情报研究所等	1994
上科院科技进步奖二等奖	上海市14项攻关项目和7个新型技术领域新材料近期产业化预测及其运行机制探讨	上海科学技术情报研究所	1994
上科院科技进步奖二等奖	上海同位素技术发展方向研究	上海科学技术情报研究所	1994
上科院科技进步奖二等奖	光盘数据引进样品及国产化调研	上海科学技术情报研究所	1994
上科院科技进步奖二等奖	上海市科委科技成果推广跟踪研究	上海科学技术情报研究所	1994
上科院科技进步奖三等奖	上海市第三产业和居民生活用能消费综合研究	上海科学技术情报研究所	1994
上科院科技进步奖三等奖	“八五”“九五”期间上海发展光纤局域网的规划设想和建议	上海科学技术情报研究所	1994
上科院科技进步奖一等奖	1995年高新技术产业化发展方向研究	上海科学技术情报研究所	1995

续 表

奖　　项	项 目 名 称	完 成 单 位	获奖年份
上科院科技进步奖一等奖	1992—1993年度上海市科技发展跟踪研究	上海科学技术情报研究所	1995
上科院科技进步奖一等奖	上海科技成果转化机制研究	上海科学技术情报研究所	1995
上科院科技进步奖二等奖	上海机器人技术及其产业化发展方向研究	上海科学技术情报研究所	1995
上科院科技进步奖二等奖	前沿技术发展研究	上海科学技术情报研究所	1995
上科院科技进步奖二等奖	上海科技改革与发展热点调研	上海科学技术情报研究所	1995
上科院科技进步奖二等奖	上海生物技术工业园区发展研究	上海科学技术情报研究所	1995
上科院科技进步奖三等奖	焦化产品市场发展动向和深度加工研究	上海科学技术情报研究所	1995
上科院科技进步奖三等奖	植物基因工程在本市农业上应用前景的研究	上海科学技术情报研究所	1995
上科院科技进步奖一等奖	上海市科技发展“九五”计划和2010年长期规划研究	上海图书馆上海科学技术情报研究所	1996
上科院科技进步奖二等奖	上海咨询产业试点方案研究	上海图书馆上海科学技术情报研究所	1996
上科院科技进步奖二等奖	上海高科技通信产业发展的技术政策研究及“九五”期间国内市场需求的预测	上海图书馆上海科学技术情报研究所	1996
上科院科技进步奖二等奖	上海科技改革与发展研究	上海图书馆上海科学技术情报研究所	1996
上科院科技进步奖一等奖	高新技术在上海市重点产业中开发应用研究	上海图书馆上海科学技术情报研究所	1997
上科院科技进步奖一等奖	上海新支柱产业的选择与培育	上海科学技术委员会、上海图书馆上海科学技术情报研究所	1998
上科院科技进步奖二等奖	上海社会发展水平比较研究	上海图书馆上海科学技术情报研究所	1998

说明：统计情况摘自1.上海科学院科学技术进步奖获奖项目汇总表（1978—1998年）；2.上海科学技术情报研究所证书、奖状档案。

附录四

上海科学技术情报研究所历年重点研究项目

1979—1998 年上海科学技术情报研究所项目情况

课　题　名　称	完成时间
对我国电子计算机如何赶上国际先进水平的探讨	1979
略论加速发展我国电视机工业的战略意义	1980
关于上海发展工业重大新产品的问题与对策	1980
关于统筹考虑宝钢工程的调整与老钢铁企业改造的建议	1980
略论加速发展电视机工业的战略意义	1980
上海发展光纤通信的技术经济前景	1980
上海城市能源合理利用研究	1981
上海市郊县土地资源利用研究	1981
上海市能源系统描述模型——上海市一九八〇年能源系统网络图研究	1981
上海筹建三十万吨乙烯成套工程可行性论证	1982
今后十五年上海领航的新兴工业及其发展	1982
从战略角度看精细化工的发展	1983
上海市十五年（1986—2000）科技发展长远规划“计算机、软件及应用”调研、预测、论证报告	1983
为创建和加速发展环境保护工业提出战略决策建议	1983
世界各国和地区新技术革命对策的四种模式	1984
上海化工发展战略研究	1984
对国外发展传感器技术的剖析	1985
开创信息传输的新时代——向综合业务数字通信网过渡的策略和步骤	1985
新信息产业与信息化发展探讨研究	1985

续 表

课　题　名　称	完成时间
国外单克隆抗体进展	1986
国外城市科技与经济特色研究	1986
国外防治城市生活废弃物污染对策	1986
上海高技术开发区研究	1987
上海化工出口创汇的科技发展战略和政策研究	1987
上海市精密陶瓷产业发展研究	1988
上海市科技经费筹集、分配、使用和监督管理机制的研究	1988
上海市科技发展五年展望	1989
主要国家经济杠杆促进经济发展立法	1989
“九小龙”科技进步促进经济发展	1989
生物技术和中国农村发展	1989
国外城郊农村科技体制	1989
上海发展光纤传感器技术的建议	1989
上海社会经济科技协调发展水平	1989
黄浦区发展战略规划	1989
“八五”期间上海工业技术开发规划	1989
菜篮子工程重点科技项目研究	1989
上海市高新技术及其产业发展研究	1989
上海市机电一体化产品开发现状和“八五”发展规划研究	1990
上海市高技术玻璃产业发展研究	1990
科技发展基金立项评审经费标准及项目社会经济效益评价研究	1990
农业技术服务发展战略研究	1990
上海“八五”期间光纤通信技术发展方向研究	1990
缓解上海市能源供求紧张对策研究	1990
关于上海国际竞争能力的研究	1990
上海市高技术及其发展方法研究	1990
上海科技进步促进外向型经济发展战略和对策	1990
上海市生物技术产业发展预测及其运行机制探讨	1990

续 表

课　题　名　称	完成时间
上海市钢材生产消费结构优化关系的研究	1990
上海激光产业发展对策研究	1990
上海市高新技术及其产业发展立法研究	1991
上海城市建设科技成果效益调研分析	1991
科技发展动向跟踪研究	1991
上海市辐照技术现状分析及其发展方向研究	1991
振兴上海微电子产业的对策研究	1991
上海光纤通信产业出口创汇的对策研究	1991
国外限制 CFCS 等物质的立法动向及对策现状研究	1991
开拓上海与苏联的经济技术合作前景分析	1992
上海原材料和能源工业的发展战略研究	1992
上海信息服务业发展对策研究	1992
国外科技法专题比较研究	1992
增强上海大中型企业国际竞争能力	1992
上海推广光纤有线电视（CATV）的总体规划设想与建议	1992
高新技术产业化项目立项评价系统的研究	1992
上海知识服务型产业——咨询和信息服务业发展对策研究	1992
“八五”“九五”期间上海推广应用光纤局域网的规划设想和建议	1992
开发浦东对华东地区科技、经济、社会发展的影响	1992
七个新兴技术领域和十四个重点攻关项目部分相关新材料近期产业化预测及其运行机制探讨	1992
上海现代化农业环境保护战略研究	1993
上海市高新技术及其产业发展信息研究	1993
强化知识产权保护对上海医工、化工发展的影响及对策	1993
上海市科委科研成果推广跟踪研究	1993
上海市第三产业和居民生活用能综合研究	1993
我国“复关”对上海工业影响和对策研究	1993
上海市科技成果推广机制研究	1993

续 表

课　题　名　称	完成时间
国外通信高科技发展现状分析及对策研究	1993
上海中长期能源供需预测及能源结构优化研究	1993
上海高新技术产业发展跟踪研究	1993
上海重点工业新兴工业重大装备发展动态	1993
国外高新技术在第三产业中的应用	1993
上海微电子行业调整方案研究	1993
上海市中长期能源规划研究	1994
上海生物技术工业园区发展研究	1994
浦东新区科技发展规划研究	1994
上海机器人技术及其产业化发展方向研究	1994
上海市高新技术产业化发展研究	1994
上海市高新技术陶瓷开发应用研究	1994
上海人工晶体研究开发与产业化探讨	1994
基因工程在本市农业上应用的前景探讨	1994
上海市科技发展“九五”规划	1995
上海高科技通信产业发展的技术政策研究及“九五”期间国内市场需求的预测	1995
上海市工业科技开发“九五”计划和 2010 年规划	1995
上海跳跃式城建战略研究	1995
上海社会发展研究	1995
上海发展光纤通信技术政策研究	1995
上海市科技改革与发展研究	1995
浦东“信息港”规划研究	1995
国外智力引进比较研究	1995
上海现代生物与医药产业“金三谷”布局发展研究	1995
张江高科技园区发展模式初探	1995
国外智力引进比较研究	1996
技术产业化发展关系研究	1996
国外光纤通信科研水平和产业水平跟踪	1996

续　表

课　题　名　称	完成时间
上海市信息技术等五个领域技术政策研究	1996
上海基础性研究项目跟踪评估	1996
高新技术在上海市重点产业中开发应用	1996
上海科教兴市战略跟踪研究	1996
上海下一代支柱产业的选择和论证	1997
上海信息技术等五大领域技术政策研究	1997
金河工程建设规划研究	1997
二十一世纪上海重点产品发展预测	1997
国外人才奖励及其方法调研	1997
信息产业与信息化研究	1997
上海市建设系统促进科技进步战略研究	1997
关于知识经济研究与上海工业发展对策	1998
浦东风险投资运行机制研究	1998
浦东新区建立高新技术产业市场化服务体系的研究	1998
高技术产业发展的若干问题探讨	1998
浦东新区高新技术产业发展调研	1998
国外创新体系研究	1998
上海市建设系统促进科技进步战略研究	1998
中国21世纪议程——上海行动计划	1998

1999—2018年上海科学技术情报研究所省部级及以上项目情况

项　目　名　称	项　目　来　源	时间
上海“十五”工业发展规划战略研究	上海市经济委员会	1999
上海科技发展“十五”规划研究	上海市科学技术委员会	1999
上海工业技术开发规划研究	上海市经济委员会	2000
国际文化产业发展现状研究	上海市哲社办	2001
上海生物技术产业发展战略和规划研究	上海市科学技术委员会	2002
促进上海信息内容产业发展对策研究	上海市政府发展研究中心	2003

续 表

项　目　名　称	项　目　来　源	时间
若干重点科技领域上海与国际差距的比较研究	上海市科学技术委员会	2003
“十一五”期间上海加快发展先进制造业、提升产业能级的对策研究	上海市发展和改革委员会	2004
重大产业化项目跟踪管理与评估方法研究	上海市科学技术委员会	2004
上海后十年产业发展机遇、环境和制约因素研究	上海市经济委员会	2004
上海交叉科学发展战略研究暨专项计划前期预研	上海市科学技术委员会	2005
发展先进文化与加强上海“软实力”研究	上海市政府发展研究中心	2005
平板显示产品技术路线图及产业发展战略研究	上海市科学技术委员会	2006
上海市重点产业技术国际比较研究	上海市经济委员会	2007
欧美等国政府服务业管理方式和政策演变研究	国家发展和改革委员会	2008
上海先进制造业新一轮发展的新兴产业选择及发展战略研究	上海市经济和信息化委员会	2009
国内外信息产业技术发展趋势研究与分析	上海市经济和信息化委员会	2009
推进上海信息服务业发展举措研究	上海市经济和信息化委员会	2009
金融危机下世界主要国家和地区科技应对战略与政策研究	上海市科学技术委员会	2009
高技术产业国内外发展态势研究	上海市科学技术委员会	2009
利用情报提升企业自主创新能力方法研究	上海市科学技术委员会	2009
网络计量方法在战略新兴产业关键技术判别上的应用	上海市科学技术委员会	2010
上海高新技术产业化领域战略产品技术路线图研究——以太阳能电池为例	上海市科学技术委员会	2010
若干战略新兴产业上海发展机遇研究	上海市科学技术委员会	2010
上海信息服务业“十二五”规划研究	上海市经济和信息化委员会	2010
上海电子信息制造业“十二五”规划研究	上海市经济和信息化委员会	2010
长三角城市群中上海智慧城市建设发展共识研究	中国人民政治协商会议上海市委员会	2011
全球战略性新兴产业重点领域发展态势	上海市决策咨询委员会	2011
技术战略地图的编制与方法研究（B）——物联网	上海市科学技术委员会	2011

续　表

项　目　名　称	项　目　来　源	时间
高技术服务业领域高新技术成果转化项目认定与评价方法研究	上海市科学技术委员会	2011
国内外科技创新发展态势研究	上海市科学技术委员会	2011
上海信息产业战略性新兴领域发展对策研究	上海市经济和信息化委员会	2011
国内外信息服务业动态跟踪研究	上海市经济和信息化委员会	2011
上海市软科学研究基地——上海科技情报所前沿技术发展研究中心	上海市科学技术委员会	2012
加快文化科技创新融合，助推上海转型升级	上海市科学技术委员会	2012
主要国家产业共性技术服务体系研究	上海市人民政府发展研究中心	2012
发达国家高端制造业发展动向及对上海的影响与对策研究	上海市决策咨询委员会	2012
新型显示前沿技术研究	上海市经济和信息化委员会	2012
国内外信息服务业动态研究	上海市经济和信息化委员会	2012
企业创新管理模式和方法研究	上海市科学技术委员会	2012
健康服务业相关统计指标测算研究	国家发展和改革委员会	2013
国内外信息消费发展态势研究	国家发展和改革委员会	2013
信息产业新兴技术发展趋势研究	上海市经济和信息化委员会	2013
国内外信息服务业动态	上海市经济和信息化委员会	2013
上海高水平科技人才培养体系构建战略与培育机制研究	上海市科学技术委员会	2013
战略性新兴产业重点领域发展趋势研究——以大数据产业为例	上海市科学技术委员会	2013
上海科技发展技术标准战略研究	上海市科学技术委员会	2013
国际前沿技术及其政策研究	上海市科学技术委员会	2013
机构传动系统设计服务平台	上海市文化创意产业推进领导小组办公室	2013
上海电子信息制造业“十三五”发展规划预研究	上海市经济和信息化委员会	2014
2014 年国内外信息服务业动态	上海市经济和信息化委员会	2014
国内外数据资产化管理的探索与实践	上海市经济和信息化委员会	2014
战略性新兴产业发展科技促进政策研究——以智能制造装备产业为例	上海市科学技术委员会	2014

续 表

项 目 名 称	项 目 来 源	时间
上海健康产业发展的比较优势及发展战略研究（B）	上海市科学技术委员会	2014
“十三五”前沿技术和新兴产业趋势研究	上海市科学技术委员会	2014
国内外设计之都建设环境现状及对策研究	上海市文化创意产业推进领导小组办公室	2014
中国电影产业发展模式创新研究	上海市文化创意产业推进领导小组办公室	2014
德国科技创新发展模式研究	上海市决策咨询委员会	2014
上海电子信息制造业“十三五”发展思路研究	上海市经济和信息化委员会	2015
上海促进软件和信息服务业“十三五”规划研究	上海市经济和信息化委员会	2015
上海文化创意产业科技创新现状及对策研究	上海市文化创意产业推进领导小组办公室	2015
全球科技创新和前沿技术发展态势研究	上海市科学技术委员会	2015
信息化支撑服务具有全球影响力科技创新中心建设研究	上海市经济和信息化委员会	2016
上海信息服务业发展研究	上海市经济和信息化委员会	2016
信息产业新兴技术发展趋势研究	上海市经济和信息化委员会	2016
新兴技术弱信号监测机制研究	上海市科学技术委员会	2016
国际科技创新政策及前沿技术研究	上海市科学技术委员会	2016
新常态下结构性改革与结构性政策的理论和国际视角研究	上海市人民政府发展研究中心	2016
全球生命科学创新中心建设——上海与波士顿对标研究	上海市科学技术委员会	2017
生物医药热点技术领域知识产权评议	上海市科学技术委员会	2017
以上海为主导推进创新券在长三角区域通用通兑的可能性与路径研究	上海市科学技术委员会	2017
全球前沿技术领域研究及重点国家技术政策分析	上海市科学技术委员会	2017
2017 年上海市文化创意产业发展报告	上海市文化创意产业推进领导小组办公室	2017
新兴技术与实体经济深度融合的典型案例研究——以智能网联汽车产业为例	上海市科学技术委员会	2018

续　表

项　目　名　称	项　目　来　源	时间
全球前沿技术领域研究及重点国家技术政策分析	上海市科学技术委员会	2018
肿瘤特异性免疫治疗的技术路线图研究	上海市科学技术委员会	2018
新时期深化上海市科技人才培养计划体系创新探索研究	上海市科学技术委员会	2018
2018 年上海市文化创意产业发展报告	上海市文化创意产业推进领导小组办公室	2018

编后记

这本《情报的初心——纪念上海科学技术情报研究所成立 60 周年》文集历时数月终于编写完成了。从提纲讨论到组稿编写，一路都离不开领导的关心和同行的支持，更能感受到所有参与这项工作的领导们、同事们、朋友们的热情主动和积极响应。

十年前，为纪念上海科学技术情报研究所创立 50 周年，我们编写出版了《情报的记忆》这本文集。当时，参加该书编撰工作的领导和专家们，有不少同志现在已经退休，离开了一线工作岗位；一些接受访谈和提供素材的老同志，有的也已离开了人世；而当年几位参与相关工作的年轻同志，现在也都变成了“老员工”，并且成为上图上情所图情事业的“中流砥柱”。十年后，为迎接上海科学技术情报研究所的 60 岁生日，我们又编写了《情报的初心——纪念上海科学技术情报研究所成立 60 周年》。作为纪念科技情报事业 60 周年活动的重点项目之一，上图上情所领导班子组建了分工合理的编撰工作小组，曾经参与执笔《情报的记忆》的几位同志，也义不容辞地加入编撰组，共同记录下上海科技情报研究所这 60 年来一步一步发展成长的点滴回忆。

编写这本文集的目的，不单是对过去的前尘往事进行回顾和追溯，更是引导我们积极地向前看。我们正是站在前人的肩膀上，才能站得更高、看得更远、谋得更深。让我们感念前人的心血、铭记情报工作者的初心，继续在这条由先辈们铺就的宽阔道路上大步流星。